道德的观念

［日］户坂润　著

江鸿峰　严春妹　译

ZHEJIANG UNIVERSITY PRESS
浙江大学出版社
·杭州·

图书在版编目（CIP）数据

道德的观念 / （日）户坂润著；江鸿峰，严春妹译.
—— 杭州：浙江大学出版社，2025. 6. —— ISBN 978-7-308
-26318-4

Ⅰ. B82

中国国家版本馆 CIP 数据核字第 202522X34X 号

道德的观念
DAODE DE GUANNIAN
［日］户坂润 著 江鸿峰 严春妹 译

责任编辑	谢 焕	
文字编辑	陈 欣	
责任校对	朱卓娜	
封面设计	云水文化	
出版发行	浙江大学出版社	
	（杭州市天目山路 148 号 邮政编码 310007）	
	（网址：http://www.zjupress.com）	
排 版	杭州林智广告有限公司	
印 刷	杭州钱江彩色印务有限公司	
开 本	787mm×1092mm 1/32	
印 张	14.125	
字 数	282 千	
版 印 次	2025 年 6 月第 1 版 2025 年 6 月第 1 次印刷	
书 号	ISBN 978-7-308-26318-4	
定 价	88.00 元	

目　录

1

第一部分　道德的观念

前　言

　　《道德的观念》作者户坂润(戸坂潤，Tosaka Jun)，可能
对于国内的读者来说较为陌生。他属于日本现代哲学史上影
响巨大的"京都学派"[1]，与国内已有一定研究的日本哲学家三
木清一样都属于京都学派中的左派。但是与仍然同日本右翼
纠缠不清的三木清不同（也许是为了自保），户坂润在认识到
马克思主义的正确性之后就成了一名坚定的马克思主义战士，
他对日本右翼的态度更坚决，对马克思主义哲学思想的把握
也更为准确。他的《道德的观念》一书，是马克思主义哲学
史上少有的直接论述"道德"这一充满陷阱的主题的著作。
从他清晰又深入的论述中，我们可以看到，他可以说是日本

---

[1]　这里的"京都学派"是指西田几多郎和田边元以及他们的弟子所形成的一个哲学
　　学派。他们以京都大学人文科学研究所为中心，有时候也被称作"新京都学派"。
　　西田几多郎、田边元以及之后提到的和辻哲郎都是京都学派的人物，而户坂润和
　　三木清是其中的左派。西田主张要将西方哲学与东方思想相融合，认为即便在日
　　本西化背景下，也不能简单地将西方哲学全盘接受，而应该探索其与东方思想的
　　结合点。因此其思想很快就与"大东亚主义"走到了一起。户坂润和三木清等人
　　作为京都学派的左派，则反对他们的老师的观点，主张要用马克思主义思想改造
　　当时的日本思想界。

第一流的马克思主义理论家。

户坂润的一生可称得上壮烈。他于1900年（明治三十三年）9月27日出生在东京神田。在出生后不久一直到5岁之前，他在其母亲的老家石川县羽咋郡被抚养长大。1907年（明治四十年）他进入东京的青南小学，并在接下去的5年中，在当时的新派教师石井佐吉的训导下，接受了自由主义教育。1913年（大正二年），13岁的他进入开成中学，在此期间恰逢第一次世界大战，日本国内军国主义迅速抬头，他也受到影响，写过数篇长论文倡导国家主义。1918年（大正七年），他从开成中学毕业，进入大名鼎鼎的第一高等学校（即旧制一高，其主体构成了今东京大学教养学部）理科，以成为物理学家为志向，专攻数学。1921年（大正十年），他从第一高等学校毕业。因为仰慕西田几多郎①（西田幾多郎，Nishida Kitarou）博士和田边元②博士（两人均为京都学派哲学家，并

① 西田几多郎（1870—1945），日本近代哲学史上颇具代表性的哲学家。京都学派创始人。1911年发表《善之研究》，后陆续发表《自觉的直观与反省》《无的自觉限定》《哲学的根本问题》等著述。他试图以东方佛教思想为基础，以西方哲学思想为材料，求得东西方思想的内在统一，确立了独特的"西田哲学"体系，并培养了许多学生，从而形成了"京都学派"。他对日本大正时期以及昭和时期的哲学思想有重大影响。

② 田边元（1885—1962），日本著名哲学家。东京帝国大学毕业，并曾经跟随胡塞尔学习现象学，但后来转向青年海德格尔。曾任东京帝国大学教授。最初追随西田哲学。1930年以后逐渐从西田哲学中独立出来，创立田边哲学，企图建立超越唯物主义和唯心主义的"绝对辩证法"，其实质是把辩证法看成在绝对主义中存在的客观与主观的矛盾。他提出种的逻辑，强调"种"（民族、阶级、国家）在世界与个人之间的优先性，借以论证其国家主义观点。主要著作有《黑格尔哲学与辩证法》《种的逻辑的世界图式——到绝对媒介的哲学之路》《作为忏悔道的哲学》等。

4

在之后都或多或少地倾向于军部法西斯主义），进入了京都帝国大学文学部哲学科。在此期间，他从新康德主义的立场出发，对空间论做了深入的研究。在大学毕业之后，他曾短暂入伍，之后又成为一些学校的讲师。到1928年（昭和三年），甚至被任命为陆军炮兵少尉。

然而，不同于当时日本社会整体上不断高涨、日渐狂热的法西斯主义情绪，户坂润在深入研究哲学的过程中反而日渐清醒。他意识到唯物主义的正确性，逐渐转向马克思主义。1930年（昭和五年）4月，他因为将逃亡途中的日本共产党员田中清玄①留宿在家而遭到检举并被拘捕，一周后得到释放。1931年（昭和六年），户坂润作为同样师出西田几多郎门下并且倾向于马克思主义的哲学家三木清的后继者，开始在法政大学担任讲师。为了这个教席，他放弃了在京都的一切来到了东京。第二年，他与冈邦雄②、三枝博音③、服部之总④（服部之総，Hattori Shisou）、永田广志⑤、本多谦三⑥、小仓金之助⑦等左翼学者组织并成立了"唯物论研究会"，并发行《唯物论

① 田中清玄，投机分子，出身没落贵族。战前为复兴家业加入日本共产党，但后来迅速叛变，转而大力鼓吹天皇制度。
② 冈邦雄（1890—1971），日本科技史学家。
③ 三枝博音（1892—1956），日本哲学家，在思想史、科技史方面多有研究。
④ 服部之总（1901—1956），日本历史学家，他用马克思主义思想理论解释日本近代资本主义的发展。
⑤ 永田广志（1904—1947），日本哲学家，是用马克思主义思想理论研究日本哲学史和思想史的开创者。
⑥ 本多谦三（1898—1938），日本哲学家，在东京商科大学教授伦理学。
⑦ 小仓金之助（1885—1962），日本数学家、数学史家、随笔作家。

研究》创刊号。在此期间，他首次提出了"京都学派"这个概念，并对他的导师西田几多郎和田边元做了无情的批判。在法政大学任教的这段时间是户坂润著作最多的时期，其代表作品《日本意识形态论》与《思想与风俗》等多出此时。

1934年（昭和九年）8月，因多次针砭时弊，户坂润被人以"思想不稳"的理由检举。法政大学因此将他免职。他反而因此进入了更专注的著述生活，并开始致力于唯物论研究会的研究成果——《唯物论全书》的编集和刊行。1936年（昭和十一年）2月26日，日本发生"二二六事件"，军方对内阁的影响力大增，日本的法西斯势力开始不受控制。为此，户坂润也以匿名的形式在进步媒体上发表反战、反法西斯评论，最终第二年，他与大森义太郎[①]、冈邦雄、向坂逸郎[②]、中野重治[③]等人一起被勒令封笔。到了1938年，因为冈邦雄和户坂润都被禁令封杀，唯物论研究会面临存亡危机。尽管他们试图将会刊《唯物论研究》改名《学艺》出版，但最终还是遭到了政府封杀。该年11月29日，户坂润和冈邦雄、永田广志、古在由重[④]等人一起被检举入狱，这就是所谓唯研事件。直到1940年（昭和十五年）12月8日，他才被保释出狱。之后几年，户坂润顶着封笔令和公开审判的威胁，仍然发表了一些论文，

---

① 大森义太郎（1898—1940），日本马克思主义经济学家。
② 向坂逸郎（1897—1985），日本马克思主义经济学家，日本社会党左派的思想台柱。
③ 中野重治（1902—1979），日本小说家、诗人、评论家、政治家。
④ 古在由重（1901—1990），日本哲学家。

但是到了1944年（昭和十九年）9月，日本帝国主义因为已露败相而变得更加穷凶极恶，户坂润和许多进步人士都被判刑并关入大牢。1945年（昭和二十年）7月初，长期营养不良和狱中卫生条件糟糕而引起的疥癣，令户坂润突发急性肾炎。最终他在8月9日——距离日本宣布投降不到一周的时候，死于炎热的狱中。

户坂润的死亡非常典型。与他一样，许多进步人士也同样死于法西斯主义最后的疯狂。前文提到过的三木清，也是死于营养不良和因疥癣所引发的急性肾炎，甚至死在了日本投降之后的狱中（1945年9月26日）。法西斯分子在投降之际把政治犯的名单全部烧去，足见其毫无人性，是故意置人于死地。当时实际控制日本的联军总司令部也为此震惊不已。由此可见，军国主义的毒害，会让人丧失作为人类的最基本的良知判断，而沦为杀戮不休的恶魔。这是多少先烈的血才换来的教训，我们怎能不引以为戒！

对于户坂润的死，曾经被户坂润批评得体无完肤的"观念论哲学家"西田几多郎和田边元也感到十分惋惜。可以说，他的才华与学术造诣是超越了立场与偏见的。这部《道德的观念》写于他思想成熟期的1936年。此时的日本刚发生右翼分子的夺权行动"二二六事件"，法西斯分子还未全面上台。尽管言论管制已经非常严重，但与后来彻底法西斯化的时期相比，仍有着一定的创作自由。因此，本文可以说几乎完全展现了他作为日本第一流马克思主义理论家缜密的思辨风采。

就本书的"道德"议题来说，普通读者自无须多说，就连理论家也感到棘手。因此我们可以看到，户坂润花了大量的篇幅在理清各种容易被混淆的概念上。

在第一章中，户坂润列举了三种已然对现实社会造成妨碍的通俗常识性的道德观念，并且分别提出了自己的看法。

第一种妨碍是，认为道德是某个特定的领域。这种观念的危害在于，它不仅会导致人们认为道德是二元分裂的，而且有可能会导致人们将被视为独立领域的道德加以夸张化，并且加以泛化。然而实际上，这样处理的本质就是将道德观念机械地固定起来；然而问题在于，道德与其他领域之间一直有着密切的交流，比如将政治伦理化或者政教合一都是这种交流的显著例证。并且进一步来说，道德与其他领域之间究竟能否用一种并列的关系来区分罗列，也是值得讨论的。实际上，在柏拉图（Plato）那里，善的理念是诸多理念之中居于金字塔尖的。这也就是说，至少在柏拉图看来，道德是在各个领域中处于更高序列的事物。在此，户坂润发现了一种潜藏在人们心中的常识，也即，人们思考关于道德的问题的时候，总是有一种试图将世间一切都囊括其中的倾向，这实际上意味着，道德之于生活乃是一个特别的领域；在此基础之上，道德又包含了生活的全部领域。在此意义上，道德就是生活意识本身。

第二种妨碍是，将道德赋予善的价值。这也即是说，认为道德就是善。如果这样定义的话，恶似乎就不被包括在道德之内。但如果恶也属于道德的一部分，则显然是与定义相矛盾的。对于人类的常识来说，调和这一领域性与价值性之间的矛盾似乎非常容易，而这更是让人担心。人们会将道德限定于其价值性，其实包含了某种动机。人们将道德这一事物当作人的某种特别的、独立的属性来思考。这也就是说在人性上有善的性质和恶的性质：拥有善的性质的人，就是善人，就是有道德的人；而拥有恶的性质的，就是恶人，就是不道德的人。这种善恶二元对立的穿凿附会是十分常见的，它广泛地存在于人类的心理、文学和社会层面。这样，它就常常被某些人或者阶级利用，来作为宣扬自己所在阶级的道德优越性、贬低其他人或者阶级的借口。

第二种常识性妨碍还将导向一种"道德条目"道德主义，即将道德归纳为一些固化的道德条目，认为它才是道德的本质。这是第三种妨碍。既然道德被定义为善，于是人们就很自然地认为只需要将善性的名目（美德）好好活用，便可称之为道德。然而，这无非是将道德还原为修身。而修身因为肩负着所谓教化的作用，轻易地将"道德条目"视作永久不变的人格元素，而这意味着道德内容的固化。如此一来，"道德条目"道德主义就与道德的绝对化、道德的形而上学化之间产生了必然性的关联。变化的事物，转变成了不变的观念。实际上，因为教化的需要而产生了对"道德条目"的要求，这种"道德条目"道德主义甚至无法假设道德规范或道德律为历史性的、发展变化的事物，而只能将其固化。因为，如果这些内容一时无法固定下来，那么它既无法成为道德规范，也无法成为道德律。

就这样，在澄清了这三种妨碍之后，户坂润开始了他对于上述妨碍的论述。他认为，通过以上的错误常识所引入的道德的不变性，不单单意味着将道德单纯视作固定事物、视作不运动的形而上学，它还意味着对绝对的权威的主张。对道德的绝对性和神圣意味的强调，恰恰只能意味着拥护教皇或恺撒的真理权威。而因为人们在批评场合中所使用的尺度又恰恰是道德，所以对道德的批判就是不可能的。常识将道德视作不变物，使得人们无法把握其深刻的内涵。然而，今日的既成道德，在劳动阶级看来，只不过是用来妨碍人类的解放的，因此它是无论如何都不得不被彻底批判的。既然道德无法批判道德，那么我们究竟应该用什么来批判道德呢？户坂润提出了他的结论：用科学来批判道德。更具体而言，就是用科学的社会理论来批判道德，进而在科学的社会理论的基础上建立起新的道德，这就是户坂润撰写此书的目的。

在第二章中，户坂润对于道德的伦理学概念进行了历史回顾和分析。

人们一般认为，道德理论是属于伦理学的。而伦理学从字面上解释，是以一切道德问题作为研究对象的。然而实际上，伦理思想并非只是单纯的"伦理学"，政治学、法律学、社会学、人类学、制度学等等都被包含其中。我们今天所说的伦理学，是从托马斯·霍布斯①发端的。霍布斯提出了他著名的人狼说，将人类社会中善恶的区分，用法律的合法性与非合法性来加以消解。这影响了整个英国哲学界，近代伦理学由此确立。然而实际上，霍布斯的思想也并不一定是"伦理学"，英国的道德理论家也并非全部将道德理论冠以"伦理学"之名，但他们的功绩事实上推动了伦理学成为一个独立学科。不过英国哲学家自身却对伦理学作为一个学科的独立性、界限、对象的规定方法之类的问题毫无兴趣。于是这一任务反而被交给了德意志哲学。通过德意志哲学家之手，我们看到：今天所谓的伦理学，是对近代英国资产阶级所代表的生活意识所形成的传统的反映。而近代伦理学的根本特征则是故意无视历史性的、阶级性的限制，然后在此基础之上将自身视作某种普遍的可通用的法则。这是它更大的谬误。这种伦理学从根本上是一种资产阶级观念论哲学，可以称之为资产阶级的道德理论。由于今日的通俗常识得到了伦理学实际上的理论性支持，比如，承认道德为独立的绝对的领域，强调其作为道德标杆的无条件性，热衷于绝对不变的道德条目或者道德律，将与道德价值相关的超合理主义视作神圣，以及对道德相关的超历史性、超阶级性、特权性加以强调等等，使得我们无法期待这种伦理学对于道德现象会有什么科学性的说明。

---

① 托马斯·霍布斯（1588—1679），英国政治哲学家，现代自由主义政治哲学体系奠基者。他提出了"自然状态"学说和国家起源说。

在接下去的篇幅中，户坂润回顾了古代伦理思想的四大渊源：古代印度文化（原始佛教）、犹太文化、古代罗马文化（原始基督教）、古代希腊文化。在亚里士多德那里，伦理学的位置要比经济学和政治学更靠前。在斯宾诺莎（Spinoza）那里，伦理学也被作为介绍其哲学体系的书的标题。但整体来说，当今的资产阶级伦理学只是古往今来的伦理思想的汇总。而具体到将道德作为伦理学性质的反省对象的历史，我们可以注意到，由于对诸神的道德性无序的清算，而不得不建立道德秩序，而这正是希腊哲学理论产生的原因之一。柏拉图将善的事物视作理念存在，这使得古希腊的伦理理论已然达到了古代观念论的顶点。而斯多亚学派和伊壁鸠鲁学派赋予道德以个人生活术的意义，可以说实现了伦理学的自洽。到了中世纪，奥古斯丁对神存在的道德性证明尤为感兴趣。按照他的说法，道德存在于幸福和永生之中，这样，道德性的善恶问题就超越了现世的生活，而成为天国与尘世的对立。这一问题也进一步遗留给了近代资产阶级伦理学。

而霍布斯基于人性的伦理思想恰恰面向这一问题，尽管它是以一种调和新兴资产阶级与地主贵族的利益的姿态出现的。他假设每个人都处在一种与他人不断竞争的自然状态之下，认为最大的善就是自我保存，最大的恶就是死亡。然而在这一状态下，理性的人类发现所有人都处在极度危险之中，于是便极度渴望和平。这样，法，或者说国法，就应运而生。于是他进而又得出结论：善无非是遵从国法，恶无非是不遵从国法。霍布斯的社会契约学说就此与专制君主制合流了，因为在他看来，这个通过每个人之间的交换而设立的和平组织只能是专制君主国。显而易见，这是他对当时英国王室的专制统治做出的伦理性的合理化。霍布斯的哲学如今被我们视作机械论唯物主义的代表，它在之后经由洛克等人的进一步阐释，长期占据着英国哲学的舞台。但这份遗产也使得英国伦理学终究无法超越观念论，最终成为之后资产阶级伦理学中常识性道德观念的重要来源。

作为资产阶级伦理学的观念性代表者的康德，对欧洲的资产阶级生活意识进行了积极的吸收，提出了"世界公民"的思想。他经由他的一系列理论，揭开了伦理学作为一个独立的、闭环的学术领域的序幕。然而这也导致了伦理学的形式化，也即伦理学与其他领域之间的彻底断绝。但为了获得随时随地插手其他问题的特权，康德在人类理性的自律之中发现了意识自由，通过这种意识自由，观念论普遍化了，自己赋予了自己以意义。而到了费希特那里，"自我"这个范畴出现了，并且被规定为伦理性主体，道德问题被拿到"自我"层面上来讨论。这本身是有意义的，但是费希特的所谓"自我"充满了德意志哲学主观观念论，他认为世界的一切都是由"自我"发展出来的。晚年的谢林也沿着他与黑格尔之间的争论，对自由意志论展开过论述。但无论如何，近代资产阶级伦理学中，对关于道德的伦理学问题或伦理学根本概念做了最积极展开的，正是康德。现代的各种大大小小的伦理学说，没有一个不受其或多或少的影响。

于是，户坂润得出结论：无论是关于道德的伦理学性质的观念，特别是从资产阶级观念论性质的资产阶级伦理学中所看到的道德观念；还是有特色又典型的（包括这一所谓伦理学又是如何成为独立运行的专门性学问的，其根本问题诸如自由、人格、理想等又如何从其伦理学特有的东西中产生的），但结果上还是由资产阶级伦理学中产生的所谓道德的观念，都逃不出由今日的资产阶级常识所产生的道德观念。将道德视作非历史的、超阶级的、普遍的而又形式化的领域，使道德被矮化为个人主义道德，成了观念论的权威和神秘的圣殿。因此，我们必须超越这一卑小的道德观念，运用历史唯物论去发现一个更生动、更广阔的道德观念。

在第三章中，户坂润先是批判性地分析了黑格尔的"法哲学"，然后用历史唯物论厘清了关于道德的社会科学观念。

道德首先表现为一种被意识到的强制力。原始道德观并没有考虑其是善是恶，反而是打破这些道德强制的行为被解释为恶。但这并不是说，这一强制力本身就是善的。这样的原始道德观念，构成了现代人的道德之中最为原始的观念。而随着道德观念的进步，道德成为一种因为受到强制而产生的自己的主观意识本身对这一强制的认同。道德的价值感第一次成立，类似良心、善性之类的主观性的道德观念也随之产生。而"伦理学"反而将这种主观的道德观念置于它形成之前，并加以膜拜，借着主观之名，将社会忘却，而又试图从个人主体角度将其说明为社会性的事物，这是处于个人原子化"市民社会"思考事物的特征，是资产阶级意识形态的一个基本特色。

而如果我们从社会性强制本身所具备的理性意义的角度出发去寻求道德，我们会发现，道德观念将再次完全依托社会而凸显出来。这时的伦理学无论如何都不会像之前那样成为所谓"单纯"的伦理学，而不得不在事实上也是社会理论。在霍布斯的伦理学中，它与社会理论之间是藕断丝连、若有若无地联系着的。将这一联系毅然斩断的是康德。之后再将其梳理、整顿一遍以后重新联系起来的是黑格尔的"法哲学"。然后，最终建立起作为科学的社会理论并因此将伦理学的独立性废弃的是马克思主义。

那么，黑格尔是如何处理道德的呢？他认为，道德在许多并不被冠以道德之名的领域都一一涌现，道德问题并非处在道德这么一个主题之下，而必须在一个更广泛的"法"的主题之下来看待。显然，在他看来，道德理论已经不再是伦理学，而恰恰是"法哲学"了。但我们在理解黑格尔的"法哲学"时，显然不能将其理解为法律的哲学。在黑格尔那里，可称为"法"乃至道德的东西被表达为客观精神，它处于比绝对精神低一级，但比主观精神高一级的中间的位置。这个"法"乃至道德，本来是理性乃至概念发展阶段的一部分，而又因此，它自身内部也分为三个阶段。第一是"法"，第二是"道德性"，第三是"习俗性"。这三个阶段之间的关系自然可以用"正题—反题—合题"这样的辩证法关联来描述。简单来说，社会是道德性的产物，换句话说是"法"的产物。在黑格尔的解释性的哲学体系里，社会性的诸世界均拥有"法"这一性格，并成为一种叫作客观精神的本质性的事物。但也在这个时候，社会性的诸世界中，道德可以说是被消解掉了也不为过，这是黑格尔道德理论的弱点。

对黑格尔的"法哲学"进行了系统性批判的正是马克思。他的未完成作品《黑格尔法哲学批判》逐条分析和详细纠正了黑格尔的倒错。根据历史唯物论，道德的本质存在于其社会的性质之中，而并非像许多资产阶级伦理学那样，将道德归结为个人道德。简要地说，道德是社会中的制度与其对社会中人的意识施加的社会规范。而这种社会规范之所以能被俗称为"道德"，是因为它被认为有着或者来自神，或者来自先天，或者基于永恒理性的神圣价值物的实质。道德具有某种权威，但是这种权威实际上又单纯只是权力被神秘化的产物。而这种权力归根究底又是从生产关系中产生的。于是我们很容易就可以得出结论：道德的发生、变迁、消灭等归根结底是因为历史的变化。尽管道德的变化并不能及时反映历史条件的变化，而具有某种独立性和滞后性，但这也足以说明，道德并不是所谓的绝对真理。社会只要还是阶级社会，那么道德就只能是阶级规范而不会有任何例外。为此，户坂润提出，"道德"的概念将不再有用，要让道德被消解为认识，让道德的真理被消解为科学性的真理。

在第四章中，户坂润回到现实问题中，对当时风行日本的关于道德的文学性观念进行了彻底的批判。

当时的日本，不仅存在着声势浩大的所谓"复兴国粹"的思潮，更有一众文学家倡导所谓有道德的文学。在这些思潮中充斥着各种通俗常识性的道德观念。就日常生活而言，比起审美性的判断，人们更容易做出也更乐于做出所谓道德性的判断。事实上，道德充斥于几乎所有文化领域。文学中所追求的东西（文学爱好者所爱用的"moral"一词），归根究底就是一种伦理或者说道德（即便在那些号称不追求伦理道德的人那里，他们采取的这种姿态本身就是一种道德）。户坂润将其暂时称作文学性的道德观念。

文学性道德观念塑造了一个内容，即所谓的"幸福"。一般来说，文学作品通过对"moral"的满足，来最终实现这一所谓幸福。这看上去无可置疑，但是户坂润敏锐地抓住了这一所谓幸福的内容的形式化的本质，指出它和"moral"其实都采用了同样的范式，即从自身出发导向自身，因而想从中找到真正的内容就是不可行的。实际上，文学工作者在实行这种形式化的内容这一行为本身，就最能表现它的特色。也就是说，他们在做的正是要把它从社会性当中抽离出来，成为其个人的事物。而这正是户坂润在第三章用社会科学消解了的东西。

他认为，道德时常是社会性的，它又只能通过社会与个人之间的关系才得以成立，而不能单纯从个人自身内部成立。

主张道德无法介入个人事务只是个人主义的资产阶级伦理学的自我辩解。事实上，最能说明道德的个人特色的，恰恰是历史唯物论。道德经由社会科学性的观念，得以随时个人化，这种个人化可以认为是一种普遍存在，是通过不同的个人呈现的某种事物。从本质上来说，具有特殊性的个体也是具有一般性的个体，而正因为个人其实是一种普遍的事物，所以人们才会一直想提出一个"自身"的概念。

　　于是问题就出现在我们应该如何科学地处理这个"自身"。户坂润在此拿出施蒂纳①作为典型来展开他的论述。他认为，以施蒂纳为代表的唯我独尊主义，实际上是企图用"自身"来作为某种解释世界的原理。但如果这一"自身"能够作为某种解释世界的原理，那么实际上它就不可能是"自身"，反而不得不具有普遍性。所以，实际上这样一个既能作为独一无二的封闭性存在的，又能够推而广之去衡量世界的"自身"是自相矛盾的。实际上，无论这个"自身"被命名为"自身"也罢，意识也罢，都是同一种存在，这种存在也即外界的物质与头脑中的细胞物质之间的相互关系。于是人类假借"自身"这个设想，去追寻"意义"的努力，实际上正是试图对物质世界与精神世界之间的关系寻求解释。而道德就

---

① 即约翰·卡斯帕尔·施密特（1806—1856），笔名麦克斯·施蒂纳（Max Stirner），德国后黑格尔主义哲学家，主要研究黑格尔派的社会异化和自我意识概念。施蒂纳通常被视为虚无主义、存在主义、精神分析理论、后现代主义和个人无政府主义的先驱者。他是马克思在《德意志意识形态》中的重点批判对象。

包含在这一理论性工作的内容之中。

于是户坂润回归到道德本身，指出科学的道德观念与文学性的影像之间，有着"moral"（由文学性的观念产生的道德）作为拦路虎。这个具有独善性的"moral"，可以被称作"文学主义"。在历史上，以蒙田[①]为首的法国"道德文学家"就是这种"文学主义"的代表。但是蒙田的所谓"自身"与施蒂纳的其实并无太大区别，只是一种单纯地作为"内部"被感知的东西。这样的"自身"恰恰是没有将自身视作"自身"，而归根结底只能将所谓个人当作物体来看待。也就是说，它与社会之间的关系是彻底被割裂开来的，因而是无法通过社会科学性的认识检验的。

最后，他得出结论说，既然文学的探究对象是道德，那么就不能满足于一种空无一物的道德，而要探寻科学性的道德。只有这样，文学在内容上才真正有意义。

《道德的观念》全文内容就此结束，但这并不是户坂润对于道德的探讨的所有内容。他还在他的《作为思想的文学》中，就如何创造科学性的道德，做了具体论述。这两部分文本加起来，才是户坂润对道德问题的思考的全貌。我们从户坂润理清概念、阐述历史源流再到排除谬误、树立正确观念

[①] 米歇尔·德·蒙田（1533—1592），文艺复兴时期法国思想家、作家、怀疑论者。他阅历广博，思路开阔，行文无拘无束，其散文对弗兰西斯·培根、莎士比亚等人影响颇大，以《随笔集》（Essais）三卷留名后世，所著《随笔集》三卷名列世界文学经典，被人们视为写随笔的巨匠。

的这一整个过程中，可以看到他对于批判并且改造当时日益走向反动的日本思想的迫切心情和作为一名马克思主义哲学家的节操和风范。

最后，在阅读本书时，请务必注意文中一些术语的用法。比如关于户坂润用的"存在"一词，实际上，在他使用的时候，比较接近于"实存"，即通常理解的一种物质性的存在。而"不存在"则包括了所有不被包括在存在中的事物（这一表述本身就容易产生某种悖论性的误会，然而我们也不得不接受人类语言的有限性）。与此同时，他又明确使用过"无"一词，但在许多接近于"无"的含义的使用场合使用的又是"没有"。我们可以认为这是他试图缓和文本语言与日常语言之间所存在的含义上的差别。就中文的日常语境而言，"无"这个词有的时候是"没有"，但在相当多的场合实际上是"虚无"的意思，即口语中说的，"你讲的这些很虚"，即缺乏物质性实在的。

户坂润的"自分"一词很有意思。因为文中将"自分"这个词用在批判施蒂纳上，所以可以译作"自我"。但是译作"自我"的问题在于，日语中原本就有"自我"一词，完全对应中文的"自我"。而且日语中对于"自我"的理解，是受到弗洛伊德理论影响的，这一点与中文对于"自我"的理解完全相同。在这里，户坂润不用日语的"自我"，而采用日语的"自分"，应该是试图更精确地避开一些常识性的误解。日语当中的"自分"有着更加日常使用的色彩，一些日本人用这个词来指称他自己，是一种类似于日常的"我"的用法。这与弗洛伊德在1923年之前对"自我"的用法是相同的。但是在弗洛伊德创立了关于"本我""自我""超我"人格构造理论之后，"自我"已经拥有了新的含义。但是如果因此将其译成"自己"，则我们要面对中文语境的问题；同时原文也有"自己"一词的用法。最终考虑之后，我决定将其译成"自身"。

　　还有一些词，在文中的使用语境比较特殊，在此也稍加列举。"ニュアンス"，naunce的片假名写法，我翻译为"意蕴"。"アクセント"，accent的片假名写法，我翻译为"乡音"。"フレクシビリティー"，flexibility的片假名写法，我翻译为"灵活性"。因为笔者学习日语时日尚浅，因此如有认识错误的地方希望各位专家老师多多指教。

第一章
关于道德的通俗常识性观念

————————

当提出道德这一问题的时候，一直会引起歧义的是世间关于道德的"通俗常识"。这里所指的通俗常识并不是指"拥有常识或没有常识"这种作为人类共同生活的必要观念，而更接近于世人在相当随性地、大致地并粗略地处理事务或议题之时所持有的先入为主的观念。这种意义上的通俗常识，在我们试图对事物稍加仔细检讨之时，便容易造成障碍。尽管也许不至于要在此特地提及，但一旦事情涉及道德问题，这一障碍便要严重许多，甚至可以说造成了天差地别的变化，因而请读者务必加以注意。至于为何如此，笔者将在之后加以说明：所谓道德，其实，或者说一定程度上，也无外乎是常识，我们不应拘泥于常识自身完全不加思考，或者必须将道德与常识一起概括，以生活意识这样一个总括性的名称来加以考量。生活意识整体，就是一定意义上的常识。

尤其是与所谓道德相关的常识性观念，就其对道德有关的理论分析考察所造成的障碍而言，这一常识自身将完全作为常识性世界之外的语言来对道德加以说明，或许原本对于道德的说明也会烟消云散。就此意义而言，我们不得不从这样一个角度出发开始检讨：道德的理论性观念是一直与道德的常识性观念结缘相伴的。而当结束我们的思考的时候，我们也无法将常识性的道德观念加以隔离，反而不得不将其深化或者说改造，从而提取出与道德相关的理论性概念。然而尽管如此，关于道德的常识性观念几乎是接近迷信一般顽固并且是有害的，这也是我们必须事先知道的事情。

常识首先假设了这么一个东西：所谓道德，是社会构造领域乃至文化领域的一个组成部分。即社会有机结构的诸多层次根据常识可分为经济、政治、社会关系、道德、艺术、宗教、学术等等。如果仔细体会这种区分法的原理，我们会发现它无非是将上述诸事物用某种适当的顺序加以排列，那么这种区分本身即便在科学上是无误的（历史唯物论的一项不朽功绩正在于此），而在这个场合它也不过是利用关于道德的表面常识再将其复述一遍罢了。[1] 而在关于道德形成之时的常识本身是如何确定的这一点上，却仍然留下了问题。历史唯物论在此处提出的问题是（然而在其他的场合，问题不得不改变）：道德这种东西（换而言之即是"常识性地"被称作道德的东西），绝不是基于一个绝对独立的、自我成立的原则就能确立的。实际上，它只能是上层构造的一部分，而这一

---

[1] 也即这一区分方法本身，早就已经深受常识影响。

上层构造基于社会有机结构这一下层构造而建立，并且也是这一下层构造的结果之一。所以说，这个所谓道德到底有什么样的内涵？我们如果将它视作社会有机结构的一个组成部分，是完全无法解读的。

因此，道德正是这样一个判断事物的领域，与其他诸领域的界限是否能从源头上探明这一事物本身，在这样的情况下尚不能成为问题。也就是说，历史唯物论对于道德，如果从意识形态论的阶段着眼，将其作为一个固定的领域来看待，从而将当下的常识称作道德，并且置于这样一个位置，那么从科学角度来看，这无非是一种单纯用作指示性分类的行为。在此基础之上，这个常识性的道德的概念，以及由此提示出来的领域究竟能否原封不动地成为一个充分的、在理论上站得住脚的事物，也尚不能成为问题。——然而基于历史唯物论的意识形态理论乃至于文化理论，却必须将问题推进到这个程度。于是，究竟道德为何物，第一次变成了一个根本性问题。从"究竟道德这一观念是什么？"开始，一系列无法避免的问题摆在我们面前。诸如"道德所占据的领域从何而来又发展到何种程度？"这样的划分领域的问题，可以说在此时，也许已经变成了道德这一观念所对应的名目的问题了。

人们常常会认为，道德的领域从常识的角度来看，似乎毫无问题，一目了然。比如说有些行为法律没有禁止也不会去约束，但在道德上却是被禁止的。这么看来的话，恐怕道德的领域要比法律的领域更为广阔，从某种角度上来说，甚至可以认为前者包含了后者。如果遇到法律禁止了，但是道德上却被认为是正确的场合——尽管这一状况在今日的资产阶级的，乃至半封建的法律中绝非少见——人们就会认为这是因为原本道德就是二元（阶级性地）分裂的。也就是说，恰恰是从一方的道德来看是善的行为，而从另一方的道德来看是恶的，所以法律才要禁止。并且如果将这一观点加以引申，就很容易得出恶法也是法律，而遵从法律的就是道德这样一种形式化的、不值一驳的思考。总而言之，认为道德界与法律界之间的界限是清晰可见、泾渭分明的思考方式，只是一种所谓常识。

　　经济领域与道德领域的区分也是如此，让常识来判断似乎也是清晰明了的。人们通常认为，物质的追求与精神的追求是无法相容的一体两面。所谓"恺撒的归恺撒，上帝的归上帝"云云。历史唯物论从生产关系到经济关系，乃至于社会关系都做了相应的阐述，而道德亦可以从生产关系角度作以最根本的阐述。尽管已经多次强调，在这个场合下，我们仍然在利用经济关系（乃至社会关系）与道德之间的常识性的界限。同样，道德与政治之间的界限也预设了类似的常识。尽管我们一开始就已经在利用这种常识，但这个理论自身并不是将这一常识作为一种预设，而是这个理论可能已经成了一种常识。无论如何，我们现在应该意识到的重要事实是，在此，我们利用了这个所谓常识性的界限。

弗兰兹·斯陶丁格①的《道德的经济基础》一书，正是对历史唯物论的模仿的一例。根据此书的说法，经济是决定道德的要素，但是这里的所谓道德，简要地说只是社会秩序乃至社会有机结构，而无他物。人们相互之间的物质关系、利益社会关系及共同社会关系等构成了道德的材料，而这里的共同社会关系相对于其他社会关系处在统领位置，换言之，我们也可以认为它就是道德。因此道德已然不是相较于经济有机结构自身或社会有机结构自身在另一领域分门别类的体现，社会已然就是道德的本质。社会主义也同样归结了这样一种伦理学：政治也无非是道德，政治也恰恰就是道德。——这种将社会还原为道德的说法不独见于斯陶丁格的论述，它是许多康德社会主义者（乃至于康德主义的马克思主义者）的共同特征。一眼看过去，人们会觉得这种观点恐怕已经不再将道德及伦理作为被困在狭小的常识性领域中的观念，而是将其深化到具有最为广泛含义的观念来看待。然而实际上，这种观点恰恰是把作为独立领域的道德这样一种常识观念夸张化的结果。

康德将与感性世界完全独立的且与之彻底绝缘的本体世界、理性世界视作道德的世界或道德的领域。常识通常将道德这一领域明确定义，并且与其他领域机械地一刀两断，

---

① 弗兰兹·斯陶丁格（1849—1921），德国社会学家、新康德主义哲学家。他试图从康德的伦理学说出发赋予社会主义以道德性基础。他在当时的消费者协作运动（Konsumgenossenschaft）中扮演了一个积极的角色。

而康德基于这种常识构筑了批判体系。像斯陶丁格、马克斯·阿德勒[①]及卡尔·福尔兰德尔[②]等人或多或少是这一常识科学性的、合法化的继承者(这一点参考了米田庄太郎[③]的《近期社会思想研究》上卷)。

将道德的领域做某种明确的界定,实际上就是将关于道德自身的观念也机械地固定起来。由此,诸如将道德这一观念与其他领域的观念用机械性的界限加以划定,或者将道德这一观念视作固定不变的想法就产生了。而这种思考方式简要地说就是将道德内容本身视作固定不变的事物,并由此阐发而来。我们或许并不能明确有多少被冠名为道德的领域。但是人并非被"圈养"于随处是明确的道德的独立世界中。问题在于道德领域与其他领域之间一直存在着交流,并且其本质就在于这样的交流。关于道德与政治之间的交流,斯陶丁格已经有所触及,而现实政治当中展现着它的低俗化形式:政治伦理化与政教合一。特别是道德与法律的交流十分显著,黑格尔等人索性认为可以将两者都置于"抽象法"之下加以处理。美国法学家罗斯科·庞德[④]从实务家的见解出发,对这

---

① 马克斯·阿德勒(1873—1937),奥地利社会学家、哲学家。他是奥地利马克思主义的代表思想家之一。

② 卡尔·福尔兰德尔(1860—1928),德国新康德主义哲学家。他试图将康德的方法论与马克思的社会主义相结合。

③ 米田庄太郎(1873—1945),日本社会学家,在社会思想、历史哲学、文化论等方面多有涉猎。

④ 罗斯科·庞德(1870—1964),美国20世纪著名法学家。他是"社会学法学"运动的奠基人,1948年他曾以国民政府司法行政部顾问的名义来过中国。

一交流做了深度的分析（见庞德所著《法与道德》）。

　　然而比这更为重要的是，道德究竟能否像一般意义上所说的可以被整合成一个领域（道德的界限是不能被机械地赋予的，而道德的内容也并非固定不变的）。也就是说，在视道德为与社会关系、政治关系、法律体系还有其他种种并列的一个领域的同时，我们无法忽视它也将这些领域一个一个地串联在一起。正是因为有了这层关系，社会自身就被还原了，政治和法律也第一次得以单纯地回归到道德，而将社会主义包括在伦理学之下的谬误，也绝不会因为没有理由发生就不曾发生过。不过若是如此看待，则只能说道德是某种不局限于单一领域的存在，也恐怕涵盖了或伴随着别的领域。固然，我们可以自由地将这一道德存在之地称为某种领域，但恐怕这种领域也早已不是先前我们所指的那种领域了。

　　所以（下面要举的例子稍微有点跳跃）——正如柏拉图将善的理念（idea）视为最高的理念，是类似诸多理念中金字塔尖一般的存在，因此善的理念已然不再与其他诸多理念相并列，而是属于更高序列的事物——道德之于其他诸领域的关系也应该这样来解释。尽管如此，并非所有人都想将柏拉图视作一名泛道德主义者或伦理主义者。也就是说，把一切事物都还原为道德的各种泛道德主义乃至伦理主义，实际上正是在将一切其他领域的事物都还原到道德这一领域的尝试中犯错了，因为实际上他们的模型正是建立在假设道德不过是其中一个领域的基础上，并将其不假思索地往世界上的各

29

个领域推广。常识总是在这种时候不失时机地出现在我们的思维当中，例如教育学者或者教育家总是不自觉地将预设教育作为自己的专业领域，并试图将世间一切事物都囊括其中。在德育或者修身方面的专业人士的养成上，从日本的这些教育专家的领域出发，道德专家们如此这般的思考是道德领域中的常识：道德之于生活乃是一个特别的领域，在此基础之上，道德又包含了生活的全部领域。

如果从将道德视作生活场景的一个领域的意义上去尽力思考的话，基于道德的常识性观念就有了第一个破绽。如果根据这种方法，正好可以把属于道德的与不属于道德的事物明确区分的话，它也就不会伴随着某些意想不到的结果了。比如艺术就是艺术，与道德是不同的，那么就没有什么是比在艺术领域的道德或伦理更无意义的事物了。那么只能说艺术的内容是道德的，而形式不是道德的吗？然而道德的形式又是何物呢？这恐怕已经不再是常识所能回答的了，而可能必须求助于自由意志的自律、目的意识性的行为之类的说法了。然而，就算是不遵从自律的场合，也并不意味着其就身处道德的领域之外，倒不如说为了将不道德、反道德的帽子扣上去，不得不将其置于道德的领域之内。如果说实践性的行为方式没有道德的形式，那么因为艺术性创作本身就是实践性行为，仅仅是评价它的好坏就足以构成正式的道德性的问题，所以如何判断就一目了然了：道德，总是以某种方法遍布于生活的一切领域之中。而以何种权利、何种方法遍布其中，我们将在之后去考察，在此先从这一结论出发，可以认为道德就意味着生活意识本身。必须事先说明的是，道德确实在某种程度上如同常识所预想的那样是生活的一个领域。然而，它又不止于此，而是在根本上意味着生活意识本身。这是我在此想强调的。

根据常识得出的道德的思考方式的第二种特征是将道德赋予善的价值。这意味着，道德本身就是有道德的事物，是善。首先，这一常识只要稍加反省便必然动摇：如果道德本身就是善的话，那么恶必然是超然于道德之外的。那么如果恶也属于道德的一部分，那善与恶在道德价值上的对立性就无法让人理解了。

这一两难关系，确实在将道德以惯用的方法做领域性的思考时会产生。将道德这一领域限定为善的领域的话，本来也应该包含恶的领域的道德领域就变得无法解释了。善恶（暂且借用常识性的用语）这一道德性价值对立关系，正是领域性思考所导致的困难。

尽管如此，也不能说道德就是与现实存在毫无关系的、单纯表现为善恶对立的道德现象。将领域这一空间关系割裂，而从价值对立这一力量关系上去考虑问题，完全是一种人为的举动。道德是一个领域，其中某些道德性的事物又要在价值对立中选边站队。无论是这一对立关系还是领域，都只能说是道德性的。然而这一点对于常识来说毫无困难，就我们而言，调和这一常识的两个矛盾十分容易，这实在让人担心。

31

例如，对于人类界这样一个领域而言，充满了各式各样的人。每个人都毫无疑问是人。每个人都在领域性上具有人类性。而在其中有着事实上存在于这个领域内的区别，即人类性整体而言有一种相对共同的代表性质和与之相反的性质。对于前者，我们从价值性出发在此称之为人类性，而后者则不被称为人类性。这样一种关系也完完全全地嵌入道德之中。涵盖了道德这一领域的内容的各种道德现象，从领域上来讲都属于道德性，然而其中只有在价值性上与该领域最相称的才最为道德。一般而言，价值是将各个现象在全体现象中所持有的比例加以区别、抽象之后经过强调和夸张才产生的。道德价值的对立也不过是作为道德领域内容的全部道德现象就比例关系而产生的。

只把善的价值（作为恶这一种反价值的对立物）承认为道德这种常识权利与这种权利的失去——我们之后将会稍加说明，而将道德限定于价值性与道德性并且不得不专门进行强调，其中隐含着某种动机。这就是说，人们将道德这一事物当作人类的某种特别的、独立的属性来思考，认为在人类性上有善的性质和恶的性质：拥有善的性质的人类，就是善人，就是有道德的人；而拥有恶的性质的，就是恶人，就是不道德的人。类似"人之初，性本善"或"人之初，性本恶"之类的理论都属于这种思考方法。如果以此判断，那么道德无非是人类性的其中一个性质罢了，恶霸无赖往往就是缺失了这一重要的人类性，所以才像人而非人。

　　依据人类性善还是性恶的对立学说，并只将其善性视作
道德的做法，实际上是十分具有通用性的常识，这是我们不
得不关注的。罗伯特·路易斯·斯蒂文森①的《化身博士》（这
部小说从唯物论角度为基督教辩护，除作为侦探小说之外并
无旨趣）大概就是这种常识的文学性典型。其论调无非是：
杰基尔博士是善的，是道德的；反之，作为其双重人格的海
德就带有若干动物性或是野性，就是恶的，是非道德的。这
一常识也在诸如人类的心理、文学的真实，乃至新闻的社会
面发挥着价值评价原则的作用。被判断为"恶"或"社会性
的恶"之类的说法，其空洞性正在被好些人所注意到。

　　这一常识也十分容易用于区分有人格的人与没有人格的
人（贵族院或众议院的议员候选人当然总是被介绍为有人格
的）。就好像既有有人格的人类存在，也有没有人格的人类存
在。这又可以推而广之到用知识与人格来划分。像德育相对
于智育、肚皮相对于头脑、精神相对于能力等粗陋的对立区
分，哪一种都能从这常识性的道德观念中阐发出来。比如就
领域而言，道德不得不被认为是一个独立的领域，这一同样
论调的常识也在人类性方面假定道德是一种独立的属性。这
等于在说，在人类肉体的某处，有个道德器官。

　　恶的事物是反道德的，反过来说，善的事物是道德的。
要是现在"善或恶究竟为何"不引起问题的话，那也没有人

---

① 罗伯特·路易斯·斯蒂文森（1850—1894），英国小说家，代表作品有《金银岛》
　《化身博士》等。

去怀疑。如此一来，也不会有人怀疑善恶的价值对立乃是道德现象。当然这并不是说，要将人类生活的诸多事物和现象用此为善，彼为恶的方式筛选区分出来。然而，无论是将道德视作善恶的对立关系，还是认为只有善是道德，又或者试图在人类身上幻想出一个道德器官，都并非出于其他的必要，而恰恰只是类似于节分时候要做撒豆仪式①一样，只是一个长留于心的念头而已。这种随性的念头所构成的常识，正是在围绕道德的理论上造成妨碍的第二种性质。在道德为何这一问题上，很快就会被第一个例子——领域道德主义的常识所妨碍；在何为道德这个问题上，则会被这第二个例子——善恶道德主义的常识所妨碍。我们若不对这些常识加以掣肘，就无法成功地将道德进行理论化。

　　与这第二种常识性的妨碍直接相关的是所谓"道德条目"道德主义。将道德取决于善恶问题，进而将道德定义为善，接着就认为道德是由人类的善性所决定的……于是这个善性又包括了某些名目，什么智仁勇、仁义礼智信、忠孝、忠君爱国、三从四德等之类的"道德条目"（Virtues）②就进入了我们的念头之中。那么现在记住这些"道德条目"，或者学习

----

① 节分在日本指各季节变化的前一天，即立春、立夏、立秋、立冬的前一天。日本民俗认为在季节交替时，易生邪气，如鬼、灾祸、疾病，因此必须在这一天举行驱除恶灵的仪式。仪式中的主要部分就是撒豆子。

② 这里的道德条目日文原文为"德目"。在日语当中，"德目"一词可理解为将道德细分的名目。比如儒家的仁、义、礼、智、信，古希腊的智慧、勇气、正义、节制，基督教的信仰、希望、爱等都可以视作"德目"。

它、背诵它，然后能将这些"道德条目"好好活用，便称为道德。从这种常识来看，道德也就是修身。这算是一种"道德条目"的运算，于是教材就能够编写，考试选拔也得以进行。而一种道德性的教义问答书或者伦理性的决疑论[①]，在类似经院哲学的意义上也有了可能。——这样，人类的人类性就被视作由诸多"道德条目"掺杂起来的、像化合物或像胶质的混合物。

　　然而修身的特色在于，将"道德条目"视作永久不变的人格元素。这意味着道德内容（不只是形式上的）的固化。将这些"道德条目"普及社会的，就是所谓国民道德或者公民道德。人们都认为，国民或者说公民的"道德条目"不用说，非植根于固定不变的人类性与绝对不动的国民性传统不可。这种假设的理由是出于一种必要：该场合下必须拥有道德的社会性强制力，而外部的社会强制力也由此合理化。于是这一条又一条的社会性道德规范或者说道德律，比别的什么都更构成了道德最根本的实质。因此在将道德作为道德规范或道德律加以强调的、几乎充满了常识的场合，就不得不假定这一规范乃至道德律在内容上是永久不变的。由此，"道德条目"道德主义的常识，一般就与道德的绝对化、道德的

---

① 决疑论（casuistry）是一种推理过程，旨在通过从特定案例中提取或扩展理论规则，然后将这些规则重新应用于新实例来解决道德问题。这种方法适用于应用伦理学和法学。该术语通常含有贬义，以批评尤其是在道德问题上（如诡辩）使用巧妙但不合理的推理。

形而上学化产生了必然性关联。这种关于道德的非历史性观念，在道德的常识观念内是最常被注意到的缺陷。实际上，道德整体的其中的一个秘密，可以说正是将事物的变化转化为观念的不变物这一事实。像这样试图将道德仅仅集中于道德律之中，是常识性的道德观念的第三个妨碍。

然而我们必须注意到的是，就算是不将道德规范或道德律作为永久不变的形而上学物来思考，而将其假设为历史性的变化发展的事物，该假设也往往只能止于假设，而无法在实际上将道德规范或道德律假设为变化发展的事物。终究，如果一定的内容连一刻也不能被固定下来，那么不用说，它既无法成为道德规范，也无法成为道德律。然而，如果将道德内容哪怕只是暂时性地转化为固定物——它应该为了之后作为公式来运用不得不如此——那么这也无非是将道德在前述的"道德条目"运算中做了个置换。将道德律或道德规范作为专门的道德来尊重，也就不得不意味着对这些道德律或道德规范原原本本地发挥作用的详细性和完备性有所要求。而这样一种把事项逐一罗列以便使用的制成品性质的详细道德律，至今还不曾有一个能够将在过去产生且处于变化之中的道德表述出来的例子。在所谓修身的"道德条目"之外，事实上的详细的道德律并不存在。

假设能将"各国的无产阶级运动须结束"选为道德律，它也绝不是能够就这样原原本本发挥"道德条目"作用的详细道德律。所以在道德名下一味致力于发展道德律或道德规范的常识，也绝不可能增进人们对于道德理论的理解。基于此，我必须指出，这是"道德条目"道德主义作为常识的缺陷。

可以说，将道德视作固定不变的绝对物来看待的常识，与"道德条目"主义乃至道德律主义都是无法相提并论的。究其原因，无非是这一非难早已被屡屡提及，乃至今日对它的非难自身大概都已经常识化了。不仅如此，这也已被康德自己所意识到。而也正因为如此，康德将这名为最高道德律的无上法门特地强调为是形式上的事物。并且，就由道德律的时间和场域所带来的一般性而言，近代以来几乎所有的资产阶级实证主义社会理论家的研究都在成为常识。不知道这些常识的要么是缺乏眼光的哲学老学究，要么是伦理学老先生罢了。

然而，既然引入了道德的不变性，就不仅意味着不得不回归到将道德归于一种专门的"道德条目"乃至道德律去看待的常识或结局，而且还意味着不仅仅将道德以单纯固定事物的、不运动的形而上学式的态度来加以看待。这也是我们现在必须注意到的。视自然物或某种社会关系为不变的思想，不单单是将这一不变物的真正意义上的绝对性——绝对的权威或压迫力——加以主张。比如乔治·居维叶①在反对艾蒂

---

① 乔治·居维叶（1769—1832），法国博物学家、动物学家、古生物学家，是比较解剖学和古生物学领域的开山鼻祖。他强烈反对进化论，更倾向于灾变论。他的研究充满了神创论和种族偏见。他死于霍乱。

安·若弗鲁瓦·圣伊莱尔①而将不同生物的物种的不变性加以
主张的时候，他也必然地、不得不考虑这一物种的绝对性的、
有权威的存在。因而，出于诸如将不同的物种归于上帝的创
造、将某些人类特征归结于一开始受夏娃腹中条件所限之类
的理由，他若主张物种的不变性，则这时这一物种就具有了
何等的绝对性权威，就变成了真正的绝对性的事物。当我们
评价将之加以实证性地颠覆的进化论之时，光是考虑进化论
推翻了这绝对的权威，就使之值得成为非难或赞赏的对象。
也就是说，在成为道德问题之后的最开始，不变者就在真正
意义上成了绝对者，是神圣而不可侵犯的事物，是无法加以
批评的事物。

因而，道德的不变性的观念，不单单是不变性的观念本
身，也是神圣的绝对物、不受批判的不可侵入之物的观念。
事物的不变性在价值评价的世界显示为事物的神圣意味。道
德被表述为不代表自身价值，却作为强调道德价值对立（从
普遍意义上来说就是善恶）而得以成立的领域，又或是这领
域之上的事物，然而其根本仍然在于强调道德的价值。那么
主张横亘在这个价值世界的道德的不变性，也就当然会导向
主张这一神圣的绝对性。

如今，在一般情况下人们并没有对价值这一事物进行理

---

① 艾蒂安·若弗鲁瓦·圣伊莱尔（1772—1844），法国博物学家、动物学家、胚胎
学家，现代进化论的先驱者之一。他揭示了器官与组织的关系，并提出动物界有
一种"共同的构造范式"，从而与居维叶产生争论。其子亦为胚胎学家。

论分析的机会。就某些学者所说，一切的价值，无论是真理价值也好，美的价值也好，都可归于价值这一资格的获得，而这一资格在某种意义上又可归于道德价值。如果假设此说成立并能加以运用的话，在做真理评价或者艺术判断的时候，也类似于在做出道德评价，是在强调其绝对性和神圣意味，因而它是显而易见的。绝对真理（与相对真理对应）也在事实上原原本本地意味着真理的神圣不可侵犯性、不可批判性。认识论上关于绝对真理的主张（机械论的、形而上学的、形式逻辑的、认知论的），也恰恰只能意味着拥护教皇或者恺撒的真理权威。——而这就是那些表面上强调道德不变性的主张的最终归宿，无一例外。

　　由常识所假设的道德的不变性，是一种基于常识立场的、认为凡属道德皆神圣不可侵犯因而绝对不能成为批判对象的假设。根据常识，对道德的事物加以批评批判，甚至首先在语言上就是矛盾的。人们认为，我们所能批判的必然是不道德的事物，而批判道德的事物在原则上是不可能的。也就是说，在批评批判的场合中作为尺度的，不是别的，正是道德。恰如用布来测量尺子是无意义的，人们认为批判道德也是无意义的。

　　只要对事物的价值评价标准还是所谓道德，只要以道德自身对道德进行批判是无法设想的，那么对道德的批判就是不可能的。以神圣的道德自身去批判这神圣的道德，恰如让神圣不可侵犯的王去发布一条束缚自身的法律，要么不可能，要么就是故意认输。也正因为如此，常识将道德视作不变物这一事实本身，就有无法单从表面去把握的深刻的内容。

然而不用说，道德并非不变。这不仅仅是历史的教诲，也可以从如今未开化人群与我们及欧洲人之间的道德差异做比较而得出。进一步来说，今日的道德有着无论如何都不得不被彻底批判的理由。因为今日近乎所有的既成道德——资产阶级的及半封建的道德，在我们劳动阶级看来，显然都只不过是用来妨碍人类解放的。那么，道德又应该基于什么？应该如何去批判呢？如前所述，既成的道德是不可能去批判这一道德的。那么如果从新的道德出发又将如何呢？而新的道德又在何处或如何去寻找并建设呢？而就算新道德自然而然地产生了，那么它又以怎样的权利依据来打破既成道德呢？难道不是只能相互指责对方为不道德、相互声称对方的恶吗？这难道不是像孩子的吵架或是日本政治家的演说那样，是对何为恶进行的前后不一的说明吗？

如此，接下来我们不得不注意的，也是我们由此而明确的是：没有什么是比批判道德更不容易的事情了。水平较低的人很容易将其还原为根据道德对一切事物加以批判。例如，战争行动是善的还是恶的……小学生很容易将这些社会问题还原为道德问题。修身教育就是培养孩子的这种态度。然而这作为最后判断的中转地的道德本身，一向都不成为批判对象。——这是无可匹敌的待遇。这里所说的名为道德的常识物，有着比什么都不科学的规定。这自然是因为对理论性分析的放弃，之所以让孩子将一切问题都还原为善或者恶，正是因为"善恶"自身根据常识不成为问题。只有问及"善恶"是善的还是恶的，才能不遗漏问题。由常识而来的道德（从框架上来讲是不变的、绝对的、神圣不可侵犯的），是作为科学的反对物意义上的话语。

于是我们不得不得出一个结论：只有科学，才能够对道德进行批判，对道德这一常识性观念进行批判；科学是将道德的不变性乃至绝对神圣性打倒的唯一武器、唯一立足点、唯一尺度。世俗所谓的由常识而来的道德，单纯只是因为它是必要的或者是有用的，又或者是我们人类社会的习俗或者传统，但它对于事实的认识是不充分的。又因为这一具有科学性的说明的事实，道德不得不具备特别意义上的价值，而又因为这价值，科学性的规定就被完全遮蔽起来，不得不以别的面貌呈现。与科学完全相异的这一别样的面貌，正是道德所具备的神秘性。于是道德专以神秘性为主体，成为社会人之间授受流通之物。正如纸币，人们早已经忘记了它是因为在国有银行可以自由兑换黄金才拥有价值，才被人们所接受的，事实上道德的合理的、科学的核心也已经被忘却了，而它因为专门披着神圣的外衣才得到尊重。常识中所说的道德也并非诸如人类的社会生活规范（实际上从理论上讲阶级规范才是正确的）这类事物。即使人类的规范永久不变，它也并非所谓的道德。这是被绝对化的、神圣化的、自从将完全的神秘性赋予它之时才第一次成就的，世间所谓的道德（这一常识性的道德观念）。常识喜好道德，常识恐惧科学。将科学代之以德，这是现下所有资产阶级的乃至法西斯的谎言的秘密。

从理论上讲，科学将对事物的探究视作生命。这一点通过对科学自身的批判才得以进行。这属于常识。而当涉及道德时，常识就不是这么思考的了。道德不是对事物的探究，而是（自作主张地常识性地）决定事物的武器。就算是批判道德自身，但只要不去探究道德究竟为何物，那也毫无用处。而常识却认为，对道德自身的探究却不是道德自身的工作，是属于道德学或者伦理学之类的专门的学科的工作。而这一观点与将道德视作绝对神圣物来思考的常识，只不过是把完全一致的、首尾呼应的观念加以展开罢了。

认真地说，并非只有被称作道德的领域才存在着道德世界，也并非只有善恶对立乃至善的价值才是道德的本质，而且并非只有道德律才是道德。甚至价值的绝对神圣意味和它的神秘性带来的对科学性的吞没，也不是道德的精髓。这些方法概括来说，无非是将道德用各种不同的意义固定起来。道德既非这样的固定物，也并不会成为这样的固定物，更不可能必须是这样的固定物。道德指向着对它自身的一种探究的态度或探究的目标。道德是对事物的探究（以何种方法探究将在之后详谈）。同时，理所当然地，道德自身必须时常被探究，道德必须被时常批判、被时常改造。在社会矛盾于如今的资本主义国家中已经变得如此具备根本性的情况下，道德必须从根本上被批判、被改革，在矛盾比较琐碎的情况下也必须就这些琐碎的点进行批判改革。若非如此，道德便不再是道德，即作为事物的道德性的探究这一道德的存在理由也不再成立，一切意义上的道德将不再成立。道德是探究其他事物的工具，又必须是被探究的事物。

总而言之，就常识而言，一方面人们极度热爱道德，一方面人们又极度厌弃它。换句话说，人们以道德去约束他人的时候心情放松，而用它来约束自己的时候心情就凝重起来，这可看作常识性的俗人的习性。然而无论如何，在他们的常识当中，道德单纯被假设为某种外部强制。他人将它施加于我们自身，我们自身又试图将其施加于他人，又或者我们自己试图将其施加于我们自己。从这个意义上讲，道德在常识角度下一直是既成物。因此常识性的俗人并非出于喜好而将道德脱口而出（可见于人们的风言风语、评判，甚至是告白），实际上他们对道德既无尊重也自然无喜爱。就社会支配性的常识来说，实际上没有比道德更为棘手的了。

那么我们只能这么说，道德与常识保持着某种程度上的亲密关系。在有的场合，道德就是常识，所谓常识性就是道德性。然而其实，就算道德与常识一致，在人类生活本身范围内，这一常识性的意识也是满足不了人们日常需求的。道德多多少少让社会大众的生活意识无法得到满足。没有什么比道德更让人类的社会生活疏离于实实在在的兴趣的了。道学家、腐儒、法律专家之类的人，也是由此被俗人轻蔑并由此才成为其自身。

我们虽然说常识云云，但此处的常识专门指称在社会中处于下级平均标准之下的惰性知识，并非指称将人类的社会生活加以统一的生活意识上的原则。它是低俗意义上的常识，而不是"健全的常识"或"良好的常识"之类意义上的常识。这个低俗意义上的常识选择常识性的所谓道德作为自己的对手或者孪生兄弟，这在一开始就并非什么不可思议的事情。

另外，根据我之前的观点，真正的道德只有在常识性的道德观念无法囊括之处才得以显现。而现在我们也看到了关于常识自身或者说归于常识性观念的东西与真正的常识之间的区别。真正的道德在此意义上，可以推定为与真正的常识略微一致的内容，这种判断也并非毫无道理。原本，我对于所谓新的道德之类的事物从没有任何积极性的看法。但是，如果现在能把这真正意义上的道德所产生的道德意识，看作人类社会的生活意识的话，那么从某种意义上说，在这个场合下道德是常识也不是毫无道理的。世间将道德意识视作良心或对于法律的服从或对于习俗的尊重之类，这不是人类社会的生活意识又是何物呢？我们已经可以看到，世俗所谓由常识产生的道德观念与所谓常识的观念相互交织。所谓真正的道德或真正的常识，其内容也大致相同罢了。

吾人于现下，不得不就关于道德的事物加以思考的根据在于：我们毫无疑问需要通过对既有的资本主义的乃至半封建之道德的批判和克服，来探究和建设能够满足自由的新生活的道德。这是社会有机结构必然性变动的一部分，又是这一变动的必然结果，也是我们对于这一预想的准备。不过，就道德的变革而言，期待社会本身的原则性变化在事实上是不可能的。这大概是我们从围绕道德的熟悉的观念自身所得出的、一个无法避开的结论。然而尽管如此，如果不假设一条解决道德问题的道路，则一切社会理论也好，文化理论也罢，都在现实中无法实现。这也是我们不应遗漏的一点。

　　也许社会理论越是接近现实、越是大众化，道德问题的意义就越是明了。也就是说，如果不能将道德这一大众的生活意识加以总括性地、要点性地解明，则大众的社会意识也无法被理解。社会的客观性现实，多多少少会在社会大众的生活意识内以道德意识的形式反映出来。所谓道德意识的根本作用只有在此处才得以考察。道德不是既定的这样或那样的事物，而是像从社会秩序中时时刻刻发散出来的汗和油脂。社会大众的意识是将这些吸收之后当作生活意识当下的内容。所以，不伴随着新的道德，则也不存在什么社会建设和文化建设。社会建设从现实开始，而文化建设在谋划现实的时候已经开始了道德建设。这一事实从苏联的性道德的历史可以明确看出，也能够从劳动妇女在法兰西大革命后期的革命性作用中得知（参考柯伦泰的《新妇女论》[1]）。

然而要建设新道德或者设想这种建设，同时也必然要求新的道德观念的建设与之平行并举。重要的是，不能仅仅围绕着建设新的道德观念，我们也许还要明白道德层面上的新的观念的必要性。而且要让这些新的道德观念在理论上能够成立，也需要新的思考方法和方法上的考察。我在此书中所设想的是，通过怎样的思考，才能够获得关于道德的最科学的观念。我认为通过这一观念，能够对新道德的建设这一课题，从一开始就充分地、有目的地，而且是具备整体视野地去看待，从而在这一认识之下加以解决。

在这本简短的书中，我本对于新道德这一事物能否立论，抱持一种既无法商讨也觉得有点滑稽的心态。我想解决的问题是更为迫切的，想要系统地看待对当前既成的乃至期待已久的道德所产生的不信任感。而这可以说是对于所谓道德的新观念（其实也可以看作对称不上新的、理所当然的观念的再认识）的检讨。正是出于这一目的，我才首先整理了已然造成妨碍的通俗常识性的道德观念。

---

① 柯伦泰（1872—1952），苏联共产主义革命家、小说家，曾任苏联人民委员会公共福利人民委员、俄共（布）妇女工作部部长。她是列宁政府中唯一的女性，也是世界上第一个女性驻外大使。她在女性权利方面观点激烈鲜明，在当时引起了巨大的争议。她的小说在当时的日本有很大影响。

第二章
关于道德的伦理学观念

———————

人们认为，关于道德的理论乃至科学一般是属于伦理学的。在某种程度上，将伦理学（Ethics）以字面意思来解释的话，可以说一切道德问题都是伦理学的对象也不为过。由于这一词语来源于性格（éthos）和习惯（ethos），这意味着事关社会生活的、对于人类来说相对比较外部的生活规定——风俗习惯问题，以及相对比较内部的生活规定——性格性情问题，都属于我们所要探讨的道德问题。

在此意义之上，我们在广阔的伦理思想范围内，并非无法将与道德相关的意识阐述清楚。然而在这一场合，此处所包含的并非只是单纯的"伦理学"，政治学、法律学、社会理论、人性论（人类学）、制度理论、实践哲学等都不得不被包含在内。也正因此，我们无法将之直接地当作伦理学性质的思想。原本，今日所云的所谓伦理学（近代伦理学），以英格兰为中心产生又以之兴盛，英国的伦理学、道德科学、道德哲学等都是其最初的代表。自从托马斯·霍布斯试图将人类社会中善恶的概念，用支配社会的法的，或者法律性的合法

47

性与非合法性加以区别并消解，并由此展开他一流的人类论（从马基雅弗利的体系中衍生而出的人狼说[①]）以来，英国哲学界就立足于人性论，专门对道德理论做了广泛的展开。这甚至导致英国哲学整体上一直处于道德理论的支配中。近代伦理学的存在基础，历史性地说是在此确立的也不为过（参考亨利·西季威克，《伦理学史纲》[②]）。

实际上，霍布斯的思想并不一定就是所谓的"伦理学"，而英国的道德理论家（即大多数英国的哲学家）也并非全部将道德理论冠之以"伦理学"之名。不过在哲学史上，他们的功绩足以称得上是推动伦理学成为一个独立学科。而实际上，这些极端日常常识化的英国哲学家自身，却对于伦理学作为一个学科的独立性、界限、对象的规定方法之类的问题毫无学院派的兴趣。因为在他们那里，伦理学有着更加鲜活的实际意义。将伦理学这一观念教给这些英国伦理学家的反而是经过学校讲坛哲学训练的德意志哲学家，特别是康德的批判道德哲学。托马斯·希尔·格林[③]（Thomas Hill Green）的《伦理学绪论》可以被称为因德意志哲学的影响而开始讲坛化

---

① 即霍布斯的"自然状态"理论，因霍布斯曾在《论公民》中引拉丁谚语"凡人皆狼"（Homo homini lupus est）来解释自然状态而得名。

② 亨利·西季威克（1838—1900），英国功利主义哲学家、论理学家、经济学家。他是心理研究学会的创始人之一。他的思想甚至影响了当代哲学家罗尔斯等人。其代表作《伦理学史纲》（Outlines of the History of Ethics），在户坂润撰写本书时，该书日译版尚未出版。

③ 托马斯·希尔·格林（1836—1882），英国政治哲学家，英国观念论运动的一员。与英国其他观念论者一样，他也受到了黑格尔形而上学历史主义的影响。

的英国伦理学的代表。然而必须注意的是，格林的伦理学虽然被称为伦理学，却与在政治上的自由主义运动有着深刻的关系。

像这样被历史权威所认定的所谓"伦理学"，今天往往不得不从其科学论性质开始考察。这是一种类似方法论的东西。经由德意志哲学教授的手，伦理学问题较之道德这样广泛的现象问题，更先从围绕所谓伦理的学问、科学、哲学等相关的问题开始。例如，根据尼古拉·哈特曼①（Nicolai Hartmann）的说法，人类的生活有认识、行为和希望三个阶段。认识将现实世界作为对象，希望将幻想世界作为对象，而处于两者中间的行为则发挥连接现实与幻想的媒介的作用。不用说，讨论行为的学问就是所谓伦理学，其第一根本的问题是"什么是必须做的"，而其第二根本的问题是"什么是生活的价值"。

建立在理论的精密性、基础性和统一性上的科学论乃至科学方法论，一直以来就将由非历史性的观点推演出来的事物视作恒常不变的。也就是说，诸科学置其发生、发展的独特历史条件于不顾，单纯只是把根据合理性排开的秩序性罗列视作恒常不变的。这一点在此也不例外。伦理学恰恰不顾历史性与动机之间的关系，只将人类生活的三个阶段截取其中之一，并将其从一般意义上定义了。暂且抛开这一人类生

---

① 尼古拉·哈特曼（1882—1950），出生在俄罗斯帝国境内的德意志哲学家，新康德主义者。他被看作批判实在论的代表人物。

活的观念自身所拥有的德意志观念论性质上的抽象性和肤浅性不谈，单单将伦理学作为英国资产阶级（以及其资本制度下的贵族地主们）的哲学之发展这一点提取出来，我们就可以看到伦理学作为一种理论有着必然存在的、无法逃避的缺陷。今日的所谓"伦理学"——也即这样一种独立的又有支配性的重要的哲学或者说精神科学——其根基，一开始便是对近代英国资产阶级所代表的生活意识所形成的传统的反映。这就是近代伦理学的根本特色。

而且更重要的是，故意无视历史性的、阶级性的限制，然后在此基础上将自身视作某种普遍的可通用的法则加以看待，则又是所谓近代伦理学的根本特征。所谓伦理学，其实不仅仅是资产阶级观念论哲学的一般理论中最为重要的一环，从它特有的历史起源来看，人们完全可以称之为资产阶级的道德理论。这样，我们无法毫不迟疑地将道德理论称作伦理学。在关于道德的问题上，我们必须将"伦理学性质"的观念与其他的道德观念区分开来加以考察。

不过如果根据常识的话，人们便会产生道德理论可以马上毫无问题地被称呼为伦理学的想象。这一点也是必须注意的。单就当今的通俗常识而言，不单单是对伦理学，它也不承认一般的哲学、文化理论或其他学科的阶级性，并对其背后的资产阶级的阶级性本质视而不见。但事实上，当我们将今日的通俗常识作为道德来思考的时候，相对来说又得到了伦理学实际上的理论性支持。承认道德为独立的绝对的领域，这强调了其作为道德标杆的无条件性，热衷于绝对不变的道德条目或道德律，将与道德价值相关的超合理主义视作神圣，突出与道德相关的超历史性、超阶级性、特权性等。所谓伦理学（资产阶级道德理论）就是用这些理念设想了它自身。

从这个意义上讲，就算通过烦琐的分析，伦理学终究只有常识性的对道德观念的略带理论性质的解释，完全无法期待其对于道德现象有什么科学性的说明。与道德相关的伦理学概念的作用无非是：所谓道德，本就在常识中被赋予了，伦理学无非就是对其建立了一个清晰流畅的秩序罢了。因此，伦理学性质的道德观念，在根本上就不可能批判并克服常识性的道德观念。无论对新的道德观念的创造，还是对新的道德的创造，它都是完全无力的。不得不说，这甚至在一开始就是注定的。因为当今的道德常识也无非只是在资产阶级社会处于支配性地位的常识罢了，这种资产阶级的观念所属的常识性道德观念，在根本上，就不是能够被立足于同属资产阶级社会观念的所谓伦理学批判得了、克服得了的。

不过，不消说，当今的（资产阶级）伦理学也不是发端于近代的。伦理思想自古以来，甚至有史以来就在各民族中出现。从伦理学思想一直发达的古代到今天，要追根溯源也绝非易事。伦理思想在古代有四大渊源：古代印度文化（尤其是原始佛教）、犹太文化、古代罗马文化（原始基督教）、古希腊文化。就所谓伦理而言，如前所述，意味着社会习惯和人类的性格，也就是说，伦理思想是人类的社会生活的意识性反映。在这反映中，直觉性的表层性的那部分恰恰被称为伦理思想，而其中科学性的、分析性的那部分偶尔被称呼以别的名字（与道德相关的社会科学观念或文学观念之类）。自古以来在人类的生活和思想当中，伦理思想一直都没有什么不可思议可言。因此，所谓伦理学的素材也无非是从古代到中世纪一直传承下来的，从这个意义上说，伦理学自古以来就存在了。这就是说，资产阶级伦理学（以在英国出现的、因为接触了德意志观念论之后得以繁荣至今的产物为中心）理所当然地是封建制度下的伦理思想乃至伦理学（主要是基督教神学），而它又带着奴隶制度下的古代伦理思想乃至伦理学（以晚期希腊乃至希腊罗马时代的哲学家和教父神学为中心）的传统，说它是这一传统的近代资本主义变种也不为过。

到了亚里士多德的时候，冠以"伦理学"之名的作品已经有了两本（题为"道德论"的也有一二）。毋庸赘言，这样的名称本身，就是古已有之的。然而尽管如此，将其内容不假思索地视作近代伦理学的开端是错误的，就两者在学术领域所占的位置关系来看，它与今天所说的伦理学并不相同。在亚里士多德这里成为问题的善（to Agathon）的概念，与近代伦理学中成为问题的关于所谓道德或伦理的善恶的"善"并不相同。亚里士多德的"善"，指代一种更为鲜活的、具有真理美感的、有益又怡人的事物。因此，这一伦理的根本观念所占的理论上的地位，远比今日所指的要更具有实质性、重大性和内涵性，然而也正因如此，伦理学自身的独立性并不显著。柏拉图的国家论不如说是道德论下的乌托邦理论。

　　根据现在的研究，在亚里士多德的体系中，伦理学的位置要比经济学（这不纯粹是亚里士多德自己的东西）和政治学更靠前。该体系中的伦理学提倡人们首先解决个人的问题，然后是家庭的问题，接着是社会（国家）的问题。像这样，这一连串的课题才得以解开。就算单纯取出伦理学，也无法从根本上理解道德这一事物并进行根本性的处理。这一点与近代伦理学所关心和主张的相当不同。今天的伦理学，已经变成了与今天的（资产阶级）政治学或是（资产阶级）经济学可以完全无关也能自洽的一个专业的哲学门类了。尽管就当时英国所产生的资产阶级伦理学在其诞生之时的动机而言，它绝不想这样，但现在它已经成了这样一个无聊的事物了。而这有着一定的意义。也就是说，如果不这样，则道德因循守旧的常识性观念是不会被允许的。在资产阶级哲学自身内部，伦理学作为一个专门学科被孤立起来并保有其独立的系统，正是伦理学教授们的设想。实际上，许多伦理学教科书，也正是满足于这一立场，才能够在今日被安心地写出来。

　　从作为斯宾诺莎的哲学体系的《伦理学》当中，我们也可以看出，一直以来以《伦理学》为名的书籍也好，理论也罢，并不必然是近代资产阶级学术之一的"伦理学"。由此可见，自古以来所称的伦理思想或自称伦理学的书籍，既不能被原原本本地当作近日所谓的"伦理学"，也不能被当作其滥觞。

　　然而我们不得不说，伦理问题或道德问题是从古代开始到现在的伦理学为止，以一定的脉络传承下来的。实际上资产阶级伦理学也有着各种不同的形态，没有其他任何一门学问在道德问题上做过比它更多的尝试。例如西季威克将伦理学的方法按利己主义、直观主义、功利主义加以分类（见《伦理学方法》），詹姆斯·马蒂诺[1]从广泛的立场出发将伦理学的形态做了区分〔见马蒂诺的《伦理理论的类型》（*Types of Ethical Theory*）第二卷〕，而现代也有将形式伦理学与实质伦理学区分开来的尝试。但总体而言，当今的资产阶级伦理学，只能是古往今来的伦理思想乃至伦理学的临时汇总。为什么是临时汇总呢？因为由古至今的伦理思想乃至伦理学，怎么说都是立足于观念论的（多少有一些例外——例如斯多亚学派的唯物论中甚至包含了伦理学），而事实上作为观念论的支点的观念论伦理思想自身，从近代资产阶级伦理学的角度来说，就像是拿到了决算报告；不仅如此，伴随着资产阶级伦理学的崩坏，由自古以来的观念论所提出来的道德理论，也第一次遭遇到了会计审查。只有道德唯物论理论才能对古往今来的伦理思想乃至伦理学以及近代的伦理学思想做出真正的无法逃避的总决算（一般的伦理学史可以参考弗里德里希·尤德[2]《伦理学历史》，也可以参考克鲁泡特金[3]篇幅较短

---

① 詹姆斯·马蒂诺（1805—1900），英国神学家、哲学家。
② 弗里德里希·尤德（1849—1914），德国哲学家、心理学家。
③ 克鲁泡特金（1842—1921），俄国著名无政府主义者、共产主义者、哲学家、经济学家、社会学家、革命家、文学家，无政府共产主义创始人。

的《伦理学史》）。

　　关于所谓伦理学（近代资产阶级伦理学）的一般特征就先这样告一段落，接下去就到了对从伦理学产生的道德的传统观念加以阐明的时候了。在这里我们将看到这一伦理学性质的道德观念选择了怎样的道德问题，以及曾如何解决过这些问题，并且现在又在如何解决这样的问题。

　　古代中国和古代印度我们暂且按下不表。在古代希腊，道德作为伦理学性质的反省对象绝对没有那么久远的历史。在某种程度上，道德的观念开始在一般意义上发挥一定作用的时间，恐怕要追溯到希腊城邦国家的成立及其社会秩序或社会规范建立之前后，尤其是与希腊哲学产生时间大致相同的时期。从荷马史诗中我们可以看到，对诸神的道德性无序的清算，导致人们不得不建立道德秩序，这正是希腊哲学理论产生的原因之一。然而，此时的秩序是为人、为自然（φύσις、physis）服务的，并非以提取出来作为法则（νόμος、nomos）为目的。道德论从自然论中分离出来，毫无疑问，是从智者开始的。他们反映了以雅典及其他城邦为中心的希腊地区的经济、政治、外交与军事上的变动，从对自然论的怀疑开始，走向围绕着道德的怀疑。

　　我们必须注意到的是，在道德论产生的同时，希腊哲学开始显著地提出许多观念论性质的问题。道德这一事物显然属于观念乃至意识形态，为此，以观念论性质的形态提出道德问题就显得十分自然，也显得十分必要。智者所持有的问题，只要属于理论，都经由苏格拉底，继而被两位贵族出身的哲学家——柏拉图和亚里士多德——所继承。就这样，希腊特有的伦理学建立了。

代表了希腊哲学的所谓繁荣期（可能实际上是一种颓废期）的哲学三人组在围绕着道德提出的课题中，曾有"何为善""非善之物则为何"等言论。他们已经触及了问题：苏格拉底认为理性本身是快乐的、幸福的，而这就必然是善的；柏拉图将善的理念视作一切理念的最高峰，甚至是统一一切理念的理念［《斐莱布篇》（"Philebus"）］；亚里士多德在《尼各马可伦理学》中将善作为一种"中道"或者"程度上的好"来追求。不过这种善的理念，正因为是理念，必然不像今天的伦理学或道德常识中说的那样是在某种程度上作为一把伦理价值的标尺来使用的。理念是运用理性之眼所看到的事物，[①]它不像价值那样是理论性的设想之物。善在古希腊拥有着美、幸福、快乐的意味，又因为这些意味，它也代表了真，代表了有益的事物。

将善的事物视作理念（这绝非近代意义上的观念）存在，这种存在论性质的伦理理论，毫无疑问已经达到了古代形态的观念论的顶点。在这里，善是作为可见的事物（理念）属于直观的世界的。当然，善与人类的实践行动有着直接关系，

---

① "理念"（希腊语：eidos。英语：idea），来自动词"看"（希腊语：ide），原意是看到的东西。

但在这个场合下，这一实践本身也只是直观的对象。善与其说是意志的目的物，倒不如说是哲学性的直观的对象。善作为一种理念，它并非主观的事物，而是客观的事物，单就此而言，它已经无法从头到尾都作为主体性的产物了。在这里，这一道德观念的形式主义（由型相主义而来）、普遍主义和非历史主义的一切都做了了结（尽管亚里士多德试图克服这种理念论，但现在的问题在于由理念论所代表的古希腊思想自身）。在当时，实质上的道德观念显然是作为奴隶所有者的、占支配地位的自由民的，但是他们的思想又根深蒂固地陷于柏拉图及亚里士多德的社会理论之中，而善的理念又恰如在柏拉图的体系中那样，是纯然超脱于当时的道德观念的。

尽管这一理念论性质的伦理学说是一种站在贵族立场（在当时，自由民占主导地位且有某种反动意味）上的观念论，但也恰恰因为如此，它在与现在的伦理学做比较的时候，甚至还有几点优越之处。这一道德理论不拘于当时的常识，并未将道德作为专门以道德律为中心的事物来加以考虑，而道德条目在此也就不构成最后的问题了。正如之前所多次强调过的那样，这里所谓的善，并不能随随便便地就被当作所谓善恶的价值标尺来使用。

导致所谓善恶的观念向着更为近代的方向演进的是斯多亚学派和伊壁鸠鲁①学派。他们忠实追随着苏格拉底和小苏格

---

① 伊壁鸠鲁（前341—前270），古希腊哲学家，伊壁鸠鲁学派的创始人。他发展了德谟克利特的原子论。他的伦理学被称为快乐主义。

拉底学派①的传统，赋予道德以个人的生活术的意义，这可以说确立了伦理学的自洽。换句话说，根据这种伦理学，道德与社会或者家庭问题完全无关，它完全出于个人的关心，它是一个狭小的、封闭的、密织的领域。上自独身的苦行主义哲人、有名的犬儒主义者第欧根尼②，下到尼禄的忠臣塞涅卡③（斯多亚学派），稍加思索便可明白他们都在践行这一点。尽管伊壁鸠鲁在相当程度上以爱好社交的可敬哲人形象而声名远播，但其道德理论简要来说却与斯多亚学派的芝诺④相同，只是一种名为"不动心"的知识利己主义罢了。

凡此各路道德理论家，在从希腊过渡到罗马的社会动乱时代，将本应贯彻到社会层面的道德，矮化为用于个人的生活术。通过这种举动，道德显然被伦理学化了。尽管他们将道德的观念深化到了个人主体的心灵深处，但由于这种深化从知识角度来看无非是将道德应用到便宜行事的处世之道上，于是道德的观念只能以道德条目的说教来告终。尽管对他们而言，道德的问题就是幸福的探究，但其实践性的课题解决

---

① 古希腊苏格拉底死后，他的一部分学生分别建立的麦加拉学派、昔勒尼学派、犬儒学派的总称。因为他们不像苏格拉底的大弟子柏拉图那样有名，故后人把他们称作小苏格拉底学派。

② 锡诺帕的第欧根尼（约前404—前323），古希腊哲学家，他居住在一只木桶内，过着乞丐一样的生活。生平不可考，但世间留下了大量关于他的传闻。

③ 卢修斯·阿奈乌斯·塞涅卡（约前4—65），古罗马政治家、悲剧作家、雄辩家。他是尼禄的老师，最后遭尼禄猜忌而被赐死。

④ 季蒂昂的芝诺（约前336—前264），古希腊哲学家，斯多亚学派创始人。他在一个画廊讲课，他的学派因此而得名（希腊文Stoa的意思是"画廊"）。在罗马从共和制转向帝制过程中，斯多亚学派成为官方显学。

方法，除了追求个人的心灵宁静以外别无他途。而这种心灵宁静从社会性上来看，意味着完全的无为和无能。在这个意义上，奴隶也好，被压迫的原始基督教徒也罢，甚至连皇帝也同样适用。这种个人主义性质的、主观主义性质的观念论道德观念，在古典时代的代表不外如此。

古典时代乃至中世纪观念论道德观念的另一个典型是教父哲学以及经院哲学，其根源来自教父圣奥古斯丁①。由于他认为从宇宙论上或心理上都可以得到神存在的证明，所以他对神存在的道德性证明尤为感兴趣。他认为，人类趋向于善行并非来自社会中他人的强制，仅仅是因为善的意志在起作用，而这又只能是神的意志。人类侍奉这个神，而神在这个善的目的之下将人类安排妥当。神将恩宠赐予人类，而只有在这恩宠之内，人类的道德才得以浮现于一旁。人类拥有着意志自由，而这正是神独独赐予人类的恩宠，因此它实际上不是属人之物，而是属神之物。在这个意义上，我们的道德是决定论或宿命论的产物，意志自由实际上也非真实。不过事实上，通过神赐予的自由意志，人类可能趋向恶行，而这里的恶也是恩宠的一部分。也就是说，恶正是为了体现世界整体的善才不得不存在的。马儿就算被石头绊倒，与不会被绊倒的石头相比仍然是更擅长奔跑的。同样，人类即便出于自由意志犯了罪，但与没有自由意志因此无法犯罪的其他动

---

① 希波的奥古斯丁（354—430），古罗马哲学家，早期基督教神学家，教父哲学的代表人物。

物相比，仍然是高贵的。

根据奥古斯丁的说法，道德存在于幸福和永生之内。古希腊的哲学家们，无论是伊壁鸠鲁学派还是斯多亚学派的，对于幸福的思考都仅限于尘世，并不知晓它与永生之间能用何种办法联系起来。顺带一提，奥古斯丁认为真正的完全的幸福只能在于取悦神。于是，在伦理学性质的道德观念上，神的世界的根基被赋予了合理性。道德性的善恶既非理念问题也非现世的生活术的问题，而只能是天国与尘世的对立。这是一种由希伯来人的思想发展出来的全新的观念论观点（将希伯来思想与古希腊思想结合是奥古斯丁所为，而在此之前，普罗提诺①已经将古希腊思想与东方思想结合起来了）。

不过与此同时，我们必须展开一种视野，这种视野在伊壁鸠鲁学派或斯多亚学派那里是看不到的。那就是，奥古斯丁的"神之国"只不过是恺撒之国的一体两面的对照物；也因此，这个现实的社会，在伦理上是必然成问题的。根据他的观点，人是神的奴仆，与此同时，社会也是为了神而存在的，其本质是纯然道德的。也就是说，人类只是为了不做强盗，才不得不遵循在这个社会中被奉为正义的国法。尤其在基督教国家中，作为社会伦理行为的教育只需要教会人如何认识神就已经足够了，像希腊人的自然研究那样的行为是无用的、有害的（不过语言学、雄辩术、修辞学、数理论还

---

① 普罗提诺（205—270），新柏拉图主义的创始人。他并非基督徒，却对当时的教父哲学产生了极大影响。

是必要的——我们不能忘记奥古斯丁事实上是一位优越的文人）。这样，基于奥古斯丁所说的神而产生的神圣伦理，也就与世俗的恺撒的帝国中存在的常识性的阶级道德在实质上毫无差别了。伦理学中的神学观念论就此诞生。

借由奥古斯丁之手，道德的观念变成了宗教伦理性的东西。这里所包含的特有的道德问题不单单是善（或恶）或幸福（乃至福报）的问题，更是关于恩宠、关于永生的问题。甚至，这里更为重要的问题是与前述种种直接相关的恶（根本上的恶）与自由意志的问题。这是古希腊伦理学中几乎不存在的问题，同时也是近代资产阶级伦理学的根本问题。如果没有这个问题，近代资产阶级伦理学就无法存在。这个根本问题正是从奥古斯丁（广义上的基督教伦理学）开始才发生的。

到这里为止，我已经阐述了古代（乃至中世纪）的道德理论以及伦理思想或伦理学的三个典型，以及其所包含的课题。并且，我考察了这三个典型是如何以不同形式与观念论建立起密不可分的关系。在将这些置于脑海、牢记于心之后，我们再来考察一下近代资产阶级伦理学的课题和特色。

正如古典时代的伦理思想那样，近代的伦理思想的自我觉醒也是在普遍思想遭受激烈动摇也即社会结构发生显著变革的情况下被促成的。如之前所说的那样，道德是如同社会秩序的分泌物一样的东西，因此作为其反映的道德意识乃至伦理观念，只不过是社会秩序中的上层构造的表现。当社会秩序能获得相对安定的场合时，这所谓道德乃道德意识在其自身内部不会感到有任何阻碍，伦理思想既没有自我觉醒的缘由，也没有自我觉醒的必要。伦理作为问题自我觉醒也即伦理学的产生，一般来说都与社会变动和基于社会变动的思想动摇相呼应。近代资产阶级伦理学的产生亦是如此。

正如前文已经介绍过的那样，近代伦理学是以英国的资产阶级伦理学的形式诞生并发展起来的。其直接源头可以追溯到托马斯·霍布斯。在早于霍布斯的伊丽莎白时代，英格兰由于牢牢掌握了欧罗巴的制海权而通过殖民地贸易企业获得了莫大的利润，这是一个商业资本主义大规模发展的时代。当时的海外贸易公司的分红甚至可以达到10倍。尽管这一点在路易十四治下的法兰西也没有太大的差别，但是在英格兰极具特色的事情是新兴资产阶级的快速发展很轻易地就与地主贵族的利益结合在了一起。所以反封建的唯名论的经验论的机械论（这原本是近代资产阶级的世界观）与绝对君主专制等理论的结合就并非不可能了。而霍布斯的伦理思想，无非就是恰好在这么一个场合下相应地占据了这样一个调和的位置。

霍布斯的伦理学说，从检讨人性开始。具体而言，是从对人类的激情（passion）加以分析开始的。人类的激情虽然只是精神的机械性的运动，但对作为一般性的激情而言，爱好、欲求（这些相当于运动）与苦痛、憎恶、恐怖（这些相当于反运动）等等是对立的。而贯穿其根本实质的是权力、名誉和欲望。因此人类中的每一个人都不得不从头到尾以第一人称的视角去和每一个人竞争、斗争，正所谓"万人对万人的斗争"。所有的人都处在这种自然状态下，与基督教的传统观念相反，人们无非是出于自我保存和自我增殖的欲望而行动的野兽或者说狼。这样，每个人都渴望无限的权力。这个时候，所谓善只不过是出于各自利害的逢场作戏，善也无非是各个不同的人自己所主张的正义（法）。最大的善就是自我保存，最大的恶就是死亡，这就是霍布斯的主张（读者们在此可以看到，道德问题从人性问题转变为了善恶的标准问题）。

进而，处于这一自然状态中的个体开始反目、猜疑、争斗。每个人都发现，为了要获取每个人的生存权，所有人都不得不处在极度危险的状态之中。人类只要稍有理性和悟性便可轻松地发现这一事实。这样，人类开始渴望和平。就这样，善就有了作为保护人类社会的和平而必要的、普遍的手段之名，恶则有了阻止这一目标实现的妨碍物之名。那么，能够保证人类社会的和平的又是什么呢？那就是法，或者说国法。我们又因此可以得出这样一个结论：善无非就是遵从国法，恶无非就是不遵从国法。道德的善恶价值标尺问题，就这样被归结到社会与国家层面的法与不法的尺度问题上来。

在这里，有一个事实浮出了水面，那就是霍布斯非常有名的社会契约学说与他的伦理学之间有着根本关联。作为或迟或早对实际情形加以理性反思的结果，社会经由处于自然状态的每一个个体之间交换设立的和平组织的契约而成立了。顺带一提，这一所谓社会在霍布斯那里实际上只能是专制君主国。也就是说，经由这个由众人选择某一个支配者，其他人员对之持以臣下之礼并几乎绝对服从的契约，这种社会第一次得以成立。君主也就这样获得了一种天赋的自然权力（尽管当君主表现得与其君主身份不相称的时候，臣下可以将其抓捕、放逐、监禁）。毫无疑问，这种霍布斯的专制绝对主义是在为都铎王朝和斯图亚特王朝的专制统治做伦理性的合理化。但是当时以个人姿态显现的资产阶级势力却借此激发了这种以国家的形式展现出来的专制统治的积极性。当时像汉普顿①这样的人物拒绝将船舶税纳入税收范围，于是查理一世就将议会半永久地解散了。这样，霍布斯的伦理学在英国资本主义发展初期略有些奇怪的必然性中被表现了出来，不得不成为稍显奇怪的资产阶级伦理学。这个"稍显奇怪"的意思，会在下文中加以解释。

如今已经无须说明，霍布斯的哲学一般被视作机械论唯物主义的代表。其伦理学完全不过是这一唯物论的可能性的归结之一罢了。然而这一唯物论之后经由约翰·洛克②等人之手，甚至借由经验论的精练，使得英国之后的伦理学在名目上完完全全成为观念论的一个典型。特别是在作为一种形式的经验论的时候，即在依托于像是道德感情、道德感觉、常识哲学这样一类哲学的时候，各种英国的道德科学、道德哲学、伦理

---

① 约翰·汉普顿（1594—1643），英国资产阶级政治家、军人。他在英国内战中作为议会军的领袖之一战死。

② 约翰·洛克（1632—1704），英国政治哲学家，英国经验论之父。他对后世政治哲学影响巨大。

学就表现得尤为典型(如沙夫茨伯里伯爵[①]、托马斯·李德[②]等人的理论)。机械唯物论在伦理学上再次变得声势浩大要等到法兰西的唯物论者的出现(爱尔维修[③]和赫尔巴赫伯爵[④]等人)。只要霍布斯的唯物论伦理学还是(资产阶级)伦理学,那它就必然以历史性的不幸而告终。因为其后的资产阶级希望能够发现只在伦理学中出现的观念论的代表者和立足点。

　　然而不管怎么说,霍布斯的伦理学人性论遗留给英国伦理学的东西十分重要,它长期以来都是英国伦理学的根本课题。先前已经介绍过的一系列的道德感情论性质的伦理学,正是从这里出发的。英国的政治学或者经济学(如洛克、休谟[⑤]、斯密[⑥]等人)若无此为根基则也无法发展。而人性的善恶问题(霍布斯在此问题上秉持人性本恶说)将道德问题视作

---

① 第一代沙夫茨伯里伯爵安东尼·阿什利·柯柏(1621—1683),英国克伦威尔及查理二世时期政治家、辉格党创始人,约翰·洛克的赞助人。

② 托马斯·李德(1710—1796),18世纪苏格兰启蒙运动时期哲学家,苏格兰常识学派的创始人。

③ 克洛德·阿德里安·爱尔维修(1715—1771),18世纪法国哲学家。他是一些启蒙哲学家的赞助人。他的《论精神》反对一切以宗教为基础的道德,在当时影响广泛。

④ 保尔·亨利·提利·赫尔巴赫男爵(1723—1789),法国哲学家,无神论者。文中称之为伯爵应该是误写。他原本是德国人,后归化法国。他在德国的名字是Paul Heinrich Dietrich von Holbach。

⑤ 大卫·休谟(1711—1776),英国哲学家、经济学家和历史学家。其怀疑主义思想对当代哲学有巨大影响。

⑥ 亚当·斯密(1723—1790),英国哲学家和经济学家,他所著的《国富论》成了第一本试图阐述欧洲产业和商业发展历史的著作。这本书既发展出了现代的经济学学科,也提供了现代自由贸易、资本主义和自由意志主义的理论基础。他被誉为经济学之父。

善恶的价值对立问题，并在之后支配了伦理学（可参考边沁[①]的功利主义和作为其基础的最大多数的最大幸福说——这可以说是从贝卡利亚[②]的思想阐发而来的）。而到了最后，霍布斯将善恶的对立还原为法与不法的对立，使得道德在相当程度上不得不被作为道德律来理解，这也是我们不得不注意的问题。这也成为之后的资产阶级伦理学中常识性道德观念的一种形态（这正是康德所探究的"道德论"）。

不过，将道德的本质纳入社会中，既是从霍布斯伦理学说开始的正确的可取的方向，也是我们不能忘记的特征。这一特征在实际上与唯物论（机械论）伦理学有必然性上的关联，之后的爱尔维修等人也不得不成为这一特征在18世纪的代表。尤其是机械的唯物论常常将道德的历史性发展视作无法理解的东西。也因此，由于无法理解道德的历史性发展，道德的社会性本质也就当然无法从正确的角度得到理解了。这是机械唯物论伦理学最大的、根本性的缺陷，而同时它也只不过是资产阶级观念论伦理学（黑格尔除外）的根本性遗漏。

就这样，在霍布斯的伦理学与基于它形成的作为独立领域的资产阶级伦理学之内，由近代资产阶级通俗常识所产生的道德观念性的萌芽与根本性的诸多规定的萌芽，可以说我

---

① 杰里米·边沁（1748—1832），英国哲学家、法学家和社会改革家。他是较早支持功利主义和动物权利的人之一。

② 切萨雷·贝卡利亚（1738—1794），意大利法学家、哲学家、政治家。他以作品《论犯罪与刑罚》（1764年）而闻名，在此书中他深刻批评刑求、酷刑与死刑，该书成为现代刑法学的奠基之作。

们几乎都审视过了。然而尽管如此，这里还有对于近代资产阶级观念论伦理学来说最为重要的两三个根本问题还未浮现。现在普遍认为，霍布斯的理论原本就只不过是唯物论性质的伦理学，近代资产阶级观念论最为喜好的伦理学主题，在其中仍然是欠缺的。而通过这种特有的近代伦理学主题的中介，资产阶级观念论本应该表现出对资产阶级通俗常识的跨越。终究，霍布斯的伦理学在面对以古典姿态出现的道德诸问题的时候，统统将其进行了过于机械的、过于简单的分析，这是一种遗憾。

　　资产阶级伦理学的观念性代表者毫无疑问是康德。然而康德哲学又并非一定是资产阶级哲学，在其中可以相当程度地看到普鲁士启蒙君主的伪装面貌。不过康德哲学的新鲜味道在于他将欧罗巴的或英国的资产阶级生活意识进行了积极的吸收，这一点尤其体现在他的"世界公民"这一理想之中。

　　尽管霍布斯也曾这样做过，但是康德的伦理思想与其国家理论、法律理论、政治理论之间建立起了紧密的联系。而且他也与霍布斯一样，将自然法奉为正统。不过康德的特色在于与其国家理论、法律理论、政治理论等相比相对独立的、可以被比较独立地提取出来进行思考的"实践理性"领域和"道德"（sitte）领域。经由康德之手，通过《实践理性批判》《道德形而上学基础》《伦理学》等著作，康德揭开了伦理学作为一个独立的、闭环的学术领域的序幕。——康德主要将道德的世界与自然界或者说经验世界严格区分开来。这一区分在康德的思考所及之处是系统化地一以贯之的。所以我们不能忘记的是，经由康德而产生的伦理学的独立，是具有高度系统性的根据的。

根据康德的说法，理论理性在将其自身进行经验性的运用的时候——换句话说也就是在与感性的直观或知觉结合并用的时候，会带入经验世界的自然科学性认识，而除此之外并没有可以称得上是经验或认识的东西。也就是说，我们的经验和认识只能经由这样的现象世界才能得到。可以被视作现象世界背景的本体世界（物体本身的世界）是无法作为理论理性的对象的。他说，如果强行将本体世界作为理论理性的对象，就会产生二律悖反的困难。因此能够进入这一本体世界（物自体）的，不是理论理性，而正是实践理性。而这个实践理性的世界只能是道德世界，而非其他。

从某种程度上来讲，这个道德世界与经验世界（自然界）不能说是毫无关系的。事实上，道德世界也只能通过经验性的现象世界来体现。人类作为道德世界的属民是自由的，但是这种自由也是由遵从因果律行动的经验性的人类自身所带来的。所以，这两个世界无论如何都不是毫无关系的，只不过我们可以理解为它们各自的世界秩序是不一样的。那么这两个秩序完全不同的世界之间又有什么体系上的关联呢？这个问题并不是要问"两者既然不是毫无关系那么在哪个地方有个接触点呢？"，而是要问这个接触点在体系上是如何明确的。在这个意义上，道德世界和经验（自然）世界、伦理学的领域与经验科学性认识的领域之间是什么关系呢？这个问题显然是在追问康德哲学的一整个体系化构造究竟如何。不过，从康德自己的角度来看，对于这一关系，他基本上未能将其完整地、有机地解释。我们在《判断力批判》中可以看到综合理论理性和实践理性问题的案例。然而实际上，这第三批判恰恰只涉及了第一批判与第二批判之间的问题，而偏偏这些问题本身也并不是意味着能够将两者综合起来或结合起来。从这个意义上说，康德的批判哲学"体系"不得不说是无法经由其自身之手赋予的（可见于田边元的《康德的目的论》，这本书尝试体系化地整理康德哲学）。

于是康德的伦理学所展现在我们面前的，就是这样一个与认识理论、艺术理论几乎完全独立的领域的姿态。最终它甚至可以说，是独立于社会、国家、政治、法律的一个彻底封闭的领域，而这必然导致两个结果。一个是伦理学的形式化，一个是伦理学固有问题的设定。换句话来说，如果考虑在伦理学之内加入实际性的内容的话，就不可能不与其他领域产生联系。如果不能发现几个仅仅是伦理学固有的而其他学问无法处理的问题的话，伦理学这一特别的专业领域恐怕也毫无用处。

康德伦理学的形式主义是十分有名的，这是由它作为资产阶级伦理学导致的，而绝对不是偶然。资产阶级伦理学为了确保对伦理学这一固有领域的掌控，必然要这么做。首先将经验性的因果联系去除，再将人类欲望的性向（倾向）

去除，最后将道德律（根本命题）的特殊内容去除。就这样，伦理学变成了看起来极度贫弱的东西，但是恰恰因为如此，这个被叫作伦理学的特殊领域就获得了随时随地插手其他问题的特权。与场所、历史时代、社会阶级之类完全无关的这一伦理理论恰恰具有通用性，又由于这个形式化的伦理学所具有的形式化的特点，所以不管面对何种社会现象，人们都可以若无其事地设想其背后有着这么一种伦理学。为了让社会呈现伦理性的面貌，即为了让社会呈现观念论性质的特征，伦理学只能采取形式主义的方式。所以，考茨基[①]在属于近代资产阶级哲学的伦理学之中，特地把康德大篇幅地提出来，并专门批判了这种形式化的普遍主义，是切中要害的（考茨基《伦理学和唯物史观》是马克思主义唯物论文献中唯一稍稍系统一点的道德论）。

但是，为了获得能够随时随地地插手其他问题的特权，伦理学就必须有缺少了伦理学就无法处理的，但同时还对其他各个领域有根本性作用的各类问题。挖了这个大坑的人就是康德。自律、自由、人格、性格等根本性概念就这样派上了用场。意志自由的问题我们已经在斯多亚学派那里看到了，

---

① 卡尔·考茨基（1854—1938），德国和国际工人运动理论家、社会民主主义活动家，第二国际领导人之一。有观点认为，考茨基在其论著中违背了马克思关于资本主义生产关系以及固有矛盾的核心论述，受到新康德主义以及拉萨尔主义的影响，使第二国际逐渐远离马克思主义的原本论述，受到列宁以及西方现代重要知识分子的指责与批判。但总的来说，他的理论影响深远，并成为社会民主主义思想的重要思想来源之一。

其最深刻的意义也由奥古斯丁的神学观念得到阐述。而康德在人类理性的自律之中也发现了意志自由。由于这种自律，自由的主体就是人格了，而赋予人格以特色的就是性格。道德乃至伦理，简要来说，无非就是通过人格并以其自身为目的而非手段去行动。如果要问人格在经验上来讲是什么的话，它从伦理性上来说就是这么一个目的（在康德那里，经验性格与理性性格是对立的）。

就这样伦理学成了一个独立而封闭的学科。它研究自由或人格这样的根本概念，同时还基于这些根本概念研究道德律或善恶的标准。道德律或善恶标准的问题只有在资产阶级通俗常识问题中才存在，不过它通过将自己包装成所谓伦理学这样的专门学科，通过对自由、人格等范畴的检讨而拥有了内容。不过加入这样的内容的结果就是把伦理学变成了一种类似带给资产阶级以光荣的东西。要说为什么的话，一切的人际关系或者说社会关系，都是由其自身出发，结合人格、"目的王国"或理想的体系世界之类的概念而赋予其自身以根本性的意义的。于是，这一资产阶级观念论伦理学就得以成为一切社会理论的根基或出发点。正因为它将观念论普遍化了，所以只要利用这一伦理学，干什么勾当都变得极为容易。

自由、理想和人格等在今日的道德常识中，可以说已经成为十分平凡的观念了（关于自由可以参考文德尔班①著、户

---

① 威廉·文德尔班（1848—1915），德国新康德主义哲学家。

坂润译的《意志的自由》）。世间的这些人为了反对唯物论而思考出来的种种根据，却是唯物论甚至都不想去解释的证据（这些根据正是从伦理学性质的道德问题出发的），尽管这些非难迟早会被证明是毫无意义的。不过在这类伦理学性质的范畴中有一个是不能忘记的，那就是费希特①的另一个"自我"的范畴。费希特通过对这一所谓绝对自我的存在方式的论证，做到了对于"行"（实践）的伦理学规定的强调。这是对于所谓"自我"这么一个伦理性主体来说必然的伦理学规定。我们不能忘记的是，这一规定本身恰恰非常"伦理学"。因为在这里发生动作的"行"或实践，并不具有作为人类活动的产业或政治活动的意味，而只不过是所谓自觉性思考或让身体动起来。因为只要是能够自觉地动起来的，费希特就将之称为实践。但不管怎么说，"自我"（尽管这并非必然是与社会对立的个人）和所谓人格观念一起成为可以代表资产阶级意识形态的有力的接头暗号。将道德问题拿到"自我"层面上来讨论，这本身是有意义的。但是费希特的所谓"自我"是极度独立的、拥有独自的自发性的，世界的一切都是由这个自我发展出来的。这个"自我"对于费希特而言无非就是一个装满了德意志哲学主观观念论的潘多拉之盒。而且，这个"自我"处在费希特伦理学的中枢位置。

　　自不必说，费希特哲学及其伦理学说是对康德哲学体系

---

① 约翰·戈特利布·费希特（1762—1814），德国观念论哲学家。他往往被认为是连接康德和黑格尔的人物。

的发展（从实践理性角度将理论理性统一起来的尝试）。费希特之后的德意志观念论者是谢林①。晚年的谢林沿着他与黑格尔之间的争论，对自由意志论展开论述。可是，这是带有浓厚宗教色彩的哲学思考，早已经超出了关于道德的伦理学性质的常识观念。所以，在近代资产阶级伦理学中，对关于道德的伦理学问题或伦理学根本概念做了最积极的展开的，正是康德（以及费希特）。现代的各种大大小小的伦理学说，没有一个不受其或多或少的影响的（根据利普斯②的说法）。

不过在最后，我还必须罗列一种生命伦理学。这是现当代伦理学的一种倾向。其中一种是达尔文主义的伦理学（可以参考前面所提到的考茨基的书），另一种是居友③的伦理学（可参考《无义务无制裁的道德概论》及他的其他著作）。不同于因成为形式主义化的伦理学而走向终点的道德观念，他们的特色在于导入了一种基于生命内容的抗争（或者说生命意识的高扬），尤其是居友，他将道德从道德律中心主义性质或善恶对立主义性质的观念中解放了出来，但是他们在围绕道德的历史性发展来建立积极的体系方面是完全缺席的。这

---

① 弗里德里希·威廉·约瑟夫·冯·谢林（1775—1854），德意志观念论哲学家。在哲学史上，谢林是德国唯心主义发展中期的主要人物，处于费希特和黑格尔之间。他的思想在不同时期变化很大。

② 西奥多·利普斯（1851—1914），德国哲学家、心理学家、伦理学家。他著有《伦理学的根本问题》（1899年），弗洛伊德的无意识概念很大程度受其影响。

③ 让-玛利·居友（1854—1888），法国哲学家。他一方面学习斯宾塞的进化论，一方面立足于一种"生命哲学"，展开了道德、艺术、宗教的论述。失范（Anomie）这一社会学术语是他首先提出的。

就是这类"生命"伦理学仍然作为形式主义伦理学而不得不与之共享的宿命。这使得他们也因此在实际上无法成为真正有内容的伦理学。这一点在形成现象学的伦理学及其他的伦理学（比如舍勒①）的时候尤为明显。

尤其在最近，有许多人试图将伦理学看作人类学或"人类的学问"（例如和辻哲郎②博士）。这样的人类学简要来说就是用"人类"来消解"社会"，这是对以往用"伦理"来消解"社会"的一种代替。很显然，在这一点上，人类学是以往的资产阶级观念论伦理学的功能替代物。所以不用说，它在现在自然就被视作一种伦理学了。谁都能想到，如今说着必须将伦理学加以历史性的引导而倡导东洋伦理或日本伦理学的人，在这个国粹反动复古的时代比以往任何时候都要多。根据西晋一郎博士的说法，"东洋伦理"并非科学或学问，而是"教训"和"教学"。这一教学主义的体系是在今日的日本十分典型的半封建的法西斯主义意识形态的归结点，就算我们不讨论它十分有特点的观念论的特殊组织形式，我们也可以一目了然地看出，这种所谓历史（？）③伦理学，实际上不立足于任何历史学的认识。因为它无非就是古代中国的习俗与汉传佛教的教理相结合的产物，是20世纪资本主义强国日本

---

① 马克斯·舍勒（1874—1928），德国哲学家，哲学人类学的主要代表。他的研究涉及了很多学术领域。

② 和辻哲郎（1889—1960），日本哲学家、伦理学家、文化史家、日本思想史家。以《古寺巡礼》《风土》等著作闻名。其伦理学体系被称作和辻伦理学。

③ 该括号及其中问号在原著中即存在。

的生活意识罢了（其他的比如日本的师范学校里占据主导的教师式伦理学，在此也就没必要说了）。

所以，无论是关于道德的伦理学性质的观念（特别是从资产阶级观念论性质的资产阶级伦理学中所看到的道德观念），还是我曾论述过的有特色又典型的（包括这一所谓的伦理学又是如何成为独立运行的专门性学问的，其根本性问题，诸如自由、人格、理想等等，又是如何从其伦理学特有的东西中产生的）但结果上还是从资产阶级伦理学中产生的所谓道德观念，都逃不出由今日的资产阶级常识所产生的道德观念。道德是非历史的，是超阶级的，是普遍的，是形式化的……好像它完全不属于社会。唯一存在的东西叫个人主义道德（个人道德）和个人主义道德纯粹的社会化扩大（像纳托普①的"社会理想主义"就属于后者）。拜以上所赐，道德如今成了观念论的权威和神秘的圣殿，而非他物。它宛若一个伦理学性质的独立而封闭的领域，所有的社会理论都在到访这个圣地之后才开始获得人类的价值。而在这个时候，道德在许多场合下（有一二例外另说）也只是道德律和修身用的道德条目，也只是善恶的标准罢了。

伦理学就是这样一个仅仅将名为道德的常识观念加以哲学性的反复的东西，正因为它绝无可能对道德性常识做出批判，所以它只能是这么个东西。道德经由伦理学之手，变成

---

① 保罗·吉哈德·纳托普（1854—1924），德国哲学家和教育家，通常被看作新康德主义马堡学派的联合创始人之一。纳托普也被视为柏拉图研究的权威。

了猥琐的、矮小的、可怜的、无力的人工垃圾。不需要特别
说明，这总的来说是托了资产阶级社会特有的个人主义的福。
不过事实上，它又被奉为了神圣之物。

我不得不超越这一卑小的道德观念，而去发现一个更生
动、尺度更宽广的关于道德的观念。这就是今日的社会科学
（特别是历史唯物论，也即唯物史观）的约定之地。

第三章
关于道德的社会科学观念

　　我们已经看到，道德这一事物对于日常生活（日常常识）来说首先是作为一种被意识到的外部强制力。这在原始人那里最为常见。自己基于自己的欲望、情操、理性或其他而渴望一定的自由，但是却感受到来自社会的外部遏制力，而将这一自由压抑了下来。也许这一感受中并没有包含恶意，可能在大部分场合下还包含着好意甚至有几分得意，或者，他们对于这样的好恶完全不关心，但这种感觉自身就在那个时候形成了原始的道德观。这个时候他们还没有考虑其是善是恶。某种程度上，打破这些固定的道德性强制（道德律），在各种意义上都被解释为恶。因为这可能给自己或自己所属的部族、氏族和家族带来某种不幸，神或者灵也许会发怒。不过尽管这样，也并不是说他们把这个强制力本身视作善，也并未将它看作某种合乎道理的价值评价。当然无论怎么说，这都是堂堂正正的（原始的）道德了。不过，如果专门从其社会的强制力角度去考察的话，原始社会的结构也可以被看作道德性的而且是宗教性的东西（可参照涂尔干[①]《宗教生活的基本形式——澳大利亚的图腾组织》）。

这一原始性的道德观念，实际上在之后成了现代人道德之中最为原始的观念。此处必须注意的一些要点是，这一道德在这个时候（可以说正是形成原始宗教的时候）不是别的其他东西，而恰恰是社会性的强制。道德在这里是完全被当作社会性的产物来看待的。而随着道德观念的继续进步（这种进步实际上是与社会本身的进步相适应的），道德不再仅仅是社会性的强制，而达到了这么一个程度：道德更成了一种因为受到强制而产生的自己的主观意识自身对于这一强制的认同。到了这个时期，基于道德的真正的价值感才第一次成立。并且，伴随着这一进程，构成道德的观念在一个方向上的思考开始出现并存在，即将道德视作与主观的道德感情、道德意识相伴的价值感本身。这样，良心、善性之类的主观性的道德观念就产生了。所谓"伦理学"，就是将这种主观的道德观念置于它形成之前的阶段，并与这一阶段的常识相适应的道德理论。

就这样，这一"伦理学"几乎完全忘却了道德所拥有的最原始而且是最重要的因素，例如它的社会性强制的性质，而后却从社会道德、个人对社会的义务之类的角度不停插嘴。

---

① 埃米尔·涂尔干（1858—1917），又译迪尔凯姆、杜尔凯姆等，法国社会学家、人类学家，与卡尔·马克思及马克斯·韦伯并列为社会学的三大奠基人，《社会学年鉴》创刊人。

其出发点是将伦理学立论于前社会的、超社会的或脱社会的道德观念之上，然后又由此建立起一个不属于社会性理论的、独立的伦理学。借着主观的名义，将社会忘却，而又试图从个人主体角度将其说明为社会性的事物，这是资产阶级意识形态的一个基本特色。黑格尔的话可以很好地加以说明：这是处在个人原子化的"市民社会"思考事物的特征。我们现在的伦理学（资产阶级伦理学）也不过是其中一例罢了。而且，试图将问题真正地限于主观圈子之内的伦理学倒不如说一个也没有。如果真要有这种东西的话，我们将会彻头彻尾地看到它作为伦理学是多么贫弱不堪。总之，不管怎么说，再客观的伦理学其原理或产生的源头也是主观的，伦理学被作为观念论之证据的不可缺少的一环来利用，也正是因为有这么一层关系。

不过，在从道德是社会性强制这样一个概念出发来引出道德本来的价值感这样一个主观的方向之外，还有一个方向是可能的。那就是抛开"由于社会性强制而被强制产生的主观上的强制感"，而去思考"这一强制正是因为其自身是有合理意义的"这么一个方向。也就是说，不是从主观的心理角度去寻求所谓道德，而是从社会性强制本身所具备的所谓神的或理性的意义根据的角度去寻求道德。一般意义上，与社会相关的自然法正是存在于此之中的，道德是可以作为社会的自然法来提取出来的。那么这个时候的道德观念，就再次完全依托社会而凸显出来。

　　顺带一提，对于这后一个方向来说，因为视道德为与社会直接结合而产生的，所以其产生的伦理学应该与社会理论有着不可避免的联系。那么，这种伦理学因为是对那些基于道德观念而草率地将常识性的、作为主观心情的道德感作为表象的伦理学的胜利（因为自然法的道德性价值在结果上也无非是由道德感产生的评价），所以从这一点上看，这种伦理学不管怎么样都不会只是单纯的伦理学，而不得不在事实上同时也是社会理论。如果不与社会理论结合，这种伦理学自身也就不成立了。可以说，它们之间已经形成了这样一种关系。不仅如此，它们之间还有另一种关系：就算伦理学无法成立，社会理论却能够堂堂正正地独自成立。这一实例，我们在叙述托马斯·霍布斯的时候本就应该想到了。

　　正是因为如此，伦理学与社会理论（社会科学）相结合并逐渐转移到社会理论上去了。与之相随的是，道德的伦理学性质的观念也最终接触到道德的社会科学性质的观念，并逐渐向它转移。这是我在本书中认为伦理学性质的道德观念在之后必然来到社会科学性质的道德观念的根据，并且实际上，从霍布斯（经由康德）到黑格尔再到马克思和恩格斯的社会科学性质的道德理论的发展也在完成其对自身的叙述。也就是说，在霍布斯的伦理学中，它与社会理论之间是藕断丝连、若有若无地联系着的。将这一联系决然斩断的是康德。之后再将其梳理、整顿一遍后重新联系起来的是黑格尔的"法哲学"。然后，最终建立起作为科学的社会理论并因此将伦理学的独立性废弃的是马克思主义。顺便一提，近代的社会理论乃至于社会科学的发展，一方面与伦理学以及道德理论之间有不少的关系，同时在本质上仍然与作为一种道德论乃至于伦理的乌托邦思想（非科学的社会主义/前科学的社会主义）[①]有密不可分的联系。此外，它与历史哲学之间的交流也是我们不得不关注的要点（这一发展史可以参阅库诺[②]的《马克思·历史·社会·国家学说》）。

接下来，我们因为已经对霍布斯（及康德）做过简单论述，就首先从黑格尔看起。在黑格尔那里，道德是被怎么处理的呢？他认为，原本道德就是如之前所述的那样，不仅仅占据着极其广阔的领域，而且在并不被冠以所谓道德之名的诸多领域都一一涌现。风俗习惯首先就是道德。在街上裸身行走是败坏风俗的，因而是不道德的。日本人靠左行走，外国人靠右行走，这叫交通道德。既然以上这些似乎非常草率的约定也都可以被称作道德，那么自不用说，法律也是道德性产物。犯罪从普遍意义上来说就是道德上的恶，对于统治者来说，不管是政治犯还是思想犯，都要尽可能地将其表现为道德上的罪犯。那么从一开始就显而易见的是，良心、人格、性情之类的也是道德。最早将所有关于道德的观念的细

---

① 按照教科书上的说法就是"空想社会主义"。

② 海因里希·库诺（1862—1936），德国社会民主党政治家、马克思主义理论家。他本反对参与一战，但之后改变了想法，彻底滑向了右翼。他主张的加强国家的权力以在内部实现社会公正的思想后来被纳粹所利用。

微含义——组织整理，并公之于世的人，不得不说是黑格尔。

首先，在黑格尔那里，道德问题并非处于道德这么一个主题之下，而必须在一个更广泛的法（底本并不一定是法律，正如同道德的底本并非道德律）的主题之下来看待。也就是说，在他看来，道德理论已经不再是伦理学，而恰恰是"法的哲学"了。黑格尔的这一法哲学不用说，显然不是所谓法律的哲学（去除早期的作品，黑格尔的"法"或者道德理论从1820年到1821年的《法哲学原理》到1827年的《哲学科学百科全书纲要》第二版，其立论方式几乎相同）。

一直以来，黑格尔将可称为"法"乃至道德的东西正确地表达为客观精神。尽管今天许多文化现象也在一般意义上可以被称作客观精神，但在黑格尔那里，所谓文化（艺术、哲学、宗教）是从属于比客观精神更高一层的精神阶段——绝对精神的。而比客观精神更低一层的精神阶段则叫作主观精神，人类学、现象学、心理学的世界从属于它。这里的所谓精神实际上只是黑格尔认为的理性的最高阶段。这是理性乃至概念最直接最恰当的姿态，也即抽象地觉醒其自身、显现其自身。这是"理论科学"世界中的理论。这一理论在一个时间点上投射出自身并成为与自身不同之物，与此同时却可从中窥见自身。这一关系构成了这一理论的具体化阶段，是"自然哲学"世界中的自然。进一步来说，这一自然实际上不过是概念乃至理性自身从其自身分离的产物，而自然本身早已经成为与概念乃至理性并无不同的事物，精神所处的就是这种关系再一次具体地呈现（自觉）的阶段，它是"精神哲学"世界中的精神。客观精神与主观精神向外界投射出自身，这时我们才得以发现其身份。只有这种关系才称得上所谓精神，而"法"以及道德恰恰就属于此类。

这一所谓客观精神——"法"乃至道德（并非必然局限于法律或道德律），根据黑格尔的说法，它本来是理性乃至概念发展阶段的一部分，而又因此，它自身内部也分为三个阶段。第一是"法"（乃至抽象的法），第二是"道德性"，第三是"习俗性"（或被译为"人伦"）。这三个阶段之间的关系自然可以用"正题—反题—合题"这样的辩证法关联来描述。

法（recht）乃至抽象法，在日语中的一般意义上与被称作法律的事物相当。也就是说，"法律"这个日语词不仅意味着是gesetz——德语"法律"中的律，也是recht——德语"法律"中狭义的法。这个狭义的法或某种意义上的所谓法律，首先正是道德（我们正在就其观念进行探究）呈现的方式。我们不要忘记法在欧洲语言中同时意味着权利，事实上，由权利构建起来的资产阶级社会结构中最为显著地传达出来的是所有权。所有权与契约一起构成了资产阶级社会（市民社会）结构中两个根本性的法的道德性体现。在这个场合下，市民社会中所有的反社会的或不道德的行为，归根结底必然是否定所有权和不履行契约的不法。所以黑格尔写道：所有权、契约、不法这三者就成为法（法律乃至抽象法）的三个阶段。

根据黑格尔的说法，接下来法律的第二个阶段是道德性。但是法律作为在社会外部的乃至内部的强制情况下，以"法"来表述自由的观念是一种偶然，因而在此意义上是抽象性的；反之道德性则有一种必然性的意识包含在内，只要有道德性，"法"的概念就拥有了更多的合理性。从这个意义上讲，"法"的概念因此变成了一个更具体的事物。而伦理学或处在常识的某种阶段的被叫作道德的东西，恰好在这个道德性世界中，以它所包含的决心（或者说责任）、意图（或者说福祉）、善恶（或者说良心）这样的三个阶段来看的话，这一论述马上就可以被判明。由决心和责任而来的自由意志问题、幸福及健康等利害问题、善恶与良心等问题，大概就是由伦理学常识而来的道德问题的所有内容。

然而事实上，道德绝不会止步于此。道德在另一个方面又是一个习惯性的集合体，它必然要求得到习俗性的满足。这样的习俗在社会层面上就是具象化的道德。实际上，正是经由这样的道德，法律的根基才得以确立。罗马法就是在与惯习（mores）若即若离的关系中确立起来的（可参考维诺格拉多夫的《习惯与权利》①）。黑格尔就把这第三个阶段叫作习俗性。不用说，社会习俗以人类的生物性存在为先行条件。

---

① 保罗·维诺格拉多夫（1854—1925），历史学家，尤其对英国的中世纪史、英国的封建制度有所研究，为英国法制史学、社会史学的权威。他原为俄罗斯人，后加入英国籍。《习惯与权利》（*Custom and Right*）为译者暂译，国内尚未有译本出版。

人类首先是生物性的人类。所谓人类就是人与人之间以自然性纽带连接而生成出来的一类（gattung），是从性（geschlecht）产生的命名法（例如妻子——gattin、媾和——begatten、人类——menschengeschlecht）。这种基于性行为的社会习俗因此不得不是家族（乃至家庭）性的。对于人伦的"伦"字，我们常有"无与伦比""绝伦"之类的用法，它表达的是同伴或同类的意思，其从根本上可以说也是一种基于性关系的表达。如果把《圣经·旧约》里类似父子兄妹相好的事情看作最没有人伦的事情的话，自然就可以理解之前那句话是切中要害的。古代中国制度（礼）的讨论者，将这种人类的基于性关系（类关系）产生的社会性制度置于道德的中心来思考。恐怕"仁"的观念就源于此。"仁"就是"从"[1]，是关于人类关系的现实性的表象。而将之作为修身性质的内容重新打捞上来，或多或少是日本近代的封建腐儒之辈会做的事情，但总而言之，将习俗性（sittlichkeit）译作人伦本身也是有意义的。

黑格尔的家族概念包含了结婚、家族财产、孩子。顺便一提，根据黑格尔的说法，孩子的独立就是从家庭中独立出去。在这个意义上，它与家庭的消解是相当的。家庭被逐渐消解成了一个一个的个人（实际上这可以说是近代社会的根本倾向），然后这些"个人"在社会中又遵循与家庭不同的习俗，并再次结合。也就是说，这是个人之间原子论性质（相

---

[1] 仁，《说文解字》认为是：从人从二。从，《说文解字》认为是：从二人。可见，这两个字表示的都是两个人。

互之间只有机械的结合关系）的结合（如果用滕尼斯[①]的说法的话，就是从共同社会关系到利益社会关系，可参考其著作《共同社会与利益社会》）。就这样，它演变成了被称作市民社会的第二个习俗性、人伦的阶段。

市民社会只能是资产阶级社会而不可能是别的。说起来，这是黑格尔发现的范畴，他在其内容中并未忘记需要、劳动、财产、身份、司法、警察等所有重要观念。而且通过黑格尔的真知灼见，他发现其内容与国家之间是区别开来的。这样，国家就属于第三个习俗性或者说人伦的阶段。黑格尔对于国家的规定并不局限于国法乃至宪法，而是最终将其置于世界史之中，而世界史中只有民族精神的统一历史。从国家的角度来说，将有着共同习惯、风俗、人情的民族区分开来加以考虑是不行的。而如果将它作为习俗性或人伦的最高阶段来考虑的话就更加如此了。一直以来，社会理论大多是以社会从一开始就是国家的方式来思考问题的。而国家实际上来说（这恐怕是黑格尔赋予国家的责任）只是在家族、氏族、部族、民族之后才出现的一种社会形态而已。所以不得不说，这种将社会（这一资产阶级社会）与国家之间加以区别多少可以说是黑格尔的重大功绩。

以上就是对于黑格尔的道德理论（法哲学）轮廓的简要

---

① 斐迪南·滕尼斯（1855—1936），德国社会学家。

介绍。那么它是如何对有关道德的一直普遍存在的诸多概念
进行理解，并将其细微要点一一涉及的？它又是如何提供包
括道德概念在内的观念的？我们首先必须认识到这样一点：
经济、法律、政治等与所谓道德之间的关系，以及风俗、习
惯、人情等与所谓道德之间的关联……或者类似的稍显临时
性的关联一旦结成，我们就不得不加以尊重。这是比什么都
需要首先认识到的。因为如果没有这样一种预备性的观念，
那么道德的社会科学性的观念就不能够形成，也会欠缺能够
被理解的基础。

　　而黑格尔的社会理论（法哲学），尽管一直以来我都认为
其只能是道德理论而非其他，但也并非对此毫无疑问。为何
我要将其如此这般地作为道德来说明，并认为黑格尔的这一
社会理论也就是法哲学呢？实际上，这一"法"或者说法哲
学，只是客观精神的显现或对显现方式的叙述罢了。也就是
说，对黑格尔来讲，社会无非是绝对精神（理念、概念）的
自我发展阶段罢了。所以只要是社会性的产物，一切都可以
被认为是属于"法"的。我只不过是将其加以"我是现在的
我"这样的应用来比照道德的观念，特地把它与道德世界一
视同仁罢了。

　　然而，社会是道德性的产物，换句话说是"法"的产物，
在伦理学构建之前能够指称这一事实的，别无他物。所以，
黑格尔由法哲学出发得出的道德理论，实际上还杂糅着相当
多的伦理学的产物，因此其还未从伦理学中获得自由。这使

得伦理学与社会科学就像一对不足月的双胞胎一样，还相互紧密地抱在一起。这自然意味着真正的社会科学性质的道德的观念还未得到施行，这也意味着黑格尔所说的理性（绝对精神、概念）的独立发展体系对此负有责任。

不过对于这一点，一有机会我们就会反复地被问到。黑格尔体系的弱点在于，无论它的方法（辩证法）与使用方法的客观必然性之间有无关系，它总是在试图寻求一种自洽的闭合的体系。一个例子是黑格尔的国家概念。当时现实中的普鲁士国家的诸多规定尽管只不过是被装入了这么一个国家的概念之中罢了，但仍然得益于这一出于将体系最终代入现实的考虑而采用的有限的辩证法（有机体说性质的整体学说）的形式。然而这种有机体说性质的辩证法被采用这一事实本身，又成为他所爱好的这一所谓体系在性质上的缺点。[①]这一观念论性质的体系，尽管采用了辩证法的手段，但还是成了观念性的事物。——正如人们所说的那样，黑格尔体系的客观意图（先不论黑格尔自身的主观性意图）一直都只是通过观念论来解释世界，而并非要变革世界。就一个解释性的体系来说，将世界视作理性自身发展的产物，确实是最不麻烦、最为顺手的行为。

这样，一旦建立了这个解释性的哲学体系，社会性的诸世界便拥有了"法"这一性格，这是一种叫作客观精神的本

---

① 指黑格尔哲学成为普鲁士国家的御用哲学，而这又成为黑格尔哲学中最大的争议点。

质性的事物。所以，这个时候在社会性的诸世界中道德可以说是被消解掉了。如果将这些关于自然哲学的纷纷扰扰的非难与嘲笑除去（尽管这样它仍然是恩格斯得出自然辩证法的历史依据），黑格尔哲学的弱点则正在于"法哲学"内部而不用去他处寻求。也即是说，我们围绕着作为问题的道德理论，正好可以将黑格尔的弱点进行批判性克服，这看起来恰恰有一种必然性在内。这对于我们的讨论来说是非常顺理成章的事情。

开始系统性地批判黑格尔的法哲学的不是别人，正是早期的卡尔·马克思。例如《黑格尔法哲学批判》（1844年）和《〈黑格尔法哲学批判〉导言》（1843年）就是这类作品。尤其是未完成的《黑格尔法哲学批判》，对黑格尔的《法哲学原理》一书的第261节到第313节进行了逐条分析并就要点进行了批判，马克思对于黑格尔的倒错是如何进行纠正的，读者可以好好地去阅读正文。当时的马克思还并未成为之后所说的马克思主义者，但显然，他已经不再像1834年之前那样仅仅是一名黑格尔的学徒了。社会科学从法哲学中分离，并且因此社会科学性质的道德理论取代了由伦理学而生发的基础，可以说是从这个时候开始，社会科学性质的道德理论正式建立起来了。作为社会科学性质的道德理论原则乃至方法的历史唯物论，通过其《德意志意识形态》开始展现其基本运作。不过实际上不得不坦白的是，与社会科学乃至于马克思主义道德问题领域相关的文献，是极为匮乏的。

普列奥布拉任斯基^①在其小册子《道德以及阶级规范》中这样说道："关于道德问题的马克思主义文献——说起来是不够的，除了在马克思与恩格斯的著作和手稿的个别角落，以及在与历史唯物论相关的马克思主义文献中的道德方面有略微论述之外，我们只能从考茨基有名的小册子《伦理与唯物史观》、普列汉诺夫^②著作的一些部分（特别是关于法兰西唯物论者的部分）、波格丹诺夫^③著作的某些部分、布哈林^④的著作《历史唯物论理论》的某页，以及在马克思主义的见解来看仍不够完备的狄慈根^⑤的某些著作中找到相关论述。而且这可以说是全部了。"当然与宽泛的道德问题直接相关的各种特

---

① 普列奥布拉任斯基（1886—1937），苏联经济学家、布尔什维克、苏共中央委员会成员，在苏联早期的经济学中扮演过重要角色。1919 年与布哈林合著《共产主义 ABC》。1937 年在大清洗中被视为托洛茨基分子而被处决。

② 普列汉诺夫（1856—1918），俄国革命家、马克思主义理论家。他是俄国第一位马克思主义者，也是俄国社会民主主义运动的开创者之一，被称为"俄国马克思主义之父"，是列宁的导师，曾出版过马克思、恩格斯共同作序的《共产党宣言》。他的《论一元论历史观的发展》，探讨了近代哲学和社会思想的整个发展历程，并特别强调黑格尔和费尔巴哈对马克思成熟思想的贡献，他是把马克思成熟思想表述为辩证唯物主义的第一个人。

③ 波格丹诺夫（1873—1928），苏联内科医生、哲学家、科幻小说作家，白俄罗斯族革命家。波格丹诺夫是俄罗斯社会民主工党中布尔什维克一派早期的关键人物。

④ 布哈林（1888—1938），曾任全联盟共产党（布尔什维克）中央政治局委员，是苏联重要的马列主义理论家和作家、国际共产主义运动活动家、布尔什维克党的早期领导人。

⑤ 狄慈根（1828—1888），德国社会主义著作家和哲学家，同时是一名制革工人，曾经侨居在美国和俄国。他十分积极地参加工人运动，通过自学所得出的结论与马克思、恩格斯的辩证唯物主义非常相近。他的主要著作有《一个社会主义者在认识论领域中的漫游》《哲学的成就》等。马克思、恩格斯对其有很高的评价。他的思想对马克思、列宁和安东尼·潘涅库克有一定影响。

殊问题（例如性问题之类或文学与政治之间的关系问题之类），因为论述是不受限制的，又经常可见于道德理论的教程之中，因此在普列奥布拉任斯基的小册子中得到了最为深入的讨论。

黑格尔将法乃至道德视作自由的绝对精神的一个发展阶段。但这绝对不是一个关于道德的说明。它只是对于当时所谓道德的诸多事项所具有的形态做出的阐明，是一种有意义的、有意味的解释。它不是单纯地说道德意识是什么东西。无论家族、资产阶级社会还是国家，这些从道德的"实体"中能够发现的事物，固然是黑格尔的卓见，但是这个好不容易发现的道德性实体，这个以绝对精神展现出来的事物，对于如何通过分析它从而对包含它的现实诸问题进行处理是毫无用处的。在某种程度上，家族或其他客观性的道德实体在人类历史中占据了重大的实质内容虽是事实，但将这一事实进行科学性、因果性的分析并加以说明，与将这一事实单纯解释为具有世界史的一个发展阶段这样的意义，其实质是不同的。甚至这种解释连这一道德性实体的现实性意义都无法解释。

作为一种解释，道德大概可以被认为是绝对精神的体现。不过让人困扰的是，这样就无法对现实的道德关系做出理论性说明。狄尔泰①等人就反对这种说法，他们认为历史恰恰是必须被说明清楚的，而并非只是需要被解释的。也就是说，

① 威廉·狄尔泰（1833—1911），德国哲学家、历史学家、心理学家、社会学家。他对青年黑格尔多有研究。

发生在历史上的事件其时间的前后相承的关系才是必须在因
果性上说明清楚的。将历史的发展做出因果性的说明，正如
博物学、自然史是对自然的历史性进化做出因果性说明，也
正如将社会的历史性发展进化做出因果性的、纳入社会自然
史的发展历程的说明，这正是历史科学的方法，也是历史唯
物论的方法。

　　而如果将道德从社会的自然史的角度进行科学性说明的
话，它无非是一种意识形态。它以社会中的生产关系作为物
质基础，在其上所铸就的文化、精神、意识等上层构造，在
一般情况下，在这个场合中就是意识形态这个词的意思（原
本意识形态就意味着随着社会现实的推移存留下来的随时要
被扬弃的意识的形态，而在涉及道德时，这一意识形态的性
质也在此意义上可被看作具有某种之后才形成的意义），而作
为社会的上层构造的意识形态之一就是所谓的道德现象。这
样的文化乃至意识分别构成各种意识形态，而道德则是与这
诸多形态并列的一种意识形态。

　　不过，这里不得不注意的一个要点是，有一种观点认为，
作为一种意识形态的所谓道德，也因其上层构造的性质，而
可以被称作一个文化领域。而它又是一种怎么样的文化领域，
则就像黑格尔所见的那样，既可以从客观性上来讲是由社会
习俗及其习俗制度化所形成的实体即习俗性（人伦）——家庭、
市民社会、国家等等，也可以从主观性上来讲是一种道德意
识。不仅如此，例如法律等其他领域，其背后也横亘着道德。

所以，就算将道德看作一个领域，但是它是个有着何种界限的领域又在事实上难以决定。而通俗常识往往常识性地假设所谓道德是一个固定的能够判断清楚的领域。事实是，我们在日常中，为这种常识赋予了灵活变通的特权，然后堂而皇之地将其临时性地通用于各处。于是到如今，在将道德作为一种与法律、政治、科学、艺术、宗教等都完全不同的意识形态的时候，我们无非是将这一被领域化的道德作为一种常识性假设，并对其加以借用、利用罢了。当然，这既不是陷入了某种困境，也不是弄错了什么。实际上，我们为了批判并打倒这种通俗常识性的，因而又是伦理学性质的道德的观念，首先不得不暂时放过它。根据社会科学而得出的作为意识形态的道德的观念，恰好属于这一克服过程的过渡期。所以我们一方面借用了这种常识性道德观念的假设（等于说是借用了从领域道德主义开始到之前所述的道德律主义及善恶价值中心主义为止的假设），同时我们也批判并克服它，并且将这一通俗常识性的道德观念也一并纳入消解它的理论体系之中。这样，所谓道德在此迎来了终焉。那么社会科学性质的道德观念（"作为意识形态的道德"的观念）就从自身最初的肯定走向了其最终的否定，于是它就带有了十分显著的否定之否定的批判特色。也就是说，对于社会科学来说，可以将所谓道德看作一个很大的问题，也可以完全不把它看作一个问题。我们从这一点上可以认为，历史唯物论之中的道德理论所处的贫弱状态也绝非偶然。

　　将道德视作一种意识形态来思考，这一社会科学性质的道德观念是基于将道德视作一个领域的观点。这一点在相当程度上沿袭了通俗常识。不过同时，将道德视作上层构造的意识形态的一部分这种说法，也对于通俗常识具有某种刨根问底的颠覆性。因为对于通俗常识来说，这就意味着道德是最具有概括性的、有某种根本性的特点，是某种道德形而上学学说。这是一种把道德看作固定不变的，因此是某种有着绝对神圣权威的价值物的充满迷信的道德观念。正因为意识形态是以社会中的物质基础的历史发展为原因所产生的历史性结果这样一种历史性的产物，所以通俗常识在所谓道德的观念上比什么都要依赖于道德的绝对性，只要说一句"道德只是一种意识形态"，其根基就动摇了。不用说，这一点恰恰可以体现出社会科学性质的道德观念相对于通俗常识乃至资产阶级伦理学从头到尾的超越。因此，作为意识形态的道德这样一种观念，产生了一种将关于道德的通俗常识的一切特征悉数去除的感觉，而我现在必须说的是，事情还必然不限于此。

　　根据历史唯物论，道德的本质存在于其社会的性质中。在理论性的社会科学里，人类不是能够从一个个作为个体的个人来理解的。不言而喻的是，只有身处社会并过着社会生活的个人才有被理解的意义。个人是社会化的个人。然而许多资产阶级伦理学却是将个人从社会抽离成单纯的个人来建立其假设。因而，基于这种伦理学的道德，无论其材料内容如何，从样式上来说，全是将道德的根据归于个人自身内部。所谓人格的自律也好，自由、责任、良心之类的说法也罢，都是为了表现这种将个人道德作为这一伦理学性质的根据而选取出来的话语。在这个意义上，许多伦理学是将道德当作个人道德来考虑的。于是道德的本质就被认为是伴随着其个人的性质的。因为资产阶级社会是个人的原子论的社会，因此其最高的哲学性原则无法经由其他方式寻求，而不得不从个人的内在中去寻求；如果不这样做，则所有的说明都将是流于表面的、机械的、无法成立的。道德在这里也是如此，成了纯属内在的东西。然而根据社会科学性质的道德观念，道德的本质是社会性的产物。这本应该通过对道德的历史发展状况稍加思考便能判明，而且又应该在看到了原始社会中显现出来的事实之后马上被注意到。而对于伦理学来说，其伦理性的价值问题本应该与这样的事实问题相关并就此进行思考，可是伦理学却没有对这样的事实给予充分的伦理学性质的尊重。而在把对事实的分析作因果性推理的历史唯物论那里，这一事实从一开始就得到了应有的尊重，并且同时，这件事情所具备的伦理意义也从一开始就被看到了。这是只有历史唯物论才能做到的事情。

就这样，简要地说，**道德就是社会中的制度与其对社会中人的意识施加的社会规范**。并且在此时，社会科学性质的道德观念反而因为仍然假定了通俗常识，所以对将这一被当作制度的习俗性"实体"自身当作道德，恐怕多少有些踌躇。

所谓道德领域的意识形态，并非单纯地横亘在习俗这一客观性之上的制度，因为如果那样的话，就算它是社会有机结构的一个部分，但恐怕也并非属于作为上层建筑的意识形态。我们可以认为，当这一习俗对于社会中人的意识来说成为"必须做的事情"（德语中的sollen）时，一个名为道德的意识形态领域就成立了。那么道德（也就是道德规范），大致是可以落实的（不过，发现了伦理性"实体"的黑格尔对于从康德伦理学中派生出的"sollen"这一概念是最为轻蔑的，这也是一个饶有趣味的话题）。

这一所谓社会规范，之所以能被俗称为"道德"，是因为它被认为有着或来自神，或来自先天，或基于永恒理性的神圣价值物的实质。社会规范不言而喻是为了让社会生活能够顺利进行而被采用的行为标尺一类的东西，然而社会生活自身的本质不从其物质基础出发就无从理解。而社会有机结构的本质，其要因在于社会生产结构（物质的生产力与生产关系）。因而，这一社会规范只能从社会生产结构乃至生产关系中产生，也即从物质性和历史性中产生。一切的生产方式都在形成社会规范之后，才开始对人类的社会生活、人类社会中的生产生活加以观念性地统制。社会规范是该社会的生产方式的反映。作为例子，我们可以来思考一下杀人行为。在古代奴隶制之前的社会，人们规定俘虏都是要被全部杀死的。而到了奴隶劳动力能够充作社会生产力（即奴隶制）的时候，俘虏要充作奴隶，而杀害俘虏则被禁止了。现在常常说殉死是一种最终极的道义上的殉情，但是实际上它只不过是宣示了名为家臣的奴隶作为一种私有财产这一所有制关系（生产关系的直接表现）。姨舍山[①]的传说也必然是在劳动营养（食物）剩余不足以维持非生产性劳动力的生产方式的某个时期产生的。如果这样说来，恐怕帝国主义战争中对敌人的杀戮之类也属于伦理性的程式。

然而道德可以说是有着某种权威的。而这种权威实际上又单纯只是权力被神秘化的产物。道德的权威也无非是作为权力的社会规范。而显而易见的是，这种权力自身是从生产关系中产生的。正如家族长的权力来自他拥有能够养活整个家族的经济实力，而正是因为这些独当一面的男性催生了社会生产结构（实际上，就算是这一社会中不具有生产性要素的游手好闲、好吃懒做的男性也参与其中），因此他们可以作为独当一面的男性拥有并抚养妻子儿女。反过来说，妻子和儿女在社会性生产中并非完全不事生产，但一直以来他们却近乎完全没有参与社会生产结构本身的机会。他们在经济上是依存于这一社会生产结构的，从社会性上看是纯粹的消费者。就算在家庭内劳动中有所生产，但这种内助在社会性上仍只是被看作非生产性的。由此产生的普遍上的经济性优越，使得延续到现在的家长制权力成立并得以保持，这是人所共

---

① 冠着山，在今日本长野县千曲市和东筑摩郡筑北村之间，俗称姨舍山，又称姥舍山。相传此地周边的人到了60岁便会被舍弃在山中。大约在公元950年成书的《大和物语》的第156篇中就有关于此地的弃老传说。

知的（而这被称为"天"，在古代中国，天就是抚养者的意思）。正因为承认这一权力对于维持这个社会的经济秩序是有必要的，所以才诞生了一系列家族主义性质上的道德观念或者说道德律（关于在这一场合，恩格斯的《家庭、私有制和国家的起源》仍然有着其经典意义——而对于家族感情所做的科学性说明，则可参考例如布利法尔特[①]的《家族感情》之类或是像之前提到的柯伦泰的书）。

围绕着社会秩序或身份关系，会产生某种尊敬体系、习俗等等，尽管是以权力关系来体现的。围绕人格的现实性的观念（人格也是康德所说的尊敬对象的目的物）也在此第一次成立。然而，这种看上去在各个时代的平常生活中通用的礼仪风俗，实际上是对社会生产关系和依存其上的家庭经济的直接反映。在某些特别的场合，比如当家庭经济破产的时候，这种风俗习惯就成了切身体会。就比如当养活不了妻子的丈夫试图发威的时候，尽管他立足于堂堂正正的道德之上却显得无比滑稽。正是在这种场合，礼仪风俗的本质才一览无余。日本的社会规范，例如忠义、武士道之类，又或者孝

---

① 罗伯特·史蒂芬·布利法尔特（1874—1948），法国外科医生，凭借其社会人类学理论和小说出名。它有个著名的理论叫"布利法尔特法则"（Briffault's law）："雌性——而非雄性——才是在一个动物族群里起到决定作用的性别。当雌性不再能从与一个雄性的结合中获利时，这种结合便会瞬间消失。"

道也很有名（赤穂义士们[1]形同歌舞伎一般的道德展示就是这种特征性的叙事。而造就这些浪士的快举的最后原因即"断绝家名"这一幕，他们虽然是因为伦理性的理由与主家断绝了关系，却又多出了一个让幕府的领地能够扩大的目的），它们反映的正是封建武士阶级的权力支配。还有许多别的例子，我就不一一列举了。

不得不说，恰恰像这些拥有社会性权威的一切道德、道德律、道德条目、善恶的标准才构成了社会规范，而这种社会规范反映着社会性权力、社会性身份关系、社会性秩序，或者说最终反映着社会性生产关系。也就是说，对于某种支配性的社会生产关系的维持乃至发展来说，有益的东西才是道德的，而有害的东西就是不道德的。关于道德，通俗常识最先考虑的，例如善恶的对立，无非就是这么一回事。不仅仅对一个一个具体的个人而言，有益的、其喜好的东西在道德性上不是善的，而且像边沁所说的单纯数量上的最大多数人的最大幸福在道德性上也不是善的。问题不在于每个个人

---

① 元禄赤穂事件是指公元 1701 年（元禄十四年）赤穂藩主浅野长矩在江户城松之大廊下袭击贵族吉良义央而引起的一系列事件。袭击发生后，浅野长矩被下令切腹自杀。第二年，其家臣 47 人袭击了吉良的宅邸，杀死了包括吉良义央在内的 15 人。从赞许这 47 人的角度来说，他们被称为"赤穂义士"或"赤穂浪士"。1748 年出现了关于这段历史的剧目《暂名范本忠臣藏》，并大获流行。本剧将元禄赤穂事件和《太平记》卷二十一"盐治判官谗死之事"杂糅在一起形成了新的演绎。它将时间设置成 14 世纪室町幕府初年，用盐治高定替换浅野长矩，用当时的权臣高师直替换吉良义央。并把 47 名武士的复仇行为解释成为幕府除去权臣的道义之举。

而在于社会，并且整个社会的意义也不单单是数人头的关系，而是有着关于其生产关系的内在本质。社会规范是道德这样的观点正是在这个意义上发展而来的。

不过这样的话，恐怕伦理学性质的常识就不得不产生必然的反弹和不满了。如果那样的话，难道就放着道德里特有的那些道德性的情感（道德性的情绪）——道德性的满足感以及后悔、义务感、正义感、良心等等——不管了吗？而且不正是因为有了这些情感，道德才成为道德的吗？类似这样的反驳必然出现。不过，从历史唯物论角度出发，并由此将道德视作意识形态的我们，必须牢记我们并非将作为一个明了的事实的这一道德感视而不见，也不是将其忘记了。这其实正是从最开始就有的问题。不过我们的问题是将这一道德感的社会形成过程加以科学性地说明。然而伦理学者反过来却要将道德感作为社会性的道德现象或一般社会现象来解释。这就是两者之间的差别，但是这种差别的意义却是巨大的。

将道德作为社会规范来加以社会性的说明，并非单纯地将道德还原为社会关系本身。如果只是单纯将其还原为社会关系就可以的话，大概也就没有必要从一开始就将这类意识形态以道德来表述了。正因意识形态这一上层构造是无法还原为作为下层构造的单纯的社会关系的，意识形态才恰恰是意识形态。

所以道德中存在着道德所固有的东西。如果这些东西不存在，则道德就不再成为道德。而这个所谓固有的东西，就是所谓社会规范。但尽管道德存在固有的东西，然而如果将其视为某种将所谓道德以某种方式封闭起来并在固定范围内独自且孤立地进行处理之物来思考的话，这个像封闭国家一样的伦理性自洽物就是如前所述的伦理学中所说的"道德"的世界了。这种东西只能说是一种将道德的固有性加以伦理学性质的夸张的偏见。这也绝不是说没有固有的东西，而只是说将这种固有的东西以这种方式来理解是犯了根本性的错误。道德中有着某种类似善恶价值对立的固有物，这是一个事实。自己或他人或多或少以这种价值感为基础来行动也是一个心理性事实。这与意志的自由是一个心理性事实是同一回事。所以它无法被否定，但同时它又没有必要被证明，并且实际上是无法被证明的。我不知道这种试图将自由意志或价值情感这类事实加以证明的人该是何等的观念论者或理想主义者，但同时，他们的特点是并不试图说明这类事实。他们只是单纯追求让这一事实被人所承认，但却将这种行为误会为对其的证明或说明。他们就是在做着这种尝试。而历史唯物论者将这一事实的证明视作没有必要，而认为只要认定其为事实就行，真正必要的是对这一事实如何成立的"说明"。

　　直到现在，我都未曾知道任何一种说明道德这一事实的观念论性质的伦理学。只有历史唯物论从意识形态论出发的道德理论才第一次企图将道德事实加以正当性的说明，又在事实上将其说明得清清楚楚。历史唯物论将价值的发生从事实上加以说明，与其相反，观念论或者伦理学只是从价值出发说明事实，或者说只是看到了价值与事实之间的简单区分。这样，道德就是用社会规范得到了说明。

伦理学只是单纯地将伦理性价值这一感情上的事实加以主张，而社会科学性质的道德理论则将伦理性的价值感放在现实之中进行陶冶。伦理学只是单纯地对意志自由的否定提出了抗议，而社会科学性质的道德理论则视自由为普遍的获得，并有志于探究其现实性形态的规定。伦理学只是单纯地将理想作为一种关于假设的爱好，而社会科学性质的道德理论则将普遍的理想勾勒出现实性，并有志于追求实现其现实性。——这些不同之处，恐怕全都只是从是否将道德视作社会规范并加以说明而来的不同之处罢了。

将道德作为一种意识形态、作为一种社会规范来说明的时候，自然就会得出这样的结论：道德的发生、变迁、消灭等归根结底是因为历史的变化。社会中的生产关系是一定范围内的社会规范的物质性原因，它被它内部所包含的矛盾关系所推动，从而不得不产生变化。因此顺着这一结果，道德也不得不产生必然的变化。然而，与原因的变化相比，结果的变化大体上在时间上是滞后的，道德与现实在这个意义上总是会产生某种无法避免的矛盾碰撞。而这又意味着，道德呈现出其自身似乎带有某种独特的运动法则的现象（但凡是意识形态都是如此）。道德的世界试图认为这是一种绝对性的自律或独立状态，而这恰恰是对这一关系进行夸张的结果。

　　所以，道德（道德律、善恶及其他）绝不是所谓的绝对真理。不过既然我们在事实上将道德性价值用道德这个词来表述，那么道德或许是某种真理。不过一般来说，真理绝不是如此具有绝对性的事物，真理是具有客观性的，不存在主观性的真理。正是客观性的缘故，真理才成为真理，而绝对性的真理是不存在的。如果说绝对性的真理存在的话，那么恐怕这样一种神圣的真理就必然是回应着某种必要的虚伪的东西。教皇或者恺撒的真理就是这样一种神圣的"绝对"真理，也即为了把虚伪藏匿起来而戴上了神圣的头纱，但这终究也只不过是虚假之物罢了。这是历史唯物论和唯物主义认识论的公式，就道德而言，也完全如此。

　　不过道德又并非作为其实质的意识形态或者社会规范，它之所以时常被作为绝对性真理提出来，是有一个理由的。那就是，当社会的支配者终归要试图保持社会的规范之时，道德这一话语所带来的好处是十分必要的。也就是说，只要在现实中将这一阶级规范作为机能的一部分施行下去，那么社会规范就会越来越有必要，而不单单是作为社会规范，而且还需要将其作为道德加以神圣化和绝对化。如果只是作为社会规范的话，将道德说明成如此这般的社会规范恐怕是没有必要的。

　　那么我们可以得出这样的结论：社会只要还是阶级社会，那么道德就只能是阶级规范，而不会有任何例外。这就是所谓阶级道德或者说道德的阶级性。而我们也因此可以得出，社会的阶级性变动（社会整体的根本性变动的原因在于阶级性的变动）将导致这一作为阶级规范的道德产生变革，这一结果是具有必然性的。在这里，对阶级性来说有益的就是道德的，对阶级性来说有害的就是不道德的。然而又因为阶级必然伴随着阶级对立，所以如今道德分裂成了两个不同的体系，进而产生了资产阶级道德（从中又产生了资产阶级的通俗常识性质的道德观念和资产阶级伦理学性质的道德观念）与所谓无产阶级道德之间的对立。道德之间的斗争就此浮现出来了，旧道德就如历史上所有旧事物所必然会做的那样，不会给新道德让道。只有胜利了的道德才能成为新道德。而在这一推移的过程中，许多道德性混乱或无政府状态，以及各种道德性的牺牲被编织出来。而正是对这一根本性的，而且是眼皮底下的事实不予承认的缘故，被叫作伦理学的资产阶级理论拥有了在今天继续存在的理由。

这一道德的历史性推移，即旧道德几乎完全断绝而全新的、不知道是否能以同样的"道德"这一词语来表述的新道德渐次形成并固定的这一进程，恐怕就是如今苏联所发生的事。苏联作为一个活生生的例子展现在我们眼前。至今为止，在资产阶级诸国中关于道德自身的问题看上去是绝对地绝望无解的问题，而这一问题通过社会科学性的考察将会逐步、逐渐地得到根本性的解决。特别是在被视作宿命性的道德问题，即性道德上，苏维埃的道德实验至今已经取得了不起的成功了。在这里的运作方式是，只需要将所谓旧"道德"忘却，其本身就是道德的。（可参考柯伦泰的《新妇女论》及沃尔夫森①的《结婚及家族的社会学——马克思主义现象学入门》等著作。）

于是，只要我们能够将道德作为社会规范或阶级规范来说明，那么实际上，历史性地缠绕在"道德"这一词上的各种神秘解释，也早已在理论性上变得不再高明了。这一点是我们必须声明的。不仅如此，至今为止，人们在所谓道德的名下日常所见所闻并形成习惯且显得亲切的旧的既成道德，正在从根本上被一种新形式道德所置换，苏联就是人们所面临的实例。"道德"这一词恐怕也渐渐地在心理上变得不再那么心安理得了。

一直以来，"道德"这一词正是通俗常识最爱用的词，我们也恰恰在日常中对这一词表示着尊重，然而这种尊重也仅仅是出于它是最被钟爱的词这一点。而如果说起通俗常识试图利用这一点以达到何种意图的话，则可以说是想将认识的不足或认识的歪曲、事物的科学性理论分析与说明的匮乏或某种避讳等都填补起来，并加以合理化。所以科学对于这一所谓"道德"是怎么也不可能保持一种信任并为之站台的。不管怎么说，它虽说是某种社会规范，但如果阶级社会被消灭于无形的话，其就不再是某种重要的、有积极性的、有价值的东西了（因为至今为止的社会规范几乎可被总括为实质

---

① 塞米昂·雅科夫列维奇·沃尔夫森（1894—1941），苏联哲学家、社会学家。他对马克思主义的家庭理论多有研究。

上的阶级规范）。特别是，对于道德这种自恃清高的表现来说，这足以让其无法再自恃清高，所以这是有必要的。

无论如何，"道德"这一概念将不再有用。道德被消解为认识。道德的真理被消解为科学性的真理。列宁向加里宁说过"让戏剧演出取代宗教"，现在也一样，要让认识取代道德。不对，是认识必须取代道德。

像这样，通过社会科学性质的观念，所谓道德这种事物，这一为通俗常识喜好并且被假设出来的所谓道德，终于被批判、克服而归于无了。作为（资产阶级）常识性的观念乃至（资产阶级）伦理学性质的观念的道德，并不具备科学性。道德被消灭了。道德被终结了。

第四章
关于道德的文学性观念

由于道德在通俗常识中被极为轻率地处理，在伦理学中被当作固定不变的一个具有超越性的永恒世界来处理，在社会科学中被作为一个发生变化而又不得不消灭的意识形态来处理——结果道德这样一种东西意味着好几种特定的领域。这个领域是道德的，这之外的领域不属于道德，道德变成了必须这样去思考的道德。从这一点来说，社会科学或者说历史唯物论尽管对有关道德的资产阶级卑陋的常识（就算它有着伦理学这样一个学院派的玄学般的名号）从根本上进行了克服和批判，但这一社会科学性的道德观念自身也依然不得不说是某种通俗常识。

不过，我并不是说这一关于道德的历史唯物论理论是哪里弄错了或是不完全的。通俗常识本身和资产阶级伦理学无论是作为关于伦理的常识还是作为关于伦理的理论，都是极为不充分的。就从历史唯物论出发的道德观念或道德理论而言，我虽然认为这种认识也可能是错的，不过实际上，将其原原本本地当作真理来看待也不会出什么差池。因为由于这

一社会科学性质的道德观念，作为一个领域的道德世界应该
已经被终结了。然而不管怎么说，这种道德观念仍然假设并
且使用着领域道德这种通俗常识。所以我们说它仍然是通俗
常识的产物。

　　然而，单单是这样的领域的道德观念，实际上并不是真
正由常识得出的道德观念的全部。那么，如果我们考察通俗
常识究竟说了什么的话，实际上它可以说是拘泥于道德这一
领域将事物用道德的旗帜标榜起来。比起审美性的判断，人
们更容易做出，也更乐于做出所谓道德性的判断。也就是说，
所谓通俗常识是用通俗道德去思考事物、言说事物、指导生
活的。不过稍微有教养一点的常识（教养并不一定与教育等
同）是将所谓道德以更自由的方式进行理解，这也是世间的
事实。不要拘泥于既成的且被赋予的所谓道德，或者说至少
保持着从这种拘泥中退出的见识，这类想法本身恰恰才是合
乎道德的。这一点也是某种常识。就如同没有比人格上的完
人在人格上更为贫困的人了这样的论调，人们也如此看待整
天讲各种各样的道德的行为，并认为这一行为是不道德的。
这样说来，道德，就并不是把一块看板贴上了所谓道德的标
签，之后抬出来就是道德了。自称有良心的人恐怕并不是有
良心的，自称了不起的人物肯定是傻瓜吧，等等，许多人会
这么去思考。然而他们又会深深地认为那些自称了不起的笨
蛋式的人物是真正的了不起。

　　所以，抬出"这正是所谓的道德"这么一个名号，实际

上在道德上来说是不被尊重的，然而这一般不属于所谓道德的领域，却可以被视为道德的实质。尽管我并不想就此将道德一词随随便便地就扩大化使用，但事实上，稍微流行一点的某种常识，就完全是像上面所述的那样来看待道德的。比如，这一常识在胜利者的历史叙述中考察道德（极端的例子就是《春秋》和《通鉴》之类）。又比如说，连衣服也被视作道德的象征（可参考卡莱尔[①]《衣裳哲学》，某些批评家看到这个《衣裳哲学》的作者戴着极为不道德的古老帽子，主张他并没有资格就衣裳哲学发表意见）。然而最为人所知的，恐怕正是艺术作品中的道德，特别是直接在文艺作品中出现的道德。它们就算是为艺术而艺术也罢，又或者是纯粹文学也罢，仅在这一姿态中表现出来的"moral"（道德），却可以说是纯粹的。越是不追求所谓道德，就越意味着这种"moral"越纯粹，越有现实性。对道德的否定本身，也是某种优越的道德（可以参考具备相当文学性的哲学家如尼采[②]和施蒂纳）。而这种文学，只要有良好的常识和智识，实际上是可以被毫不费力地理解的。而缺乏大众性的所谓纯粹文学，正因为其

[①] 托马斯·卡莱尔（1795—1881），苏格兰评论家、讽刺作家、历史学家。他的作品在维多利亚时代甚具影响力。代表作有《英雄与英雄崇拜》《法国革命史》《衣裳哲学》《过去与现在》。在《英雄与英雄崇拜》中，他提出"历史除了为伟人写传，什么都不是"的观点。

[②] 弗里德里希·威廉·尼采（1844—1900），德国哲学家。尼采的著作对于宗教、道德、现代文化、哲学，以及科学等领域提出了广泛的批判和讨论。他的写作风格独特，经常使用格言和悖论的技巧。尼采对于后代哲学的发展影响很大，尤其是对存在主义与后现代主义影响深远。

"moral"并不伟大，正因为散发着小家子气，所以才是非大众的。

所以说有常识的常识，正因为在世间的道德和人格贩卖商或所谓伦理学家那里根本感受不到道德，才得以发现自由生长起来的豁达的道德，这是一个事实。几乎在所有文化领域，或者道德领域都可以发现道德。所以，我们可以判断出这么一种意思，即这一道德早就不是单个领域的主人了。

像这样有着广泛内涵的道德观念，一直以来被给予了各种各样的名称。文化性的自由（自由恐怕在经济性、政治性、文化性等不同领域是区别开来的，文化性的自由就是人道性的自由）是其近代化的名称之一，人类性（humanity）（这里不是人道，而是人类性）是其近代化的名称，等等。而总的来说更适合的称呼是道德（moral），或者说伦理。"moral"这一法语词（我们之后可以看到，离开了法兰西文化，这个词就难以被历史性地理解），大致与"物理"这个词是对应的。也就是说，这是与"物理"（法语"phusis"）对立的"ethos"（伦理），是关于人的事情，是关于精神的事情。

然而，我们不能忘记的是，如今"moral"一词已经完全作为文学性用语通行各处了。人们在文学（文学也必然不局限于文艺，而被更广泛地理解为艺术思想性的理念）之中，常常追求一种"moral"。不过我们可以判断出来的是，这一"moral"恰恰并非能够被归结到作为道德的一个例子的、作为领域道德的善恶、道德律、修身道德条目之类的通俗常识性道德。追求文学中的这类通俗常识性的道德律或劝善惩恶的教诲是专门属于通俗常识或道学家的工作，有常识的文学读者并无必要去遵循，这恐怕也是世间的事实。

那么通过这种文学性的良好认识，道德呈现出我们在至今为止的各个章节中都未曾出现过的独特面貌。这在当前归于"moral"名下的文学内是最为显著的。在某种意义上，可以说文学所追求的东西，正是这一"moral"本身。——因此，我把这种"moral"或者说伦理，暂时称作文学性的道德观念。

让我们回归到正题。与道德有关的这一文学性的观念，多多少少是在世间普遍地存在的，它属于一种常识，但又是相当具有优越感的常识。也就是说，就这一作为道德的文学性观念来讲，还不曾被赋予过与之相应的既成的、自明的、理论性的、科学性的概念。事实上，文学爱好者们爱用的"moral"这一词，恐怕就概念而言太过暧昧却又无法避免。尽管这一道德观念作为概念而言如此暧昧，却也并非必然意味着将导致关于道德的这一文学性观念已经变得贫弱不堪了。实际上，在事物的文学性检讨和叙述中，仅如此就已经足够的场合恐怕也挺多的。不过，我们仍然要将这一观念从理论性上加以明确，这使得将它作为一种关于道德理论的根本概念提取出来就显得十分必要了。

文学（广义上说是艺术中的精神）的追求之物就是"moral"（这一文学性的道德的观念）这一事实，它最能体现出来的地方，就在于文学一贯对常识的叛逆企图。文学的大部分场合都是把自身放在与常识对立的位置。而反文学性的常识，则常常只不过是低俗的通俗常识罢了，又或者只是由通俗常识性观念而产生的所谓道德罢了。如此，文学性的道德（moral）在结果上恰恰是与通俗常识性的道德对立的。那么它又是以什么样的状态与之对立的呢？简要来说，就是在面对通俗常识的时候，以批判者身份站出来的只有"moral"而没有其他东西。只要它在批判通俗道德，那么它本身必然成为道德，必然成为"moral"。而与此同时，它却早已在通俗道德意义上不再是道德。这样，"moral"概念自身就不得不意味着是将道德这样的东西解体的事物。不过，只是将道德解体为不称为道德的东西——因为其没有经过科学性的手续，不过只是某种对道德的单纯否定罢了。这样的话，我们连常说的由通俗常识而来的道德这一通俗概念，事实上也无法让人信服地加以否定。将道德以令人信服的方式加以否定的，只能是一种道德。"moral"至少在现在，在事实上是这样的一种道德的观念。

　　社会科学性质的道德观念，也是伴随着将道德解体、将道德变成道德的否定这样一个过程所产生的道德观念。然而，这是让道德真正达到它科学性的终焉。而反过来说，道德的文学性观念却无非是将道德作为道德、作为"moral"来树立且大张旗鼓地宣扬的观念。然而在文学自身那里，这一概念是极为暧昧而不加限定的。因此，我们必须将其进行理论性的展现。

　　不过，也因此，对于文学性的道德的观念，我们也不能无条件地加以信任。因为它包含着可能导向谬误的、众多毫无定量的规定，这正是这一观念的理论性暧昧所导致的。围绕着这一观念，为了创造理论性的概念，我们就必须首先注意它作为文学性道德观念所特有的弱点。并由此展开行动。

　　在被视作事实问题的时候，作为文学性的道德观念的"moral"究竟被赋予了什么样的内容呢？不用说，从激情或哀伤开始，它将一切规定都包含进去了，然而其骨架还是首先着眼于一直所说的所谓"幸福"。本来，"moral"一词就其意思而言是在所有的一切中都存在的。实际上，当我们不得不将日常生活置于社会中的阶级斗争的形态——取出的时候，"moral"也无非就是阶级道德而已，而不会是别的什么东西。若非如此，我们是无法从文学中得到满足的。顺带一提，这一所谓"moral"的词语，也不是必然像这样适用于现实内容的。"moral"这一流行观念的实际色彩，更多在于其形式性，又或者说只是将其形式性本身作为单独的内容安置在其中。阶级斗争的"moral"，它必须给予作为阶级社会的实践性活动分子的人类以满足，才开始称得上是"moral"。所以说"moral"，并不在于其阶级斗争的热情、憎恶、意欲等内容，而在于将其归于某种满足这一形式本身，而这一形式再回归到满足这么一种普遍性的内容之上，才是"moral"的内容，这样"moral"才得以成立。所以，"moral"有着其自身所固有的形式化的内容。这样，它一般通过所谓"满足"来最终实现人们常说的所谓幸福。

将"moral"的内容（实际上这是固有的普遍的内容）视作去追求幸福的文学工作者当然是极多的。或者说，几乎所有的文学工作者都以追求"moral"之名而试图一探幸福的究竟。例如纪德[①]的自传《如果一粒麦子不死》和《文学与moral》等恐怕就是以这一意图在叙述故事的。根据希尔蒂[②]的《幸福论》的说法就是："尽管人们从哲学的见地出发或能够随意地做出反对，但是我认为人在自其意识最早觉醒的时候到其终点为止，最为热衷并上下求索的，实际上只是幸福这样一种感情罢了。"

确实，道德（伦理，"moral"）无论善也好，恶也罢，与其说是在正确与不正确之间存在，恐怕不如说是在幸福之中存在。我们对享乐主义无法提出怀疑就全因为此。没有思考过又不曾见过幸福的人，恐怕并非不知道道德的人。实际上，"moral"无非是形式上的规定，换句话说，恐怕只是这一形式化的规定原原本本地转化为了"moral"的普遍且又抽象的，换而言之即形式化的内容。在某种程度上，恐怕一切事物都向幸福趋归，古希腊的伊壁鸠鲁主义、斯多亚主义和怀疑主义都是在向一种幸福感或满足感趋归。而反过来，幸福这一

[①] 安德烈·保罗·吉约姆·纪德（1869—1951），法国作家，1947年诺贝尔文学奖得主。纪德的早期文学带有象征主义色彩，直到两次世界大战的战间期，逐渐发展成反帝国主义思想。其代表作有《窄门》等。

[②] 卡尔·希尔蒂（1833—1909），瑞士法学家、文学家。他曾担任瑞士下院议员，在日本以《幸福论》《为了不眠之夜》而著名。

事物自身只能导向幸福。从幸福出发想导出"moral"的真正的内容恰恰是不可行的。就算是从幸福的"moral"出发导出共产主义的文学工作者，他也必然需要一种切实的转向。也就是说，从幸福的"moral"出发引出共产主义，这意味着，人们实际上只能从相反的方向，即只能从共产主义引出幸福的"moral"。

　　幸福的"moral"其自身的形式，要表达出来的内容，只能是固有的、特别的、普遍的抽象性的内容。而正因为如此，这一"moral"是形式化的，而"moral"的观念就免不了形式主义色彩的条件。幸福的学说恰恰也是基于这种形式主义化的"moral"观念的——所谓形式主义就是指一种将形式视作内容的"关键"，是"最基础的基础"的思考方式，而恰恰希尔蒂说过，"幸福实际上是我们各种思想的关键"，"幸福是各种学问、努力，各种国家的以及教会的设施的基础的基础"（可参考前述希尔蒂的《幸福论》）。这完全是基督教信徒的声音。这恐怕与在某种程度上认为社会变革的运动是以大众的幸福为目标的观点并无不同。不过，无论它自身如何转回到大众的幸福，但只要神的国是一个乌托邦，那么它最终必然无法实现。

　　那么，尽管幸福就是这样的形式主义化了的"moral"的内容，但这恐怕是其实际在世间实行的时候恰恰最能够表现所谓"moral"的特征。尽管"moral"是文学工作者们的用语，但是文学工作者们通过这一用语，将极为形式化的

"moral"当作影像一样收录了下来。也就是说，"moral"是某种身边的氛围之类的东西，也是从特定内容中剥离出来的或抽象出来的生活感情之类的东西。社会本身从产生于生产关系的产业、经济生活或政治活动等领域中开辟出一条道路，其风干后的汗水的结晶正是所谓生活意识，而"moral"则将其自身与这种生活意识区分开来。也就是说，"moral"对许多文学工作者来说，只是个人身边的事物，而绝不是社会性的事物。

然而我们从这一与道德相关的、作为文学性质的观念的"moral"出发，不得不将这些文学工作者的面具除去。如果不这么做的话，"moral"只能沦为主观性的道德感情或个人道德之类的东西，它就会像之前所说的伦理学那样变成只顾眼前的道德，而且还只能是一个不成体裁的仿造品。而那早就是经由社会科学而归于消解的已然解决的东西，它甚至连如今的"moral"也不再是了。

这样，对于我们来说，首先最为必要的就是将"moral"这个文学性的观念，用某种方法以科学性的道德观念的形式提炼出来，并加以回答。为此，我们不得不考察一下，社会科学性质的道德观念与这个文学性质的道德观念之间的不同点。

在普遍意义上，道德与社会意识之间有着不可分离的关系，这一点我在本书最开头的部分已经讲述过了。道德可以说是社会的汗水或油脂一般的存在，因此道德时常是社会性的。然而如果这样，那么实际上没有从个人角度上去思考，因而所谓道德也就无从谈起了。社会意识是个人对社会所持有的意识。假设不是这种社会意识，那只能是所谓社会这样一个主体所具有的所谓意识，但就算是假设了社会这么一个主体拥有统一性的意识的麦独孤①的"Group mind"的观念，只要无法理解社会中的个人所具有的个人性意识的社会性总和这一认识，则无非就是心理学家的幻想。作为社会意识的道德意识也是如此，它要么是像这样，作为个人意识的道德意识的总和，要么就只能是个人对于社会所拥有的道德的自发意识。不管怎样，我们必然可以看到社会与个人之间的关系是成立的。

　　社会科学性的道德观念的科学性高度能成立的一个原因是，道德是从社会与个人之间的关系开始才第一次得以成立的，它不能单纯地从个人自身内部成立。换句话说，它是将这一种一眼看上去理所当然的关系，做了明确的组织性的解释和阐明。在世间的认识中，人们往往会认为历史唯物论只能发现客观性的社会有机结构中的问题，而忘却了或回避了属于个人的诸多问题。如今就有许多这样的误会，但这一误会只要或多或少从历史唯物论角度的道德理论出发，就可以得到化解。原本的社会科学就并非不把个人当作问题。举例

---

① 威廉·麦独孤（1871—1938）是20世纪早期的一位心理学家。威廉·麦独孤的前半生主要在英国度过，而后前往美国。在英语圈中，他写了许多涉及本能理论的发展、社会心理学的教科书，有着很大的影响。

来说的话，恰恰什么样的社会可以产生什么样的个人这一论题本身就是社会科学的具体性的、现实性的课题。在某种程度上，社会科学所给出的各种公式，正因为它有着普遍的通用性（尽管其有一定的历史性的适用条件），所以才成为公式。而且一直以来，对于各种特殊的事情无法加以特殊使用的公式，本来就不能算普遍的公式。公式是时常能够特殊化的且必然是要能够特殊化的。所以，表示社会有机结构的诸多普遍关系的社会科学性的公式，也在各个需要单独处理的个人的特殊场合也能够特殊化，也是必须能够特殊化的。关于社会科学无法解决个人问题的说法，只能说是某种误解。

所以说，认为道德只要在某种程度上无法介入个人的事务并对个人问题加以解决就无法成立的说法，以及以此为理由，主张道德无法用社会科学性的分析来分析出来的主张，是无法饶恕的。这样的诽谤只能是偶尔出现的个人主义的资产阶级伦理学自身的自我辩解和叙事罢了，除此之外也不会是别的东西了。最能说明道德的个人特色（阶级道德也是这一道德的个人特色的必然性规定，正因为个人本身只能是社会中的个人）的，不是其他而正是历史唯物论。

道德经由社会科学性的观念，得以随时个人化。从这个意义上，客观性的道德也是可以时常主观化的，客体性的道德也是可以时常主体化的。——那么对于社会来说，这一某种意义上是与客观相对的主观，乃至与客体相对的主体的个人又是什么呢？社会，或者说客观，乃至客体，从理论上来说是一种普遍存在的，也即通过个人（某种意义上的主观和主体）的多数和复数共同呈现的某种事物。与之相比，个人（某种意义上的主观和主体）确实是理论性上的特殊存在。个别事物就是特殊存在。而我们不能忽视的是，这一所谓个人实际上是与社会的普遍性相异的，但是却拥有一种普遍性和一般性的存在。尽管我们用"这个"（これ）、"这一"（この）来指称它，但是当我们在"那里"（そこ）注意到"这个"（これ）的时候，其就变成了"某个"（あれ），当我们走到"那里"（そこ）的时候，"某一"（あの）也只能变成"这一"（この）。也就是说"这个"这一词语，与被叫作"这个"的事物之间，并非一直以来就是一种必然的结合。我们既可以指称"这个"球棒，也可以指称"这个"樱桃。尤其是，如果我们假设球棒有灵（尽管这是非常不唯物论的假设），那么它肯定只会指称自己为"这个"，而指称樱桃或樱桃氏则肯定总是为"某个"或"那个"。所以说，具有特殊性的个体也是具有一般性的个体。

不过，这种一般性的个体（某种意义上主观或主体也如此），又绝不是自己（"在下""我""自我"等）。换句话说，像拿破仑这样的个人所具备的个人性或个性的东西，与恺撒这样的个人所具备的个人性或个性的东西是共通的。当然，两人的个性是不同的，但是历史学并没有将两人各自不同的个性中所共有的个性区别对待。如果有这种不公平的历史学家的话，他至少不能算是有科学性的历史学家，而只能是拿破仑党徒之流。当然，拿破仑自身，正因为其是拿破仑的关系，在处理与某个叫恺撒的男人之间的关系的时候，恐怕并不会认为自身与之有任何个性上的共通之处。如果有反对这一说法的读者，那只是因为该读者并非拿破仑。任何人都不能将"自身"的自身与他人的自身相交换。这里正是自古以来人类一日都没有忘却过的"自身"这一事物的有意义的地方。这一自身，也恐怕早已经不是且绝不是个人。也就是说，个人反而是一种普遍的事物，因而"自身"才是其最后的特殊之物。而所谓"moral"，正是与这一"自身"有着深深的关系。

这样，问题就首先出在了我们如何去对"自身"这一概念进行社会科学性的处理。当我们试图将"自身"这一极为日常的属于常识的观念进行蹩脚的哲学性解读的时候，很快就会不得已地陷入成堆的观念论之中。事实上，至今为止我们断然舍弃的观念论（贝克莱①或费希特的主观观念论）只是单纯地将观念加以愚弄，对观念的尊重从来就不是他们的动机。这也是他们会将"自身"这一事物当作某种观念来误读，并且迷信地认为抓住其观念性是正确无误的由来。那么"自身"从社会科学（也就是从历史唯物论）角度又应该如何处理呢？

---

① 乔治·贝克莱（1685—1753），著名英裔爱尔兰哲学家，同时为圣公会驻爱尔兰科克郡克洛因镇的主教，与约翰·洛克和大卫·休谟一同被认为是英国近代经验主义哲学家中的三大代表人物。

施蒂纳是无论如何都必须参考的人物。根据施蒂纳的说法，"神与人之间没有任何事物上的关联，自身与自身之外的事物之间也是如此。所以自身也同样只能将自身事务置于自身之上——只能与神同样地置于对其他所有的事物来说就如同'无'一般的自身之上；只能置于自身的所有乃是其一切的自身之上；只能置于独一无二的自身之上"（《唯一者及其所有物》）。只有自身才是自身唯一关心的事情。然而，为何施蒂纳能够得出如此傻乎乎的主张呢？我们这时一定不能忘记，施蒂纳是将所谓"自身"与人们或人类区分开来的。施蒂纳所说的，并不是个人就是所有，而是非个人的东西才是所有。从这个解释来看，这一唯我独尊主义也绝不是简单的妄想，而是相当复杂的虚妄，我们必须对它保持戒心。

这样一来，施蒂纳的"自身"就变成了一种"创造者般的虚无"。它的意思是说，自身是一切事物的创造者，也即世界都是自身所产之物。而且自身在创造世界的时候不背负任何东西，而只背负了自身本身。所以这是一次"从无开始的创造"。人类的生涯与其历史性的发展，就是这一"自身"的创造物。——不过，如果是这样的话，这一自身与人类（个人）又应该怎么区别呢？在某种程度上，如果说人类（个人以及作为个人集合的人类）创造了历史，恐怕勉强能让人信服。然而，又究竟是谁能用"自身"创造了从古至今的历史的真实感呢？恐怕只有狂人会这么认为了吧！将所谓"自身"看作与个人或者人类不同的概念范畴从理论上是可以的，但是就算如此，这个所谓"自身"的形而上学体系仍然是令人困惑的。而这不仅仅见于施蒂纳，他的前辈费希特同样也在这一问题上的表述令人困惑。

《德意志意识形态》的大半部分都在批判这位"圣麦克斯"，也即施蒂纳。马克思是这样批评他的："如果圣麦克斯稍微仔细地考察了这许多'事'和这些事的'所有者'，例如神、人类、真理，他也许就会得出相反的结论：以这些人物的利己的行动方式为基础的利己主义，必然像这些人物本身一样是被幻想出来的。"也就是说，施蒂纳试图立足于以"自身"为体系的形而上学，却又因此将"自身"这一事物归结到"个人"这样一个人格产物上去了。

施蒂纳的无意义从根本上说，就在于他没有将"自身"这一事物从正面提出来，最终却试图简单地将这一"自身"假设为类似"个人人格"般的事物；并且他又试图从这一"个人人格"出发，将历史、社会等囊括到一个体系之内，使得这个体系成为一个观念论的大酱缸。他关于人类的理论之所以会被称为是一种机械性的、非历史性的、意识主义性的产物，全都是因为这个原因。

把所谓"自身"与"个人"（人类）区别开来，同时却追根究底地要把"自身"当作"个人"来看待，这种根本性的要求，只能存在于试图用"自身"来作为某种"解释世界的原理"的企图之中。试图用"个人"来作为某种"解释世界的原理"的行为是典型的观念论，模仿这一行为而将所谓

"自身"作为世界的"创造者"，实际上就是以"自身"作为一种"解释世界的原理"。这是从施蒂纳身上所表现出的典型的利己主义（理论性的且又是道德性的）。然而实际上，"自身"并不是什么解释世界的原理（创造者/元素/其他）或解释世界之物，它仅仅是一个观察着世界并且将世界呈现出来（拓印出来）的事物。"自身"并非某种与"个人"不同的、能够相互交换的"物"。自身只是"一个自身"，也就是说它并非某种镜面。

将社会特殊化之后，就是个人。到此为止，显然是属于社会科学领域的。然而无论这个"个人"怎么特殊化，它也不会成为所谓"自身"。正因为这早已是一个无论如何都无法被特殊化，也不可能被分割的"个人"乃至个体，所以在此意义上，这一说法不得不成为一种理所当然。如果能以同样的特殊化原理使用到所谓"自身"的话，那么这一特殊化原理既然采用了科学方法的社会科学，也本应该能够同样原原本本地对所谓"自身"进行科学性处理。然而，特殊化原理本就在"个人"之后无法进行，社会科学的方法本来就不得不在"个人"这里停下脚步。也就是说，以社会科学的概念，通常并没有对"自身"这一事物拥有以原原本本的资格来进行有效的、科学性的提问。

那么，这里能考虑的对策就只有如下两种了。一种是将个人强行地并且是社会科学性地塞进"自身"之中（这是不可能的）；而另一种办法，则是转而从"自身"出发来还原

"个人"。不过这后一种办法也是不可能的，究其原因是"自身"本就并非所谓"解释世界的原理"。如果能将它作为解释世界的原理来看待，那么恐怕它就早已经不是"自身"而是"个人"了，是一种以个人来解释世界的毫无根据的观念论。如果这个方向不行的话，剩下的就只有另一个方向了。那就是从"个人"出发来到"自身"。但是这样做，就不得不将从"社会"出发来到"个人"这一过程中所使用的社会科学方法或社会科学的个别化原理，进行适当的改革或者说修正。恐怕在这一方法之外，从理论上对所谓"自身"的概念进行规定的方法并不存在。

　　然而，我们仍然有必要进一步分析并考察这一所谓"自身"。不管施蒂纳如何热衷于此，但所谓"自身"究竟是否存在，我们仍然必须提出这个乍一看莫名其妙的疑问。某种程度上，"个人"是堂堂正正存在的。而"个人"所具备的精神或所谓心灵等等，也恰如物体之中存在着"力"一样是真实存在的。然而，关于"自身"的存在，古代哲学已经有煞费苦心的证明。这样看起来，"自身"确实是存在的。不过，"自身"以何种形式存在？又如何能够声称"自身"的存在？只要开始涉及这些问题，解答就变得极度麻烦了。尽管笛卡儿说过"我思故我在"，但很显然他没有推理论证过。这个"故"字，只不过是因为他在事实上已经假设了所谓"自身"的存在，然后再将这种假设以某种告白般的气魄宣称出来罢了。总而言之，所谓自身多多少少不具有普遍意义上的存在性，它在普遍意义上并不存在，因而是普遍意义上的"无"
（不能说"无"存在，只有单纯的无）。

　　顺带一提，还有一种事物，也以同样的姿态出现。那
就是"意识"。意识也恰好和与"自身"对立的所谓"叫作
自身的个人"那样，如果把它当作"精神"或"心灵"等来
看待的话，其在存在性上是没有问题的，但是如果真的把它
当作"意识"来看待的话，它就有存在与否的问题了。意识
（bewusstsein）是被写作 das bewusste sein 的某种存在（sein），
这无非是用德语创造哲学术语之时的便宜行事罢了。而实际
上，恐怕它不是意为"有意识地存在"，而是意为"被意识到
的存在"，也即意为"存在被意识到了"。不管哪一种说法，
存在与意识是不同的，因此意识不是存在，它也不存在，它
是无——因为它无非是自身能够以自身来思考自身罢了。如
果自身不能够以自身来思考自身，即在没有自觉又不拥有
自我意识的情况下，它是不能够思考所谓自身的。而这里
的"思考"或"能够思考"这样一种行为，正是所谓"意识"
的行为。我们以此可以判断，无论是所谓"自身"还是所谓
"意识"，都是同样性质的事物。在这个意义上我们可以说，
就算不知道是否有所谓"自身"，但是这终归就是"意识"。

　　不用说，物质在普遍意义上是存在着的。将物质模写并
反映出来的就是意识。简单而机械性地思考的话，我们恐怕
会说将物质模写并反映出来的是脑细胞及其他物质。然而，
外界的物质与脑袋中的物质之间的关系，只是物质之间的物

质性因果交互作用关系罢了，它自身既不会反映也不会模写。反映、模写这样的词语，正是用来表现只能存在于物质与意识之间的关系的语言。所以我们说，外界的物质与头脑中的细胞物质之间存在着物质之间的相互关系，恰恰是这种伴随着存在而产生的关系，就是所谓由意识而出现的反映、模写，也即是意识本身。这种关系不伴随着存在就绝不会产生。它是一种存在若是变得不存在了便会无法成立的关系。那么这一存在与这一关系之间又有着某种关系。这是某种形影不离的关系，但并不直接是因果关系。类似反映、模写这样的词语，就是用来描述这种非因果性直接关系的范畴。因此，它实际上反映的并非意识的存在（意识本来不存在），恰恰是"反映"这一存在的伴随现象本身就是所谓意识。而这就是所谓的"自身"。

自身乃至意识，是伴随着存在的关系（这种伴随的机制和关系既可以被叫作意识，也可以被称为反映，也可以被称为模写，也可以被称为刻画）。然而一般来说，这种伴随着存在的关系被叫作"意义"。严格来说，意义甚至不是存在的因果产物，而是一种存在即有的关系。也就是说存在中有意义，存在本身就意味着意义（所以不是意识有意义，而是存在有意义，所谓intention实际上就是这个意思）。所谓有意义，并不是说所谓意义存在，而且也不是说从意识产生了意义，而是存在本身有意义。所以，意义不存在。如此一来，我们就可以看到，之前所说的"自身"乃至意识，恐怕是属于"意义"的事物了。

在此，我必须就关于两个不同的秩序界的话题做出一些解释了。一个是存在–物–物质的秩序界，另一个是自身–意识–意义的秩序界。前者存在，而后者不存在。此外，后者伴随着前者而存在。一个"个人"与"自身"之间相隔的鸿沟实际上就是两个秩序界之间所横亘着的鸿沟。而这个鸿沟之上，总是有一座叫作"伴随"的渡桥。

然而这样做的话，似乎最终只是将所谓"自我"归结为伴随着"个人"的内容。那么既然社会科学将被用来处理个人的问题，则也正好可以用来伴随性地解决"自身"的问题。不过，这操作起来却没有那么简单。自身–意识–意义，这些本身就构成了一个秩序界。这也就是说，它们可以自成一个独立的体系（尤其要指出的是，它并非存在的世界的体系）。如今，物质界或存在界显而易见地自成一个独立的体系。而我们在此列举出两个独自成立的体系，并不是要满足于简单地做类似将一个对应存在、一个对应意义这样的操作，而是要指出意义与同类的意义之间、存在与同类的存在之间，具有显而易见的意义性关联和因果性的交互作用关系。要统合这两个体系，不能简简单单地将两者相加就了事，而必须将两者相互配合起来。这也就是说，我们必须扩张性地将它们重新组织起来，通过在存在的体系上附加意义的世界，直到将存在的体系做成一个包含意义世界的体系。为了要跨过从"个人"到"自身"之间的桥，就要做这样的理论性工作。而道德（moral）就是在这一理论性的工作之内所必然要出现的内容。

我在相当长的一段时间之内，都试图围绕认识论展开论述。这完全是因为我们有必要对于我们日常所遇到的类似"自身"这样看上去一目了然的日常观念，至少做一些哪怕是常识性的反省。而作为其结果，如何才能将存在的体系拓展到能包含意义世界的体系，归根结底，其理论上的功夫是不得不做的。

用来描述存在体系的诸多规定的诸范畴，是技术性的科学性观念。它要求在实验性上和在技术性上具备验证性。但是，仅仅如此是无法搭出能够包含意义世界的体系来的。在这里，这些科学性范畴必须被改造成某种框架，直到其与意义世界之间的联系能够被表述出来。除此以外并没有其他手段。从某种意义上来说，科学性范畴所要求的在实验性上和在技术性上具备验证性这样一种性质，也是一种限制。比较而言，那些暂且可以从这种验证实证性中独立表现出来的性质，相比起来只不过是一层附着其上的外皮罢了。实验性的、科学性的机能不仅仅是某种机能，它可以说还是某种肉体，而那类看起来相对独立的机能，其实都不得不作为外皮，附着在这一肉体之上。这样，这一科学性的观念就获得了各种各样的意蕴（nuance），获得了某种灵活性（flexibility）。例如，它因此拥有了飞越鸿沟的自由。这种机能大概可以叫作空想力（想象力、构想力），或者可以叫象征力，又或者可以叫夸张力或乡音（accent）机能。

那么，只要这种科学性的概念大体上被赋予了象征性的性质，那么恐怕它就早已经不是一直以来我们所说的科学性概念，而是成为一种文学性的表象或者说文学性的影像。除了象征、空想、夸张之外，还有类似意蕴、乡音之类，它们不正是文学性的影像和观念，不正是文学的特色吗？在这段时间的社会消息中，一般在科学与文学（不限于文艺，而是存在于更广泛的艺术之中的精神或者说理念）之间设定了理论性的关联。而如今要将这一科学性的概念替换为社会科学乃至历史唯物论的产物的话，那么我们恰恰必须用这一带着文学性表象的象征（也可以称之为空想、夸张或其他）这一非存在性的机能，来将上面提过的自身与个人区别开来的鸿沟填平。个人本就是一个社会科学性的概念，它将经由历史唯物论之手进行处理。而与之相反的"自身"，则是文学性的表象。这一表象，恐怕拥有一切文学性的且又实际上是道德性的意蕴或灵活性。与"个人"相关的体系，堂堂正正地成为名为社会科学的科学。而与"自身"相关的体系，就算成为文学，也无法成为科学性的（也即实证性的、技术性的）理论。像尼采和施蒂纳等人的自我思想之所以有着文学性的特色，从广义上说绝不只是风格上的问题。

于是，我们还是回归到了道德或"moral"问题上。这正是因为在以上所述的科学性概念与文学性的影像之间的关系，即科学与文学之间的关系之内，所谓"moral"（由文学性的观念产生的道德）成了拦路虎。

"moral"是"自身"之上的问题。尤其需要说明的是，它既不意味着个人道德，也不意味着道德是所谓个人性的事物。"个人"与"自身"之间是有区别的，这在之前已经论述过了。所以，倒不如说"moral"总是社会性的"moral"。在社会有机结构中生活的单一的个人，恰恰不单单是个人，而是从所谓"自身"出发，使得这个社会的问题不能被当作所谓社会或个人的问题，而变成了他单一个体上的问题。因为，所谓"私事"就是无视它与社会之间的关系也可以的事情。然而，单一个体上的问题，却恰恰因为社会关系中个人的集聚效应而扩大。作为关于社会的科学性的理论体系，也绝不能将这一单一个体上的问题简单地当作"私事"而不管不顾。"moral"可以说正是这样的事物。要将科学性的概念扩大并飞跃到文学性的表象别无他法，而只能将这一科学性的概念"moral"化、道德化、人格化。如此一来，这个概念就被单一个体化的所谓"自身"感受，并被感官化和感觉化。如今，"自身""moral""文学"已经成为一连串的观念。社会问题被以一种感同身受的方式提出，并且不得不以自身单独个体的独特形态来被加以解决，这恰恰是文学性的"moral"与社会科学性的理论之间的区别。

而在此我们不得不考虑的是，之前所论述过的与文学性的"moral"的某种抽象性（比如幸福）相关的问题。也就是

说，当作为与道德相关的文学性观念的"moral"，被当作事实
问题来看待的时候，经常与作为文学家所必须具备的社会科
学性认识完全无关。这样的情形是十分常见的。尽管我们在
"moral"与社会科学性的认识之间做了区分，但这一区分的
根据，实际上倒不如说是建立在对这两者之间的渡桥所作的
说明之上的。正是在由科学性的概念出发的社会科学性的认
识与文学性的表象出发的文学性的认识之间，设定了某种合
理性的关系，才使得科学性的认识与文学的认识能够被区分
开来。而许多文学性的"moral"，不顾与社会科学性的认识之
间的关系，只是纠缠于从"自身"所得的"moral"。这种个人
性的以"自身"为归结的"moral"的内容，恐怕可以说是确
确实实的幸福吧。然而实际上，这种所谓超社会科学的幸福，
只不过是堕入了独善性的、逃避性的、贫瘠屠弱的幸福之中
罢了。这是一种"富贵思淫欲"的"moral"。

对于这种独善性的"moral"观念，我觉得可以称作所谓
"文学主义"。因为它无非是把其文学性的表象当作现实性的
肉体，而又不得不把社会科学性的概念拿来当作其核心罢了。
而当这一科学性的核心缺乏的时候，文学性的表象就擅自根
据其自身打造了一个核心：一个完全只是文学性的复制的核
心。通过这种方法，文学性的表象就变为了文学性的概念（这
是多么矛盾的表现！）。简要来说，这无非是排斥科学性的概
念而将手边的文学性的概念顺手捏造罢了。凭借这种文学性
表象的幽灵（或者叫漫画），由此生成的"moral"也变成像

是某种幽灵或漫画般的"moral"。而这个时候的"自身"或自我，就变成了一种十分流于表面的、自负却又卑屈的自我意识。

真正的文学性的"moral"，首先必须从由科学性的概念得出的认识出发，特别是从社会科学性的认识出发。当这一认识飞跃到自身的单一个人的问题之时，"moral"也就此显现出来。反过来，一开始就从文学性的"moral"出发，然后最终进行到某种科学性的认识的方法是无从找寻的，这样的"moral"也只能是变成某种自我安慰。而要从这种自我安慰中脱离出来，恐怕已经不是文学性的"moral"所能做到的事情。例如，在这个阶级对立的社会，社会的一切本质性的规定都是被阶级对立所决定了的，类似超越阶级道德的文学性的"moral"，实际上是无法想象的事物。这种在社会这一历史性的现实的丑恶和强大面前无动于衷的行为，不正好是这种"moral"不存在的证据吗？要发现所谓"自身"，并不是像这样空着手又不采用任何方法就能够做到的。而这种方法，正是从社会科学性的认识之渊飞跃而出，并最终达成"moral"的组织构架和必要手段。那些对此视而不见就能发现自身的说法，实在是太过于轻率了。

文学与"moral"之间的结合，曾有过特别的展现形式，那就是法兰西文学传统之一的"道德文学家"[①]（moralist）的立场。"moral"这一文学性的道德观念和词语，实际上也是属于这类道德文学家的。与道德的伦理学观念最初是来自英国或者甚至可以说来自德国不同，"moral"这个文学性的观念主要还是属于法兰西的。而这些道德文学家们的特色之一，就是念念不忘地要去探究"自身"。布鲁内蒂埃[②]（尽管按照列宁的说法，他是必须被劝教的反动分子）曾就蒙田的《随笔集》这样说道："这是最早一部人试图描绘自己的书。将自己作为芸芸众生的一例来细细考察，并凭借一己之见来丰富人类的博物志，这样的书这是第一本。"（参见布鲁内蒂埃所著的《法兰西文学史序说》）不用说，蒙田就是所谓道德文学家之父，他正是描绘"自身"最早的那个人。

那么，这个自身或自己在蒙田那里究竟是什么呢？他的《随笔集》是这样说的："每个人都看着自己的前方，而我看着我的内部。我只在乎我自己。我观察着我，将我加以检视，将我加以思量。……我常常反省我自身。"（可以参考之前所述的布鲁内蒂埃所著的书）仅从这些截取的语言来看的话，

---

① 道德文学家（法语为 moraliste），是指通过洞察现实人类，来探求人类的生活方式的一批文学家或思想家。他们的特点是采用随笔断章和箴言的形式，进行非连续性的文字记录。主要代表人物是蒙田、帕斯卡等法语圈作家。与"道德家"（moralisateur）是不同的概念。

② 费迪南德·布鲁内蒂埃（1849—1906），法兰西文学史家、批评家。他一方面指责左拉等自然主义小说家文笔粗疏、观察浅陋，一方面推崇所谓"古典派的自然主义"。他极度推崇提倡君权和绝对君主专制的 17 世纪法国神学家博须埃，并根据博须埃的代表作《世界史序说》写成了《法兰西文学史序说》。

这个文艺复兴时期的法兰西贵族文学家，不正与那位19世纪的"德意志小市民"施蒂纳一模一样吗？这里的自身，只不过似乎看上去要更有文化，教养更高一点罢了。总而言之，这里的"自身"，指的是"内部"。"自身"只是单纯地作为内部被感知，而不是将自身作为"自身"，只是作为人类而被感知（法兰西还有一个叫曼恩·德·比朗[①]的人写过一本《内部的人类学》）。也就是说，不管这是否出于他的主观意愿，但他并没有将自身视作"自身"，而归根结底只能将所谓个人当作物体来看待。这样一来，道德文学家的立场，就不得不与所谓人类学十分接近了。实际上，很多类型的人类学是从道德文学家的思想中产生的。如果我们考察一下帕斯卡[②]（《思想录》）或者拉罗什富科[③]（《道德的省察》《箴言录》）的话，就很容易判断这种（内部的）人类学究竟为何物。在这里，所谓"自身"是以人类之名，而又在社会性认识完全独立的情况下被探究的。与之相比，让·德·拉布吕耶尔[④]的观点（《品格论》）比蒙田自己所说的"自身"，恐怕在实际上，要更关

---

① 曼恩·德·比朗（1766—1824），法兰西哲学家、政治家，他的政治生涯与拿破仑完全重叠，生前作为政治家时名声更高。他的哲学与他的经历相反，不涉及社会与政治，而专注于内省。

② 布莱兹·帕斯卡（1623—1662），法兰西神学家、哲学家、数学家、自然科学家。他是坚定的詹森主义（Jansenism）信徒，并受了蒙田很大的影响。

③ 拉罗什富科公爵弗朗索瓦六世（1613—1680），法兰西贵族，道德文学家，与红衣主教黎塞留对立，在宗教上接近詹森主义。

④ 让·德·拉布吕耶尔（1645—1696），法兰西道德文学家，以描写17世纪法国宫廷人士，深刻洞察人生的著作《品格论》（*Les Caractères ou les Mœurs de ce siècle*）知名。

心社会一些。

　　然而不管怎么说，道德文学家在文学和道德的必然性结合这一意义上，成为关于道德的文学性观念的一个典型，在思想史上留下了印记。这一历史性的意义恐怕是我们必须尊重又必须加以利用的。如果多少能忍受历史性的语言的弊端的话，那么关于道德的文学性观念恐怕恰恰就是这种道德文学家性质的道德观念也未可知。不过，对于我们来说必要的是，必须使之奠基于一种经由科学性的认识，特别是社会科学性的认识而建立的道德或者说"moral"之上。

　　最后，我想通过对科学与文学的对比，来将所谓由文学性的观念所产生的道德，进行一个总括意义上的说明。科学，不消说就是对于事物的探究。文学也终究要踏入这一科学性探究的领域，重新对课题进行探究。而科学探究的对象被叫作真理。与之相对的，文学探究的对象则是道德或"moral"。这一人类的（实际上是"自身"的）真理，直到我们的情绪与礼节的末端都在不断出现。所以，道德或者说"moral"，就是单一个体的真理。

　　所以说，道德正如科学性的真理那样，是时常要被探究才能成立的。从这一点来看的话，道德显然不是被制定的道德律或善恶，也并非某个被限定的领域。尤其是，正如科学并非毅然决然地要让真理与虚伪对立，同样道德也不必在何为善何为恶的公堂之上来来回回。这并非探究道德之道，这也并非道德的本意。

　　道德是"自身"单一个体这一面镜子所反映出来的科学性的真理。从这个意义上说，道德必然成为我们的生活意识本身。这样的生活意识才是伟大而真正的常识。而探究这一道德，是真正的而且可以说是有内容上的意义的文学的工作。"moral"乃至道德，就如同"自身"那样，是"无"。这是领域性的"无"。这正如镜子将所有的物体都映在自己身上，而自己却实际上是"无"那样，反而让一切领域在其中成立。

　　我并不满足于社会科学性地看待道德，而总想着如何文学性地看待它。恐怕某些人也如此考虑。既然科学并无法让文学消解，那么将道德作为文学的探究对象，也绝非就道德上来说是多余的观念，亦不会是某种微妙的观念，而是一种必然。这恰恰是因为，如果并非如此，那么所谓文学又将为何目的而存在，又将如何空无一物地存在下去呢？

附　章
《作为思想的文学》第10章
——科学性道德的创造

一

　　道德从某个角度来说是一种习惯。它可以说是个人因在个人生活以及社会生活中的必要而获得的习惯，而在社会生活中获得的某种大体上的规范（sanction）就成了习俗。如果抛开特定的风俗习惯，那么道德的内容也不存在了。例如在无线电车的自动门关闭之前要慌慌张张地上车和下车，这不过是习惯罢了。而对于那些穿了不方便的衣服、对于交通并没有什么感知的无知妇人来说，这不如说是一种不快的感觉。这正是因为涉及了"交通道德"意识的末端。横穿马路的道德以及不慌不忙上下车的道德，虽不能说是因为学校修身教育的责任，但却是近代都市生活自身所教育出来的道德。

　　类似我们所见到的交通道德这样的习俗，是会随着社会生活的发展而一起发展的，不必担心它会固化。然而当这样浅近的习俗逐渐上升到较高层次的习俗时，尽管社会生活已经变得发达或者说将要变得发达，但也呈现出某种止步于旧态的惯性。不用说，习惯或习俗本来就有浓厚的诸如此类的固化要素，其中最为顽固的场合，可见于家庭主义式的家庭生活及资产阶级社会的生活之中。在这里，习俗就如同某种固定的实体横亘其中。

习俗如果是固化的话，那么这个固化了的习俗所植根的道德意识，就以类似国民道德或阶级道德等的所谓"道德"或"修身"的形式而同样固定下来。

而道德的另一面，则是与这类作为一种生活感触的、感觉运动性的习惯或习俗一起与道德律对立起来，存在于以类似理性、人性、良心、良知等为名的某种意识机能之内。当然我们可以明确的是，只要在思想上没有特别的立场，那么无论理性、人性、良心、良知或其他此类事物，就显然不会跳出这个由历史发展而来又被历史所固定的习惯或者说道德意识的结果之外。然而从它能营造出某种独立的机能的角度来看，习惯或道德意识又从其历史性消长中独立出来，而理性的声音、人性的呼喊以及其他类似的事物，则可以被认为是其道德性的能量来源。

道德的这一面，既非正在发展之物，也不是固定之物，反而可以被认为是属于某种永远被设想的道德的先验（apriori）。所以，尽管没有某种特定的历史性来决定其内容，但从其先验性来说，则它也必然不会止步于单单作为良心、人性等的形式，反而更应该被认为具备无限的丰富内涵。

我把前面的那一面，称作道德的习俗性（gemütlichkeit）；而后面的一面，则称作道德的心情性（gemüt）。简单来说，前者是人类的习惯，而后者是人类的心思。

若如今为了便宜行事，而将问题整个往抽象性的方向去处理的话，那么其要点就在于两者内部都持有各种矛盾。习俗是不得不固化而又不得不改革的，而心情则本应该是有着无限丰富的内容，但在实际发动之时却只有肤浅的抽象机能在发挥作用。而在此之外，道德的习俗性与心情性又如何在实际问题上结合，本就是个大的问题。这是因为被召唤出来对抗被固化了的习俗的道德律，恰恰就是良心或者人性之类的心情的权威。

二

类似我以上所说的内容，既不新鲜，也不少见。然而就现在的日本来说，这是对澄清两种不同的"良心"、分辨两种不同的道德意识的对立所必不可少的。

最近，最为刺激大众的道德意识的事情，恐怕哪一件也比不上《治安维持法》的"改正"。尤其，这一"改正"不仅在关乎手续法的问题上将至今为止当局所做的不法手段单纯合法化了，并且更重要的一点在于，这个法律实际上是在国民道德的名义之下最近才被捏造出来的，且抱有将某种道德律慢慢固定下来的意图。为此，它将对私有财产的否定与对国体的否定尽可能地拉开距离，而将这一距离之间的跳跃称为"转向"并加以奖励，从而使得这一法律慢慢变得极其国民道德化。这就是这一"改正"的意义。

然而与之并行的更加慢性而且更大规模地触发了大众的道德意识的，恐怕是一连串的"国粹"法西斯运动。这也是在国体观念的权威之下，将过去的日本民族的生活意识铭刻起来的手段，更企图将国民道德固定化。

在某种程度上，对于这样的"国粹"法西斯运动，今天有代表性的资本家们都是排斥的。反过来说，《治安维持法》的改正则恐怕是一切资本家都无一例外地欢迎的。这种区别尽管不能无视，但我们更不得不注意的是：对将"国粹"式的国民道德固定下来这一目标来说，两者又一致地站在同样的道德意识之上。

归根究底，尽管道德意识自然是从各种各样的政治性的、社会性的运动中表现出来的，但同时，其最为明白晓畅的表现方式可以说是文学的形式。如果我们要了解某个个人或某个社会群体又或某个时代的道德意识，那么首先了解其文学就好了。在某种程度上，可以被称作没有道德性内容的文学是有几篇的，然而"没有道德"这一姿态自身也无非是一种道德意识的表现。既然这样，我们可以说，现在所说的"国粹"法西斯主义的道德意识，也当然是在其文学或文学运动中最清晰、最明白地表现出来的。在文部省不知道的情况下，时不时以警保局长的"贴心人"形象出来搭话的某个帝国文艺院（以及其后的文艺座谈会）等，恐怕正是在其所开辟的第二阵地上如此这般地施行他们沽名钓誉的工程。

回过头来说，对于这样的"国粹"法西斯主义性质的道德意识，最为敏感的也是最容易产生道德上的反感的是自由主义者。毋庸赘言，与他们所持有的左翼意识对立最为深刻之物正是在这个"国粹"法西斯运动的道德意识之中表现出来的。并且作为自由主义者的特征，其反抗恰恰是专门从道德性的根据出发，并且只意识到其道德意识的。他们只是从心情上对"国粹"法西斯主义的反动道德意识不受用。并且对于他们这些自由主义者来说，这种心情性就是道德意识的所有。当道德已经变得不得不跨越单纯的心情之时，他们却仍然抱持着以心情对待的态度在行动，这是具有危险性的。

三

自由主义者究竟是什么，并且应该是什么？这样的话题迄今为止已经论述过不少了，所以在此就从简了。在这里，我们要谈论的是所谓作为"自由主义者"的自由主义者。顺带一提，这些自由主义者的道德意识的表现，我们可以从其对待实际问题的场合及其决定态度的方法等处观察到。他们是将道德止于心情的，也因此，他们在跨越了心情的实践的世界中，也不可能有什么道德性的方针。另外，尽管他们善良的意识被这正好相反的结果背叛了，但只要他们的道德意识不感到何等的苦痛也就作罢了。

换而言之，自由主义者的道德，就算心理学上存在，在道德伦理（morality）上也不存在。这一道德伦理贯穿了作为实践的世界的外界现实，成为一种现实性的系统，而自由主义者恰恰缺乏这种道德伦理。这一事实可以从今日自由主义者的体系中派生出的一流文士及评论家们所酝酿的所谓"文艺复兴"的风气中看到。他们到处高唱着现实主义，但却简单地将现实主义这个词语歪曲、稀释到了毫无用处的程度。我们由此可以判断出，其所表现的道德意识是被如何从作为实践对象的外界现实中切割出来，而成为非现实之物的。由此而来的文学中所富含的是心理（psychology），而其最为欠缺的却是道德伦理。

能从"国粹"法西斯主义的道德意识中感受到一种极度的空洞和粗糙感的人，恐怕也会自然而然地感受到"自由主义者"的道德意识里不断涌现的一厢情愿。在某种程度上，"自由主义者"所说的心情，他们对于其内涵性意识的前景与背景有着明朗又深刻的认识，但仅凭此就认为其在道德性上可以成为现实，这样一种态度本身就是一种一厢情愿。

在这两种道德意识中所欠缺的，是道德的科学性。正因为这种欠缺，"国粹"法西斯主义者无法同意习俗的合理性的进步，而"自由主义者"又认识不到心情只不过是一种一厢情愿的抽象物。对于前者来说，缺的是合理性；而对于后者来说，缺的是实际性。

对思想的典型刻画已然随处可见了，对道德的典型刻画也如此，甚至可以说其事例极为丰富。只要看最近师范教育制度调查委员会所制作的师范大学纲要，我们就可以判断出这样的典型刻画是如此逼真地将事实描绘出来：在师范大学中，要"特别致力于教育者本人的人格养成及观念涵养"。自由主义者对于如此这般制作出来的人格自然表现出反感与轻侮，但如果放任这样一种自由主义的心情，那该如何在实际中处理呢？这又是不去听取自由主义者的实际意见就无法判断的了。

而新的道德，是要与习俗的不合理性做决算，要淘汰心情的非实际性。如果不这样做，新的道德就不能孕育出来。换言之，我们必须期待一种唯物主义的道德、一种合理的且实际的道德、一种在此意义上科学的道德。我们必须期待这样一个时代的来临，即这种道德成为今后唯一的道德伦理而出现在世人身上。去探索并开拓这样一种新道德，则必须是今后的无产阶级文学普遍而又最为要紧的事业。

（1934 年 2 月）

户坂润简略年谱·著作一览

以劲草书房所刊《户坂润全集》第五卷收录的《户坂润略年谱》(鹤田三千夫编)、同书别卷《后记 收录论文出处一览》(鹤田三千夫)为基础,有关著作一览以林淑美校订的《增补 作为世界一环的日本》以及林淑美解说的《思想与风俗》——对照补订。著作月份根据原作文内记载列出。

公元1900年(明治三十三年)出生

9月27日,出生在东京市神田区神田松下町十番地。母亲为户坂久仁子,父亲已经于这一年一月份因病去世。因为母亲生病无法授乳,故而与奶妈一起到外祖父母所在的石川县羽咋郡东增穗村里本江休养。

公元1901年(明治三十四年)1岁

公元1902年(明治三十五年)2岁

公元1903年（明治三十六年）3岁

公元1904年（明治三十七年）4岁

搬到了外祖父的工作地点——石川县江沼郡栗津的马政局官邸。在此一年间，以马和这片土地的风景为友被养育着。另外还去了舅舅在金泽经营的罐头工厂，用罐头的边角料制作了发条玩具车等物，并饶有兴趣地缠着工人给他制作小玩具。

公元1905年（明治三十八年）5岁

9月，从石川县回到东京，与母亲一起在神田区锦町居住。

公元1906年（明治三十九年）6岁

公元1907年（明治四十年）7岁

寄寓在母方的亲戚川崎新吉氏的住所赤坂区青山南町五之三三番地。进入青南小学上学。授业教师为石井佐吉训导，并在接下来五年接受同一名训导的教诲。石井佐吉是当时的新派教师，一直受到户坂润尊敬。

公元1908年（明治四十一年）8岁

因为川崎氏生了长子庸之，所以户坂润回到了神户锦町的母方住所，但是仍然通过市营电车去青山上学。这段时间他的兴趣主要表现在一些需要专注力的手工制作上，热衷于用纸板制作电车及轮船等物。因为学校很远，周围邻居中没有朋友，所以回家后总是一个人躲在书房里，一门心思制作小玩意儿。

公元1909年（明治四十二年）9岁

这一时期，暑假里必然要回到外祖父母位于石川县的乡下老家，在养成了亲近田园环境的习惯的同时，也接受了石井佑吉训导的自由主义性质的教育，养成了广博的性格。

公元1910年（明治四十三年）10岁

公元1911年（明治四十四年）11岁

公元1912年（明治四十五年、大正元年）12岁

公元1913年（大正二年）13岁

从赤坂区青南小学毕业。获得了东京市的优秀儿童奖状。4月，进入开成中学上学。中学时代和村山知义、渡边进（画

家）、内田升三、和达知男、井上益雄等人同级，并在教汉语的桥校长、教英语的名须川良、教历史的原田淑人、教数学的宫本久太郎、教日本语的堀口英雄等老师的教育之下，受到了有益的影响。

公元1914年（大正三年）14岁

公元1915年（大正四年）15岁

这段时间进入了划艇部，授课结束后的数小时在隅田川畔度过。

公元1916年（大正五年）16岁

在这一年的《交友》杂志66号（7月）上发表了题为《欧洲战争能教会我们什么》的长篇论文，倡导国家主义。

公元1917年（大正六年）17岁

在这一年的《交友》杂志上以《进化论上的国家观》为题，发表了长达16页的论文。另外，还在课堂即席作文中上交了《爱国心是否有渐衰的征兆》《是绅士还是强人》等文章。

公元1918年（大正七年）18岁

从开成中学毕业。想成为物理学家而进入第一高等学校理科，专攻数学（高一理科学习中，对自然科学的根本问题的关心日益增长）。住进了宿舍。

公元1919年（大正八年）19岁

公元1920年（大正九年）20岁

接受了征兵检查，第一等乙种合格。希望去当一年志愿兵，毕业后仍提出了延期申请。其母亲因为生病而离开东京回到老家石川县居住。在这之后他主要接受川崎新吉氏的保护。

公元1921年（大正十年）21岁

从第一高等学校毕业。因为仰慕西田几多郎博士以及田边元博士而进入京都帝国大学文学部哲学科。在京大学习期间专攻数理哲学，专心致志于探究空间论以及其他自然科学的基础。

公元1922年（大正十一年）22岁

写成《物理性空间的实现》（1925年发表）。见《户坂润全集》第一卷。

公元1923年（大正十二年）23岁

放弃了一直以来的住所，与母亲一起在京都市外山科一地买了房子。

翻译了雅克·阿达马《概率论诸原理》（载于《哲学研究》8-93）。

公元1924年（大正十三年）24岁

从京都帝国大学毕业，学籍移入大学院。4月，因患胸膜炎而在京都与病魔抗争，久久不愈，7月转移到石川县疗养，之后不久就痊愈了。10月，和巴陵宣祐氏一起到城之崎温泉游玩。12月1日作为志愿兵，进入市川市鸿之台的野战重炮队。

9月，翻译了威廉·文德尔班的《意志的自由》（大村书店）

11月，发表《康德与现代科学》（载于《哲学研究》9-105）。见《户坂润全集》第一卷。

11月，发表《物理性空间的成立经纬（康德的空间论）》（载于《哲学研究》10-107）。见《户坂润全集》第一卷。

公元1925年（大正十四年）25岁

11月30日，作为见习士官从市川市鸿之台野战重炮队离队。回到京都，住在左京区寺之前町。

前述1922年执笔的《物理性空间的实现》发表在《哲学研究》10-107。见《户坂润全集》第一卷。

公元**1926年**（大正十五年、昭和元年）26岁

4月，成为京都高等工艺学校、同志社女子学校的讲师。12月，与冈田充子结婚。

2月，发表《几何学与空间》（载于《思想》56、57）。见《户坂润全集》第一卷。

9月，发表《关于作为范畴的空间（其一）》（载于《哲学研究》11-127）。见《户坂润全集》第一卷。

11月，发表《关于作为范畴的空间（其二）》（载于《哲学研究》11-129）。见《户坂润全集》第一卷。

公元**1927年**（昭和二年）27岁

4月，成为第七临时教员养成所的讲师。这一年，进入原来所属的野战重炮队服役6个月。

8月，发表《作为性格的空间》（载于《思想》72）。见《户坂润全集》第一卷。

公元**1928年**（昭和三年）28岁

3月，被任命为陆军炮兵少尉。4月，被认定为从八位的

官秩（其间因为刑事判决而被同时要求返还）。12月，长女岚子诞生。

1月，发表《方法概念的分析(其一)》（载于《哲学研究》13-144）。该作被收入《科学方法论》，见《户坂润全集》第一卷。

6月，发表《方法概念的分析(其二)》（载于《哲学研究》13-150）。该作被收入《科学方法论》，见《户坂润全集》第一卷。

6月，发表《空间概念的分析（其一）》（载于《思想》80）。见《户坂润全集》第一卷。

8月，发表《空间概念的分析（其二）》（载于《思想》82）。见《户坂润全集》第一卷。

10月，发表《"性格"概念的理论性使命》（载于《在新兴科学的旗帜下》1-2）。该作被收入《意识形态的伦理学》，见《户坂润全集》第二卷。

公元1929年（昭和四年）29岁

4月，成为大谷大学以及神户商科大学的讲师。在两地分别讲授哲学。

2月，发表《关于"问题"的理论》（载于《哲学研究》157）。该作被收入《意识形态的理论》，见《户坂润全集》第二卷。

6月，发表《科学方法论》（岩波书店）。见《户坂润全集》第一卷。

7月，发表《理论的政治性格》（载于《思想》90）。该作被收入《意识形态的理论》，见《户坂润全集》第二卷。

8月，发表《康德〈自然哲学原理〉解说》。

12月，发表《科学的历史性社会性制约》（载于《东洋学艺杂志》46-1）。该作被收入《意识形态的理论》，见《户坂润全集》第二卷。

12月，发表《无意识的虚伪》。该作品被收入《意识形态的理论》，见《户坂润全集》第二卷。

公元1930年（昭和五年）30岁

4月，留宿当时逃亡中的共产党员田中清玄氏，为此被检举揭发。7月10日，妻子充子去世。

2月，发表《关于〈科学的历史性社会性制约〉的再讨论》（载于《东洋学艺杂志》46-3）。见《户坂润全集》别卷。

5月，发表《自然辩证法》（载于《理想》17）。该作被收入《为现代而生的哲学》和《现代哲学讲义》，见《户坂润全集》第三卷。

5月至6月间，发表《科学的大众性》（载于《思想》96）。该作被收入《意识形态的理论》，见《户坂润全集》第二卷。

6月，发表《意识形态的理论》（铁塔书院）。见《户坂润全集》第二卷。

7月，发表《知识社会学与意识形态论》（载于《思想》101、102、103）。该作被收入《意识形态的理论》，见《户坂润全集》第二卷，改标题为《知识社会的批判》。

10月，发表《生物学论》。该作被收入《现代唯物论讲话》。见《户坂润全集》第三卷。

11月至12月间，发表《日常性的原理和历史性的时间》（载于《理想》21）。该作被收入《为现代而生的哲学》《现代哲学讲义》，见《户坂润全集》第三卷。

公元1931年（昭和六年）31岁

4月，接替三木清成为法政大学的讲师，辞去京都所有职务进京，住在东京市外阿佐谷三又二五〇。12月，与小曾户郁结婚。

这一年，尽管曾与桦俊雄、冈邦雄等人发行《百科全书》（アンシクロペディスト）杂志，但找不到出版社愿意出版，陷入挫折。另外在这段时间，还与上智大学的约翰尼斯·克劳斯博士（Johannes Baptista Klaus）、三木清、古在由重等人共同组织"柏拉图和亚里士多德学术共同体（gesellschaft）"进行研究活动。因为这一机缘巧合，不久后就进入了上智大学的《天主教大辞典》编纂部工作（可参照1938年及1941年）。

1月至6月间，发表《苏维埃同盟的哲学》(《载于新俄罗斯》3）。该作被收入《现代哲学讲义》，见《户坂润全集》第三卷。

6月，发表《作为意识形态的哲学》（被理想社刊发的《意识形态论》所收入）。该作被收入《现代哲学讲义》，见《户坂润全集》第三卷。

6月，发表《学院与新闻机构》（载于《思想》111）。该作被收入《现代哲学讲义》，见《户坂润全集》第三卷。

7月，翻译并解说康德的《自然哲学原理》。

7月，发表《论理的社会阶级性》（载于《中央公论》7月号）。该作被收入《现代哲学讲义》，见《户坂润全集》第三卷。

7月，发表《范畴的发生学》（载于《法政新闻》7月4日号）。见《户坂润全集》别卷。

8月，发表《黑格尔与自然哲学》（载于《理想》26）。该作被收入《现代哲学讲义》，见《户坂润全集》第三卷。

9月，发表《空间论》。该作被收入《现代唯物论讲话》，见《户坂润全集》第三卷。

10月，撰写《狄慈根》《狄尔泰》。该作被收入大阪商科大学经济研究所编《经济学大辞典》第四卷，见《户坂润全集》别卷。

公元1932年（昭和七年）32岁

从春天开始，与冈邦雄、三枝博音、服部之总、永田广志、本多谦三、小仓金之助等人一起成为负责人，开始为创建唯物论的研究组织而活动，最终在10月23日，创设了唯物论研究会。从这一时期开始，研究、批评活动变得更为广泛，户坂润同时涉足诸多领域。

1月，撰写《费希特》《普列汉诺夫》《辩证法》《唯心论》《唯物论》。这些作品被收入大阪商科大学经济研究所编《经济学大辞典》第四卷，见《户坂润全集》别卷。

1月，发表《唯物论与马克思主义社会学》（岩波讲座出版时标题改为《教育科学》《社会科学论》）。该作被收入《现代唯物论讲话》，见《户坂润全集》第三卷。

1月，发表《新闻现象的分析》。该作被收入《为现代而生的哲学》《现代哲学讲义》，见《户坂润全集》第三卷。

1月，发表《社会科学中的实验和统计》。该作被收入《为现代而生的哲学》《现代哲学讲义》，见《户坂润全集》第三卷。

2月，发表《历史与辩证法》（载于《理想》30）。该作被收入《为现代而生的哲学》《现代哲学讲义》，见《户坂润全集》第三卷。

4月，发表《文化社会学》（同文馆《文化社会学》收入时改标题为《文化社会学的批判》）。该作被收入《意识形态的伦理学》，见《户坂润全集》第二卷。

7月，发表《批评的问题》（载于《思想》123）。该作被收入《为现代而生的哲学》《现代哲学讲义》，见《户坂润全集》第三卷。

9月，发表《京都学派的哲学》（载于《经济往来》9月号）。该作被收入《为现代而生的哲学》《现代哲学讲义》，见《户坂润全集》第三卷。

9月，发表《"嘲笑"的伦理学意义》（《理想》36）。该作被收入《作为思想的文学》，见《户坂润全集》第四卷。

10月，发表《〈社会科学〉式意识形态论的纲要》。该作被收入《意识形态的伦理学》，见《户坂润全集》第二卷。

10月，发表《学界人批判〈大和魂〉学派》（载于《经济往来》10月号）。该作被收入《作为世界一环的日本》，见《户坂润全集》第五卷，改标题为《〈大和魂〉学派的哲学》。

11月，发表《意识形态概论》（理想社出版部），见《户坂润全集》第二卷。

11月，发表《自然科学与意识形态》。该作被收入《为现代而生的哲学》《现代哲学讲义》，见《户坂润全集》第三卷。

11月，发表《自然科学在社会中的作用》（载于《唯物论研究》1）。该作被收入《为现代而生的哲学》《现代哲学讲义》，见《户坂润全集》第三卷。

12月，发表《舆论考察》（载于《唯物论研究》2）。该作被收入《为现代而生的哲学》，见《户坂润全集》第三卷。

12月，发表《田边哲学的成立》（载于《思想》128）。该作被收入《为现代而生的哲学》《现代哲学讲义》，见《户坂润全集》第三卷。

这一年还有如下著述：

《新闻的问题》。被收入《为现代而生的哲学》《现代哲学讲义》，见《户坂润全集》第三卷。

《共通感觉与常识》。被收入《为现代而生的哲学》《作为思想的文学》，见《户坂润全集》第四卷。

《纯文学的问题》。被收入《为现代而生的哲学》《作为思想的文学》，见《户坂润全集》第四卷。

《思想性范畴论》。被收入《为现代而生的哲学》《现代哲学讲义》，见《户坂润全集》第三卷。

《法西斯的意识形态性质》。被收入《为现代而生的哲学》，见《户坂润全集》第三卷。

公元1933年（昭和八年）33岁

2月，唯物论研究会的讲演会被镇压。暑假的那几天在北轻井泽的法政大学村度过。7月，和中野重治、青野季吉、三木清等人组织起学术自由同盟以图抵抗。8月，长子海诞生。10月，唯物论研究会创立一周年，在此之后代替冈邦雄成为事务长，并且作为研究组织部的负责人，不仅仅对研究会的计划和组织负责，自身也以研究报告和讲义连载等形式为研究会的活动做表率。

2月，发表《为现代而生的哲学》(大畑书店)。见《户坂润全集》第三卷。

2月，发表《实践性唯物论的哲学性基础》(载于《理想》38)。该作被收入《现代唯物论讲话》，见《户坂润全集》第三卷，改标题为《物质与模写》。

3月，发表《关于技术》(载于《思想》131)。该作被收入《技术的哲学》，见《户坂润全集》第一卷，改标题为《技术的问题》。

3月，发表《喜剧与悲剧之间的理论性关联》。该作被收入《作为思想的文学》，见《户坂润全集》第四卷。

4月，发表《"无的理论"是理论吗？——关于西田几多郎博士著〈无的自觉性限定〉》(载于《唯物论研究》6)。该作被收入《日本意识形态论》，见《户坂润全集》第二卷。

4月，发表《现代学生的意识形态》(载于《改造》4月号)。该作被收入《技术的哲学》，见《户坂润全集》第一卷，改标题为《技术与智能》。

5月，发表《独创与大众——"大众性发明"与特许法》(载于《唯物论研究》7，笔名上泽二郎)。该作被收入《技术的哲学》，见《户坂润全集》第一卷。

5月，发表《幽默文学与幽默》。该作被收入《作为思想的文学》，见《户坂润全集》第四卷。

5月，发表《科学与批评》。该作被收入《作为思想的文学》，见《户坂润全集》第四卷。

6月，发表《思想问题恐怖症》（载于《文艺春秋》6月号），见《户坂润全集》别卷。

7月，发表《唯物论与自然科学》（载于《唯物论研究》9，笔名上泽二郎）。

7月，发表《技术与意识形态》（载于《思想》135）。该作被收入《技术的哲学》，见《户坂润全集》第一卷。

7月，发表《自由主义的悲剧面》（载于《文艺春秋》7月号），见《户坂润全集》别卷。

8月，发表《道尔顿》（《载于唯物论研究》10，笔名上泽二郎）。

8月，发表《转向万岁》（载于《文艺春秋》8月号）。见《户坂润全集》别卷。

8月，发表《唯物论与文学》。该作被收入《作为思想的文学》，见《户坂润全集》第四卷。

9月，发表《伦理化时代》（载于《文艺春秋》9月号）。见《户坂润全集》别卷。

10月，发表《减刑运动的效果》（载于《文艺春秋》10月号）。见《户坂润全集》别卷。

11月，发表《技术家的社会性地位》（载于《唯物论研究》13）。该作被收入《技术的哲学》，见《户坂润全集》第一卷。

11月，发表《创刊之辞》（载于《唯研新闻》1）。见《户坂润全集》别卷。

11月，发表《世人之蟊蠈》（载于《文艺春秋》11月号）。
见《户坂润全集》别卷。

11月，发表《文科与科学之间的共变法则》。该作被收入
《作为思想的文学》，见《户坂润全集》第四卷。

12月，发表《技术的哲学》（时潮社）。见《户坂润全集》
第一卷。

12月，发表《技术家的社会性地位》（载于《唯物论研
究》14）。该作被收入《技术的哲学》，见《户坂润全集》第
一卷。

12月，发表《新明正道编〈意识形态的系谱学〉》（载于
《唯物论研究》14）。该作被收入《读书法》，见《户坂润全集》
第五卷。

12月，发表《苹果所引发的波纹》（载于《文艺春秋》12
月号）。见《户坂润全集》别卷。

12月，发表《体育·就职·学生》（载于《帝国大学新
闻》12月11日号）。该作被收入《思想与风俗》，是第21章
《学生体育论》的一部分，见《户坂润全集》第四卷。

公元1934年（昭和九年）34岁

从1月开始，法政大学出现校园骚动，与预科教授一起从
预科辞职。8月，因为"思想不稳"等原因被法政大学文学部

免职。之后进入了专心著述的生活。

1月，发表《讲座：哲学之谈 其一 哲学与实际生活》（载于《唯物论研究》15）。该作被收入《现代哲学讲义》，见《户坂润全集》第三卷。

1月，发表《自然科学中的世界观与方法》（载于《理想》46）。该作被收入《现代唯物论讲话》，见《户坂润全集》第三卷。

1月，发表《为了小学校长》（载于《文艺春秋》1月号）。见《户坂润全集》别卷。

2月，发表《致博士贱卖》（载于《文艺春秋》2月号）。见《户坂润全集》别卷。

2月，发表《科学性道德的创造》。该作被收入《作为思想的文学》，见《户坂润全集》第四卷。

3月，发表《自然科学家与其意识形态 其一：炽热的学院主义》（载于《帝国大学新闻》3月5日号）。该作被收入《作为世界一环的日本》，见《户坂润全集》第五卷，为《自然科学家与生活意识》的一部分。

3月，发表《自然科学家与其意识形态 其二：贵族式中立性的真相》（载于《帝国大学新闻》3月12日号）。该作被收入《作为世界一环的日本》，见《户坂润全集》第五卷，为《自然科学家与生活意识》的一部分。

4月，发表《讲座：哲学之谈 其二 哲学的诸问题》（载于《唯物论研究》18）。该作被收入《现代哲学讲义》，见《户坂润全集》第三卷。

4月，发表《"全体"的魔术——高桥里美教授的哲学法》（载于《唯物论研究》18）。该作被收入《日本意识形态论》，见《户坂润全集》第二卷。

4月，发表《大日本·意识形态》（载于《历史科学》3–7）。该作被收入《日本意识形态论》，见《户坂润全集》第二卷。

4月，发表《荒木陆将的流感之后》（载于《文艺春秋》4月号）。见《户坂润全集》别卷。

5月，发表《讲座：哲学之谈 其三 哲学的方法》（载于《唯物论研究》19）。该作被收入《现代哲学讲义》，见《户坂润全集》第三卷。

5月，发表《体育精神与管理精神》（载于《文艺春秋》5月号）。见《户坂润全集》别卷。

5月，发表《艺术中的全体问题》。该作被收入《作为思想的文学》，见《户坂润全集》第四卷。

5月，发表《言论自由与言论管制》（载于《三田新闻》5月4日号）。该作被收入《作为世界一环的日本》，见《户坂润全集》第五卷，改标题为《言论的自由与管制》。

5月，发表《社会性随笔四篇 其一 道德性理论与科学性品行》（载于《都新闻》5月18日号）。该作被收入《思想与风俗》，成为其第五章"社会思想与风俗"的一部分，见《户坂润全集》第四卷。

5月，发表《社会性随笔四篇 其二 常识教育的营生者与职业性的告白者》（载于《都新闻》5月19日号）。该作被收入《思想与风俗》，成为其第五章"社会思想与风俗"的一部分，见《户坂润全集》第四卷。

5月，发表《社会性随笔四篇 其三"事实"的"认识"与机会主义》（载于《都新闻》5月20日号）。该作被收入《思想与风俗》，成为其第五章"社会思想与风俗"的一部分，见《户坂润全集》第四卷。

5月，发表《社会性随笔四篇 其四 法西斯主义的裙摆与自由主义的裙摆》（载于《都新闻》5月21日号）。该作被收入《思想与风俗》，成为其第五章"社会思想与风俗"的一部分，见《户坂润全集》第四卷。

6月，发表《匿名批评论》（载于《改造》6月号）。该作被收入《作为思想的文学》，见《户坂润全集》第四卷。

6月，发表《失望的八公》（载于《文艺春秋》6月号）。见《户坂润全集》别卷。

6月，发表《俗物论》。该作被收入《作为思想的文学》，见《户坂润全集》第四卷。

7月，发表《回答质问：关于文科盛衰的原因》（载于《唯物论研究》21）。

7月，发表《武部校长·投稿·美国小麦粉》（载于《文艺春秋》7月号）。见《户坂润全集》别卷。

8月，发表《文艺评论家的意识形态》（载于《改造》8月号）。该作被收入《作为思想的文学》，见《户坂润全集》第四卷，改标题为《文艺评论家的意识》。

8月，发表《农村问题·向组织捐款的行为和其他》（载于《文艺春秋》8月号）。见《户坂润全集》别卷。

8月，发表《资产阶级道德与电影》。该作被收入《作为思想的文学》，见《户坂润全集》第四卷。

8月至9月间，发表《社会科学中的方法》（载于《综合科学》1-4）。见《户坂润全集》第三卷。

9月，发表《三位一体的改组及其他》（载于《文艺春秋》9月号）。见《户坂润全集》别卷。

9月，发表《关于日常性》。该作被收入《作为思想的文学》，见《户坂润全集》第四卷。

9月，发表《笃学者与世间》。该作被收入《读书法》，见《户坂润全集》第五卷。

10月，发表《伪装起来的〈近代观念论〉》（载于《唯物论研究》24）。该作被收入《日本意识形态论》，见《户坂润全集》第二卷。

10月，发表《关于现代主义文学》（载于《行动》10月号）。该作被收入《作为思想的文学》，见《户坂润全集》第四卷。

10月，发表《罢业不安时代》（载于《文艺春秋》10月号）。见《户坂润全集》别卷。

10月，发表《34年年度思想界讲评》。该作被收入《现代日本的思想对立》，见《户坂润全集》第五卷。

10月，发表《日本的宗教复兴来自小市民式的不安吗？》（载于《京都帝国大学新闻》10月5日号）。该作被收入《思想与风俗》，改标题为《日本的宗教复兴是否来自小市民式的不安》，成为其第二十六章"社会不安与宗教"的一部分，见《户坂润全集》第四卷。

10月到11月之间，发表《宗教团体法案为什么是必要的》。首次发表该作的刊物不详，后该作被收入《思想与风俗》，成为其第二十六章"社会不安与宗教"的一部分，见《户坂润全集》第四卷。

10月到11月之间，发表《大本教易处理》。首次发表该作的刊物不详，后该作被收入《思想与风俗》，成为其第二十六章"社会不安与宗教"的一部分，见《户坂润全集》第四卷。

10月，发表《哲学与文章方法论》（载于厚生阁《日本现代文章讲座Ⅱ》方法篇）。该作被收入《作为思想的文学》，改标题为《哲学与文章》，并且做了补充。见《户坂润全集》第四卷。

11月，发表《现代哲学讲话》（白扬社）。见《户坂润全集》第三卷。

11月，发表《学术论文的构成与技术》（载于厚生阁《日本现代文章讲座Ⅴ 技术篇》）。该作被收入《作为思想的文学》，见《户坂润全集》第四卷。

11月，发表《学生变了吗？》。首次发表该作的刊物不详,后来该作被收入《思想与风俗》,成为其第十五章"学生论三题"的一部分,见《户坂润全集》第四卷。

大约在11月,发表《学生的技能与勤劳大众》(载于《关西学院新闻》1936年8月8日号)。该作被收入《思想与风俗》,成为其第十五章"学生论三题"的一部分,见《户坂润全集》第四卷。

大约在11月,发表《为什么学生不再被允许进入酒吧》(载于《中央公论》11月号)。该作被收入《思想与风俗》,成为其第十五章"学生论三题"的一部分,见《户坂润全集》第四卷。

11月,发表《小传单事件以及风评被害对策》(载于《文艺春秋》11月号)。见《户坂润全集》别卷。

12月,发表《关于"物质"的哲学性概念》(载于《唯物论研究》26)。该作被收入《现代唯物论讲话》,见《户坂润全集》第三卷。

12月,发表《推荐甘粕石介著〈进入黑格尔哲学的道路〉》(载于《唯物论研究》26)。

12月,发表《日本伦理学与人类学》(载于《历史科学》4-1)。该作被收入《日本意识形态论》,见《户坂润全集》第二卷。

12月,发表《高等警察与冻害对策》(载于《文艺春秋》12月号)。见《户坂润全集》别卷。

12月,发表《批评家的客观性公正》。该作被收入《思想与风俗》，见《户坂润全集》第四卷。

12月，发表《常识·合理主义·辩证法》。该作被收入《思想与风俗》，见《户坂润全集》第四卷。

12月，发表《新闻与哲学之间的交涉》。该作被收入《思想与风俗》，见《户坂润全集》第四卷。

大约发表于这一年的其他著述：

《处于反抗期的文学与哲学》(载于《文艺》)。该作被收入《日本意识形态论》，见《户坂润全集》第二卷。

《神圣科学》。初次发表该作的刊物不详，该作被收入《作为世界一环的日本》，见《户坂润全集》第五卷。

《神圣医术》。初次发表该作的刊物不详，该作被收入《作为世界一环的日本》，见《户坂润全集》第五卷。

《议会与预算》。该作被收入《现代日本的思想对立》，见《户坂润全集》第五卷。

《哲学书翻译所见》。该作被收入《读书法》，见《户坂润全集》第五卷。

《关于〈本邦新闻的企业形态〉》。该作被收入《读书法》，见《户坂润全集》第五卷。

《唯物辩证法讲话》。该作被收入《读书法》，见《户坂润全集》第五卷。

《世界文学与翻译》。该作被收入《读书法》，见《户坂润全集》第五卷。

《"作文"的意义——垣内松三教授著〈国语教育课科学

概说〉》。该作被收入《读书法》，见《户坂润全集》第五卷。

《易者流哲学——反动哲学的一种倾向》。该作被收入《读书法》，见《户坂润全集》第五卷。

公元1935年（昭和十年）35岁

2月，作为责任编辑，一直在努力出版的《唯物论全书》（第一册）开始刊行。8月，和岩仓政治一起到本间唯一在佐渡的宅邸游玩。

1月，发表《关于"舍斯托夫"现象》。该作被收入《作为思想的文学》，见《户坂润全集》第四卷。

1月，发表《附文：关于唯物论研究（户坂润手记）》。见《户坂润全集》别卷。

2月，发表《"常识"的分析——所谓常识所具有的矛盾意味着什么》（载于《唯物论研究》28）。该作被收入《日本意识形态论》，见《户坂润全集》第二卷。

2月，发表《爱国运动和右翼幼稚病》。该作被收入《现代日本的思想对立》，见《户坂润全集》第五卷。

2月，发表《农村匡扶的种种现象》。该作被收入《现代日本的思想对立》，见《户坂润全集》第五卷。

3月，发表《"文献学"式的哲学批判》（载于《唯物论研究》29）。该作被收入《日本意识形态论》，见《户坂润全集》第二卷。

3月，发表《行动主义文学的批判》（载于《新潮》3月号）。该作被收入《作为思想的文学》，见《户坂润全集》第四卷，改标题为《关于行动主义文学》。

3月，发表《应试地狱礼赞》（载于《文艺春秋》3月号）。该作被收入《思想与风俗》，成为其第20章"应试地狱论"，见《户坂润全集》第四卷。

3月，发表《听广播讲演》（载于《经济往来》3月号）。该作被收入《作为世界一环的日本》，见《户坂润全集》第五卷，改标题为《关于广播讲演》。

4月，发表《管制主义的名目和实质》。该作被收入《现代日本的思想对立》，见《户坂润全集》第五卷。

4月，发表《启蒙论》。该作被收入《现代日本的思想对立》，见《户坂润全集》第五卷。

4月，发表《现下日本的大学与学生生活——作为一种学职行会》（载于《京都帝国大学新闻》4月16日号）。该作被收入《思想与风俗》，改标题为《作为一种学职行会的大学》，成为其第18章"大学论"的一部分，见《户坂润全集》第四卷。

4月，发表《学生棒球管制令的矛盾：文部省式的观念在破产》（载于《帝国大学新闻》4月28日）。该作被收入《思想与风俗》，改标题为《学生棒球管制令的矛盾》，成为其第21章"学生体育论"的一部分，见《户坂润全集》第四卷。

5月，发表《文科管制的本质》（载于《行动》5月号）。

该作被收入《日本意识形态论》，见《户坂润全集》第二卷。

5月，发表《关于现下的复古现象》（载于《改造》5月号）。该作被收入《日本意识形态论》，见《户坂润全集》第二卷，改标题为《复古现象分析》。

5月，发表《日本主义的再检讨》（载于《经济往来》5月号）。该作被收入《日本意识形态论》，见《户坂润全集》第二卷，改标题为《日本主义的归宿》。

5月，发表《免职教授列传》（载于《文艺春秋》5月号）。见《户坂润全集》别卷。

5月，发表《文学中的偶然性与必然性》。该作被收入《作为思想的文学》，见《户坂润全集》第四卷。

5月，发表《新闻记者论》。该作被收入《作为思想的文学》，见《户坂润全集》第四卷。

5月，发表《国体明徵运动与内阁审议会》。该作被收入《现代日本的思想对立》，见《户坂润全集》第五卷。

5月，发表《大学检讨座谈会》（载于《文艺春秋》5月号）。

5月，发表《哲学与方法》（载于《月刊文章讲座》5月号）。

6月，发表《警察与犯罪团伙》（载于《改造》6月号）。该作被收入《作为世界一环的日本》，见《户坂润全集》第五卷，改标题为《警察机能》。

6月，发表《作为学界的纯粹支持者》（载于《文艺春秋》

6月号）。见《户坂润全集》别卷。

6月，发表《追猎犯罪团伙》（载于《文艺春秋》6月号）。见《户坂润全集》别卷。

6月，发表《斯大林氏与威尔斯氏》（载于《进步》6月号）。

6月，发表《现代日本思想上的诸问题》。该作被收入《日本意识形态论》，见《户坂润全集》第二卷。

6月，发表《农村对策的把戏》。该作被收入《现代日本的思想对立》，见《户坂润全集》第五卷。

6月，发表《作为学术出产所的私大与帝大之间的同质化——私立大学论》（载于《三田新闻》6月28日）。该作被收入《思想与风俗》，改标题为《私大与帝大之间的同质化》，成为其第18章"大学论"的一部分，见《户坂润全集》第四卷。

6月到7月间，发表《教师买卖论》，初次发表该作的刊物不详。该作被收入《思想与风俗》，成为其第18章"大学论"的一部分，见《户坂润全集》第四卷。

7月，发表《日本意识形态论》（白扬社）。

7月，发表《自由主义哲学与唯物论》（载于《唯物论研究》33）。该作被收入《日本意识形态论》，见《户坂润全集》第二卷。

7月，发表《横光利一论》（载于《文艺》7月号）。该作被收入《作为思想的文学》，见《户坂润全集》第四卷，改标题为《横光利一的理论》。

7月，发表《学问艺术票友论》。该作被收入《作为思想的文学》，见《户坂润全集》第四卷。

7月，发表《日本的官僚》（载于《劳动杂志》7月号）。该作收入《作为世界一环的日本》，见《户坂润全集》第五卷。

8月，发表《文艺座谈会（户坂·窪川·中野·森山·冈·其他)》（载于《唯物论研究》34）。

8月，发表《佐渡与新潟之旅随笔》（载于《唯研新闻》30）。见《户坂润全集》别卷。

8月，发表《文化管制现象的分析》（载于《改造》8月号）。该作被收入《现代唯物论讲话》，见《户坂润全集》第三卷。

8月，发表《重臣架空与天皇机关说》（载于《经济往来》8月号）。该作被收入《现代日本的思想对立》，见《户坂润全集》第五卷。

8月，发表《我们日本在膨胀》（载于《文艺春秋》8月号）。该作被收入《作为世界一环的日本》，见《户坂润全集》第五卷，改标题为《膨胀的日本》。

9月，发表《回答质问——关于空间论》（载于《唯物论研究》35）。

9月，发表《军队管制的问题》（载于《经济往来》9月号）。

9月，发表《怎么看待文艺管制》（载于《文学评论》9月号）。

9月，发表《唯物论与法西斯主义（卷首语）》（载于《历史科学》9月号）。见《户坂润全集》别卷。

9月，发表《"社会政策"株式会社》。该作被收入《现代日本的思想对立》，见《户坂润全集》第五卷。

9月，发表《时评与方针》（载于《月刊文章讲座》9月号）。

10月，发表《科学论》。见《户坂润全集》第一卷。

10月，发表《这之后的国体明徵运动》（载于《经济往来》10月号）。该作被收入《现代日本的思想对立》，见《户坂润全集》第五卷。

10月，发表《大学·官吏·警察》（载于《文艺春秋》10月号）。见《户坂润全集》别卷。

10月，发表《对于讽刺文学》。该作被收入《作为思想的文学》，见《户坂润全集》第四卷。

10月，发表《局外批评论》。该作被收入《作为思想的文学》，见《户坂润全集》第四卷。

10月，发表《道德文学家及风俗评论》。该作被收入《作为思想的文学》，见《户坂润全集》第四卷。

10月，发表《道德文学家的立场上的科学与文学》。该作被收入《作为思想的文学》，见《户坂润全集》第四卷。

10月，发表《体育的丧失与追随者的发生：职业棒球队与神宫大会》（载于《帝国大学新闻》10月28日）。该作被收入《作为思想的文学》，改标题为《体育的丧失与追随者的发生》，成为其第21章"学生体育论"的一部分，见《户坂润全集》第四卷。

10月，发表《哲学与文章》（载于厚生阁《日本现代文章讲座Ⅱ》）。该作被收入《作为思想的文学》，改标题为《哲学与文章方法论》，并做了部分补充。见《户坂润全集》第四卷。

11月，发表《选举肃正》（《劳动杂志》1-11）。

11月，发表《论文论》（载于厚生阁《日本现代文章讲座Ⅴ》）。该作被收入《作为思想的文学》，改标题为《学术论文的构成与技术》。见《户坂润全集》第四卷。

12月，发表《文学批评中的三个要点》。该作被收入《作为思想的文学》，见《户坂润全集》第四卷。

12月，发表《三五年度思想界的动向》。该作被收入《现代日本的思想对立》，见《户坂润全集》第五卷。

12月，发表《文化管制的种种现象》。该作被收入《现代日本的思想对立》，见《户坂润全集》第五卷。

12月，发表《三六年度思想界的展望》。该作被收入《现代日本的思想对立》，见《户坂润全集》第五卷。

12月，发表《作为一种讽刺的邪教》（载于《经济学家》12月号）。该作被收入《思想与风俗》，成为其第24章，见《户坂润全集》第四卷。

大约发表于这一年的其他著述：

《启蒙论》。该作被收入《日本意识形态论》，见《户坂润全集》第二卷。

《文化的科学性批判》。该作被收入《日本意识形态论》，见《户坂润全集》第二卷。

《"文学性自由主义"的特质》。该作被收入《日本意识形态论》，见《户坂润全集》第二卷。

《知识团体意识与知识团体阶级说》。该作被收入《日本意识形态论》，见《户坂润全集》第二卷。

《针对知识分子论的疑问》。该作被收入《日本意识形态论》，见《户坂润全集》第二卷。

《知识分子论与技术论》。该作被收入《日本意识形态论》，见《户坂润全集》第二卷。

《现代日本的思想界与思想家》。该作被收入《日本意识形态论》，见《户坂润全集》第二卷。

《官公吏的社会地位》。该作被收入《作为世界一环的日本》，见《户坂润全集》第五卷。

公元1936年（昭和十一年）36岁

1月，次女月子诞生。2月，因"二二六事件"忽然爆发而担心自身安危，先隐藏在东京市内本间唯一处，接着去了关西地区，直到事件平息才回到家里。8月，和堀真琴、森宏

——起，去新潟、佐渡、高田讲演旅行。写有"佐渡民谣唯物论，同在深山不广闻"短句，可以说是当时的感慨。

1月，发表《批评的机能》(载于《唯物论研究》39）。该作被收入《作为思想的文学》，见《户坂润全集》第四卷，改标题为《批评中的文学·道德及科学》。

1月，发表《随笔·随想及评论》。该作被收入《作为思想的文学》，见《户坂润全集》第四卷。

1月，发表《举国一致的伪装》。该作被收入《现代日本的思想对立》，见《户坂润全集》第五卷。

2月，发表《作为思想的文学》(三笠书房）。见《户坂润全集》第四卷。

2月，发表《艺术·思想·民族——论坛批判》(载于《日本评论》2月号）。

2月，发表《新兴宗教杂感》(载于《唯物论研究》40）。该作被收入《思想与风俗》，改标题为《关于新兴宗教》，成为其第22章，见《户坂润全集》第四卷。

2月，发表《时尚席卷天下了吗？》(载于《劳动杂志》2-2）。

2月，发表《入学考试准备问题能解决吗？》(载于《教育》2月号）。该作被收入《思想与风俗》，改标题为《入学考试准备问题》，成为其第19章"学校教育二题"的一部分，见《户坂润全集》第四卷。

2月到3月间，发表《高等教育的问题》。该作被收入

《思想与风俗》，成为其第19章"学校教育二题"的一部分，初次出版该作的刊物不详，见《户坂润全集》第四卷。

3月，发表《大众、说服力、煽动者》（载于《唯研新闻》43）。见《户坂润全集》别卷。

3月，发表《现下所存的进步与反动的意义》（载于《改造》3月号）。该作被收入《日本意识形态论》，见《户坂润全集》第二卷。

3月，发表《自由主义、法西斯主义、社会主义》（载于《日本评论》3月号）。该作被收入《日本意识形态论》，见《户坂润全集》第二卷。

4月，发表《常识之论》（载于《历史科学》4月号）。执笔时间为1935年12月，该作被收入《作为思想的文学》，见《户坂润全集》第四卷。

5月，发表《道德的观念》。该作被收入与冈邦雄共著的《道德论》——《唯物论全书》之中，三笠书房出版。见《户坂润全集》第四卷。

5月，撰写《意识形态》《假说》《技术》。该作被收入岩波书店刊城户幡太郎编《教育学词典》第一卷，见《户坂润全集》别卷。

5月，发表《围绕实验的问题——沿着石原博士对拙著的批判》（载于《唯物论研究》43）。该作被收入《现代唯物论讲话》，见《户坂润全集》第三卷。

5月，发表《吏道振肃》（载于《改造》5月号）。该作被收入《现代日本的思想对立》，见《户坂润全集》第五卷。

5月，发表《自由排击三法案》。该作被收入《现代日本的思想对立》，见《户坂润全集》第五卷。

5月，发表《改革热的流行》。该作被收入《现代日本的思想对立》，见《户坂润全集》第五卷。

5月，发表《电影的写实特性与风俗及大众性》（载于《电影创造》5月号）。该作被收入《思想与风俗》，成为其第2章，见《户坂润全集》第四卷。

5月，发表《解释学的评价与批判》（载于《教育·国语教育》5月号）。

6月，发表《现代青年论》（载于《日本评论》6月号）。该作被收入《思想与风俗》，成为其第14章，改标题为《现代青年的问题》，见《户坂润全集》第四卷。

6月，发表《不安的两种类型》（载于《中央公论》6月号）。该作被收入《作为世界一环的日本》，见《户坂润全集》第五卷。

6月，发表《不稳文书取缔》。该作被收入《现代日本的思想对立》，见《户坂润全集》第五卷。

6月，发表《文艺时评一 时评的改组》（载于《东京日日新闻》6月23日号）。该作被收入《思想与风俗》，成为其第3章"文艺与风俗"的一部分，见《户坂润全集》第四卷。

6月，发表《文艺时评二 轻风俗与重风俗》（载于《东京日日新闻》6月24日号）。该作被收入《思想与风俗》，成为其

第3章"文艺与风俗"的一部分，见《户坂润全集》第四卷。

6月，发表《文艺时评三 无聊权》（载于《东京日日新闻》6月25日号）。该作被收入《思想与风俗》，成为其第3章"文艺与风俗"的一部分，见《户坂润全集》第四卷。

6月，发表《文艺时评四 人民派与人民战线》（载于《东京日日新闻》6月26日号）。该作被收入《思想与风俗》，成为其第3章"文艺与风俗"的一部分，见《户坂润全集》第四卷。

6月，发表《文艺时评五 "moral"与风俗》（载于《东京日日新闻》6月27日号）。该作被收入《思想与风俗》，成为其第3章"文艺与风俗"的一部分，见《户坂润全集》第四卷。

7月，发表《"种族理论"——关于田边博士所说》（载于《唯物论研究》45）。该作被收入《现代唯物论讲话》，见《户坂润全集》第三卷。

7月，发表《森宏一著〈近代唯物论〉》（载于《唯物论研究》45）。该作被收入《读书法》，见《户坂润全集》第五卷。

7月，发表《熊泽复六译〈小说的本质〉——罗曼的理论》（载于《唯物论研究》45）。该作被收入《读书法》，见《户坂润全集》第五卷。

7月，发表《舒金[①]著、金子和译〈文学与兴趣〉》（载于《唯物论研究》45）。该作被收入《读书法》，见《户坂润全集》

---

① 列文·路德维希·舒金（Levin Ludwig Schücking，1878—1964），一位研究英国语言与文学的德国学者。

第五卷。

7月，发表《S.沃尔夫森著、广尾猛译〈唯物恋爱观〉》（载于《唯物论研究》45）。该作被收入《读书法》，见《户坂润全集》第五卷。

7月，发表《唯研创立时的表现》（载于《唯研新闻》50）。见《户坂润全集》别卷。

7月，发表《文学与"moral"之说其一 "moral"问题的一致点》（载于《都新闻》7月11日号）。该作被收入《思想与风俗》，成为其第4章"文学·'moral'及风俗"的一部分，见《户坂润全集》第四卷。

7月，发表《文学与"moral"之说其二 什么不属于"moral"？》（载于《都新闻》7月12日号）。该作被收入《思想与风俗》，成为其第4章"文学·'moral'及风俗"的一部分，见《户坂润全集》第四卷。

7月，发表《文学与"moral"之说其三 〈文学即认识〉之辩》（载于《都新闻》7月13日号）。该作被收入《思想与风俗》，成为其第4章"文学·'moral'及风俗"的一部分，见《户坂润全集》第四卷。

7月，发表《文学与"moral"之说其四 文学是科学的道德性形象》（载于《都新闻》7月14日号）。该作被收入《思想与风俗》，成为其第4章"文学·'moral'及风俗"的一部分，见《户坂润全集》第四卷。

8月，发表《风俗考察——实在的一般反映之中的风俗的

作用 第一节到第四节》(载于《唯物论研究》46)。该作被收入《思想与风俗》,成为其第1章"风俗考察"的一部分,见《户坂润全集》第四卷。

大约在此时,发表《思想与风俗》第1章"风俗考察"第五节。初刊未详。

8月,发表《M. N. 斯密特著、堀江邑一译〈统计学与辨证论〉》(载于《唯物论研究》46)。该作被收入《读书法》,见《户坂润全集》第五卷。

8月,发表《知识阶级与文化运动》(载于《改造》8月号)。该作被收入《现代唯物论讲话》,见《户坂润全集》第三卷,改标题为《现下的文化运动》。

8月,发表《作家的教养问题》(载于《文艺》8月号)。该作被收入《思想与风俗》,成为其第13章,见《户坂润全集》第四卷。

8月,发表《学生的技能与劳动大众》(载于《关西学院新闻》8月8日号)。该作被收入《思想与风俗》,成为其第15章"学生论三题"的一部分,见《户坂润全集》第四卷。别卷《杂录》几乎同文收录。

9月,撰写《自然科学》《新闻报纸》《日本精神》《伦理学》(载于三木清编《现代哲学辞典》,日本评论社刊)。见《户坂润全集》别卷。

9月,发表《提倡文艺学研究》(载于《唯研新闻》54)。见《户坂润全集》别卷。

9月，发表《夏之旅·佐渡岛纪行 高田座谈会之事》（载于《唯研新闻》54）。见《户坂润全集》别卷。

9月，发表《关于启蒙的现代性意义与作用》（载于《飨宴》9月号）。见《户坂润全集》别卷。

9月，发表《老爷们包养的广播》（载于《日本评论》9月号）。该作被收入《作为世界一环的日本》，见《户坂润全集》第五卷，改标题为《日本的广播》。

9月，发表《人民战线中的政治和文化》（载于《蛇号》9月号）。该作被收入《作为世界一环的日本》，见《户坂润全集》第五卷，成为《所谓"人民战线"的问题》的一部分。

9月，发表《文化与民族精神：关于这一抑制性的过程》（载于《早稻田大学新闻》9月30日号）。该作被收入《作为世界一环的日本》，见《户坂润全集》第五卷，改标题为《民族精神与文化》，成为《所谓"人民战线"的问题》的一部分。

大约在此时，发表《日本式法西斯主义与文化人民战线》。发表该作的初刊不详，该作被收入《作为世界一环的日本》，见《户坂润全集》第五卷，改标题为《民族精神与文化》，成为《所谓"人民战线"的问题》的一部分。

9月，发表《论坛时评1 批评发表的困难之状：论坛时评有疑问吗？》（载于《读卖新闻》9月1日号）。该作被收入《思想与风俗》，成为其第7章"关于思想性评论"的一部分，见《户坂润全集》第四卷。

9月，发表《论坛时评2 无确信的思想性评论：综合杂志的综合点》(载于《读卖新闻》9月3日号)。该作被收入《思想与风俗》,成为其第7章"关于思想性评论"的一部分,见《户坂润全集》第四卷。

9月,发表《论坛时评3　思想性资格的有无:将评论包裹起来的一两件事》(载于《读卖新闻》9月4日号)。该作被收入《思想与风俗》,成为其第7章"关于思想性评论"的一部分,见《户坂润全集》第四卷。

9月,发表《论坛时评4　思想·教养·感觉:最近的一个话题》(载于《读卖新闻》9月5日号)。该作被收入《思想与风俗》,成为其第7章"关于思想性评论"的一部分,见《户坂润全集》第四卷。

9月,发表《女性教育的问题》(载于《学生评论》9月号)。该作被收入《思想与风俗》,成为其第16章,见《户坂润全集》第四卷。

10月,撰写《自然辩证法》(载于大阪商科大学经济研究所编《经济学大辞典》追补、岩波书店刊)。见《户坂润全集》别卷。

10月,撰写《实在论》《实用主义》《马赫》《模写说》(载于大阪商科大学经济研究所编《经济学大辞典》追补、岩波书店刊)。见《户坂润全集》别卷。

10月,发表《教育和教养》(载于《唯物论研究》48)。该作被收入《思想与风俗》,成为其第12章,见《户坂润全集》第四卷。

10月，发表《庄司、松原译编〈法西斯主义诸问题〉》（载于《唯物论研究》48）。该作被收入《读书法》，见《户坂润全集》第五卷。

10月，发表《宗教中的思想与风俗其一 "人之道"事件批判》（载于《报知新闻》10月1日号）。该作被收入《思想与风俗》，成为其第25章"宗教中的思想与风俗"的一部分，见《户坂润全集》第四卷。

10月，发表《宗教中的思想与风俗其二 新兴类似宗教的魅力》（载于《报知新闻》10月2日号）。该作被收入《思想与风俗》，成为其第25章"宗教中的思想与风俗"的一部分，见《户坂润全集》第四卷。

10月，发表《宗教中的思想与风俗其三 不敬宗教的背景》（载于《报知新闻》10月3日号）。该作被收入《思想与风俗》，成为其第25章"宗教中的思想与风俗"的一部分，见《户坂润全集》第四卷。

大约在10月到11月间，发表《所谓国民生活的安定是什么》。该作被收入《现代日本的思想对立》，见《户坂润全集》第五卷。

11月，发表《三木清论》（载于《中央公论》11月号）。该作被收入《作为世界一环的日本》，见《户坂润全集》第五卷，改标题为《三木清氏和三木哲学》。

11月，发表《三六年度思想界的回顾》。该作被收入《现代日本的思想对立》，见《户坂润全集》第五卷。

11月，发表《出版现象中凸显的时代相貌》（载于《文艺春秋》11月号）。该作被收入《作为世界一环的日本》，见《户坂润全集》第五卷。

11月，发表《新闻机构与大众》（载于《三田新闻》11月20日号）。该作被收入《作为世界一环的日本》，见《户坂润全集》第五卷，成为《新闻机构三篇》的一部分。

大约在此时，发表《现下的新闻机构》。该作被收入《作为世界一环的日本》，见《户坂润全集》第五卷，成为《新闻机构三篇》的一部分，初刊未详。

11月，发表《新闻记者的问题》（载于《蛇号》8月号）。该作被收入《作为世界一环的日本》，见《户坂润全集》第五卷，成为《新闻机构三篇》的一部分。

11月，发表《检阅下的思想与风俗其一　电影与舞厅》（载于《中外商业新报》11月3日号）。该作被收入《作为世界一环的日本》，见《户坂润全集》第五卷，成为《检阅下的思想与风俗》的一部分。

11月，发表《检阅下的思想与风俗其二　新兴风俗的弹压》（载于《中外商业新报》11月4日号）。该作被收入《作为世界一环的日本》，见《户坂润全集》第五卷，成为《检阅下的思想与风俗》的一部分。

11月，发表《检阅下的思想与风俗其三　道德起作用的本体》（载于《中外商业新报》11月5日号）。该作被收入《作为世界一环的日本》，见《户坂润全集》第五卷，成为《检阅下的思想与风俗》的一部分。

11月，发表《在现代的"漱石文化"其一　漱石为什么会被"放大了看"》(载于《都新闻》11月18日号)。该作被收入《作为世界一环的日本》，见《户坂润全集》第五卷。

11月，发表《在现代的"漱石文化"其二　漱石式教养》(载于《都新闻》11月19日号)。该作被收入《作为世界一环的日本》，见《户坂润全集》第五卷。

11月，发表《在现代的"漱石文化"其三　岩波出版物》(载于《都新闻》11月20日号)。该作被收入《作为世界一环的日本》，见《户坂润全集》第五卷。

11月，发表《在现代的"漱石文化"其四　"门下"式漱石文化》(载于《都新闻》11月21日号)。该作被收入《作为世界一环的日本》，见《户坂润全集》第五卷。

11月，发表《关于分析型与主张型》(载于《作品》11月号)。该作被收入《思想与风俗》，成为其第8章，见《户坂润全集》第四卷，改标题为《评论中的分析型与主张型》。

11月，发表《衣装与文化之论》(载于《笔》11月号)。该作被收入《思想与风俗》，成为其第10章，见《户坂润全集》第四卷，改标题为《衣装与文化》。

12月，发表《思想与风俗》(三笠书房)。见《户坂润全集》第四卷。

12月，发表《现代日本的思想对立》(今日问题社)。见《户坂润全集》第五卷。

12月，发表《现代唯物论讲话》（白扬社）。见《户坂润全集》第三卷。

12月，发表译著：普莱茨·迪尔特曼《探险英雄传》（改造社）。

12月，发表《唯研的恋爱论、其他》（载于《唯研新闻》62）。见《户坂润全集》别卷。

12月，发表《现代唯物论与文化问题》。该作被收入《现代唯物论讲话》，见《户坂润全集》第三卷。

12月，发表《广播与大学教育》（载于《教育》12月号）。该作被收入《作为世界一环的日本》，见《户坂润全集》第五卷。

12月，发表《最近的〈朝日新闻〉》（载于《日本评论》12月号）。该作被收入《作为世界一环的日本》，见《户坂润全集》第五卷，改标题为《这之后的〈朝日新闻〉》。

12月，发表《关于纳粹的艺术管制》（载于《东京日日新闻》12月1日至3日）。该作被收入《作为世界一环的日本》，见《户坂润全集》第五卷。

大约发表于这一年的其他著述：

《什么是文化危机》。该作被收入《作为世界一环的日本》，见《户坂润全集》第五卷。

《日本资本主义的退行主义与前进主义》。该作被收入《作为世界一环的日本》，见《户坂润全集》第五卷。

《技术的意义》。该作被收入《现代唯物论讲话》。见《户坂润全集》第三卷。

《自由的概念与文化的自由》。该作被收入《现代唯物论讲话》，见《户坂润全集》第三卷。

《作为风俗文学的社会时评》。该作被收入《思想与风俗》，成为其第6章，见《户坂润全集》第四卷。

《风俗警察与文化警察》。该作被收入《思想与风俗》，成为其第9章，见《户坂润全集》第四卷。

《教育与启蒙》。该作被收入《思想与风俗》，成为其第11章，见《户坂润全集》第四卷。

《现代青年子女的结婚困难》。该作被收入《思想与风俗》，成为其第17章，见《户坂润全集》第四卷。

《宗教的欺骗性何在》。该作被收入《思想与风俗》，成为其第23章，见《户坂润全集》第四卷。

《资产阶级哲学与其宗教化的本质》。该作被收入《思想与风俗》，成为其第27章，见《户坂润全集》第四卷。

《现代的哲学与宗教》。该作被收入《思想与风俗》，成为其第28章，见《户坂润全集》第四卷。

《现代宗教批判讲话》。该作被收入《读书法》，见《户坂润全集》第五卷。

《关于社会·思想·哲学书籍》。该作被收入《读书法》。见《户坂润全集》第五卷。

《现代哲学词典》。该作被收入《读书法》，见《户坂润全集》第五卷。

《马克思主义与社会学——关于住谷氏〈普罗大众的社会学〉》。该作被收入《读书法》，见《户坂润全集》第五卷。

《非常时期的经济哲学——高木教授〈生的经济学〉》。该作被收入《读书法》，见《户坂润全集》第五卷。

《新明正道编〈意识形态的系谱学〉》。该作被收入《读书法》，见《户坂润全集》第五卷。

《再论〈意识形态的系谱学〉》。该作被收入《读书法》，见《户坂润全集》第五卷。

《堂堂正正的〈毒舌〉——〈现代社会情态读本〉》。该作被收入《读书法》。见《户坂润全集》第五卷。

《入泽宗寿著〈日本教育的传统与建设〉》。该作被收入《读书法》，见《户坂润全集》第五卷。

《论书评》。该作被收入《读书法》，见《户坂润全集》第五卷。

《读书家与读书》。该作被收入《读书法》，见《户坂润全集》第五卷。

《究竟应该如何选书》。该作被收入《读书法》，见《户坂润全集》第五卷。

《新的论文写法》。该作被收入《读书法》，见《户坂润全集》第五卷。

《校正》。该作被收入《读书法》，见《户坂润全集》第五卷。

公元1937年（昭和十二年）37岁

以前一年的"二二六事件"为契机，凶暴的法西斯肆虐开来，战争的危机终于在这一年的7月演化成以侵略中国为目标的中日战争，并最终向着太平洋战争演化。在这种局势激变之下，唯物论研究会的活动变得极为困难。但在这种风口浪尖之上，户坂润还是克服困难，在4月第三次刊行《唯物论全书》，发挥了作为"名船长"的作用。从前一年的年末开始，户坂润就在《都新闻》的匿名批评栏《狙击兵》里，和青野季吉、大森义太郎、本多谦三等人展开了反战反法西斯的论战。在猛烈的批判活动之后，终于在年末与大森义太郎、冈邦雄、向坂逸郎等人一起被禁笔，而其活动本身也变得极度危险。

大约在这一年年初：发表《书物六题》（1935—1937）。该作被收入《作为世界一环的日本》，见《户坂润全集》第五卷。

发表《日本法西斯的发育》。该作被收入《作为世界一环的日本》，见《户坂润全集》第五卷。

1月，发表《托马斯·厄纳斯特·休姆著、长谷川矿平译〈艺术与人文主义〉》（载于《唯物论研究》51）。该作被收入《读书法》，见《户坂润全集》第五卷。

1月，发表《胜本清一郎著〈日本文学的世界性地位〉》

（载于《唯物论研究》51）。该作被收入《读书法》，见《户坂润全集》第五卷。

1月，发表《作为认识论的文艺学》（载于《唯物论研究》51）。见《户坂润全集》第四卷。

1月，发表《文化管制与文化的"自肃"》（载于《改造》1937年1月号）。该作被收入《作为世界一环的日本》，见《户坂润全集》第五卷。

1月，发表《本年度思想界的动向（上）最近的善良主义》（载于《报知新闻》1月13日号）。该作被收入《作为世界一环的日本》，成为《日本主义的文学化》的一部分，见《户坂润全集》第五卷。

1月，发表《本年度思想界的动向（中）日本主义的文学化》（载于《报知新闻》1月14日号）。该作被收入《作为世界一环的日本》，成为《日本主义的文学化》的一部分，见《户坂润全集》第五卷。

1月，发表《本年度思想界的动向（下）民众与文学及传统》（载于《报知新闻》1月15日号）。该作被收入《作为世界一环的日本》，成为《日本主义的文学化》的一部分，见《户坂润全集》第五卷。

2月，撰写《社会科学》《社会哲学》《新闻传播》《进化论与社会学》（载于上记《教育学词典》第二卷）。见《户坂润全集》别卷。

2月，发表《现代日本的人文主义与唯物论》（载于《唯物论研究》52）。该作被收入《作为世界一环的日本》，见《户坂润全集》第五卷。

2月，发表《和辻哲郎博士·风土·日本》（载于《自由》2月号）。该作被收入《作为世界一环的日本》，见《户坂润全集》第五卷，改标题为《和辻博士·风土·日本》。

2月，发表《告第70届议会：请与思想议会相称》（载于《中央公论》2月号），见《户坂润全集》别卷。

3月，发表《秋泽修二著〈世界哲学史〉（西洋篇）》（载于《唯物论研究》53）。该作被收入《读书法》，见《户坂润全集》第五卷。

3月，发表《政情风向的社会性基础》（载于《自由》3月号）。该作被收入《作为世界一环的日本》，见《户坂润全集》第五卷，改标题为《政情不安的社会性基础》。

3月，发表《民众论》（载于《政界往来》3月号）。该作被收入《作为世界一环的日本》，见《户坂润全集》第五卷。

4月，发表《作为世界一环的日本》（白扬社）。见《户坂润全集》第五卷。

4月，发表《科学精神是什么——涉及日本文化论》（载于《唯物论研究》54）。见《户坂润全集》第二卷。

4月，发表《冈·吉田·石原共著〈自然辩证法〉》（载于《唯物论研究》54）。该作被收入《读书法》，见《户坂润全集》第五卷。

4月，发表《日本民众与"日本式的东西"》（载于《改造》4月号）。见《户坂润全集》第四卷。

4月，发表《现代科学教育论》（载于《科学笔》4月号）。见《户坂润全集》第一卷。

4月，发表《选举界的思想分布（一）既成政党的思想性无力》（载于《读卖新闻》4月28日号）。该作被收入《增补 作为世界一环的日本》。

4月，发表《选举界的思想分布（二）无产政党的色彩》（载于《读卖新闻》4月29日号）。该作被收入《增补 作为世界一环的日本》。

4月，发表《选举界的思想分布（三）右翼及其他》（载于《读卖新闻》4月30日号）。该作被收入《增补 作为世界一环的日本》。

4月，发表《回答质问：关于"人类学"》（载于《唯物论研究》54）。

5月，发表《安部三郎著〈时间意识的心理〉》（载于《唯物论研究》55）。该作被收入《读书法》，见《户坂润全集》第五卷。

5月，发表《纪德著小松清译〈苏联旅行记〉》《载于唯物论研究》55）。该作被收入《读书法》，见《户坂润全集》第五卷。

5月，发表《天然色电影赞》（载于《唯研新闻》70）。见《户坂润全集》别卷。

5月，发表《妇女杂志中的娱乐和秘事》（载于《日本评论》5月号）。

5月，发表《八大政纲的辩护》（载于《文艺春秋》5月号）。见《户坂润全集》别卷。

5月，发表《我所见到的大学》（载于《三田新闻》370）。见《户坂润全集》别卷。

5月，发表《论"舆论"（一）舆论与民主》（载于《都新闻》5月10日号）。该作被收入《增补 作为世界一环的日本》。

5月，发表《论"舆论"（二）舆论的社会阶级性》（载于《都新闻》5月11日号）。该作被收入《增补 作为世界一环的日本》。

5月，发表《论"舆论"（三）现下的舆论》（载于《都新闻》5月12日号）。该作被收入《增补 作为世界一环的日本》。

5月，发表《论"舆论"（四）报纸与舆论》（载于《都新闻》5月13日号）。该作被收入《增补 作为世界一环的日本》。

5月，发表《论"舆论"（五）舆论的心理学》（载于《都新闻》5月14日号）。该作被收入《增补 作为世界一环的日本》。

5月，发表《科学精神的杀戮：信念教育的归趋》（载于《东京日日新闻》5月20日—21日号）。该作被收入《增补 作为世界一环的日本》。

6月，发表《最近日本的科学论（绪论部分：关于其一般性特色）》（载于《唯物论研究》56）。见《户坂润全集》第一卷。

6月，发表《中条百合子著〈昼夜随笔〉》（载于《唯物论研究》56）。该作被收入《读书法》，见《户坂润全集》第五卷。

6月，发表《清水几多郎著〈人类的世界〉》（载于《唯物论研究》56）。该作被收入《读书法》，见《户坂润全集》第五卷。

6月，发表《日本的头脑调查》（载于《中央公论》6月号）。见《户坂润全集》别卷。

6月，发表《关于文艺评论的方法》（载于《文艺》6月号）。见《户坂润全集》第四卷。

6月，发表《日本的头脑调查 特别关于自然科学者》（载于《中央公论》6月号）。

7月，发表《关于翻译》（载于《唯物论研究》57）。该作被收入《读书法》，见《户坂润全集》第五卷。

7月，发表《新明正道著〈法西斯主义的社会观〉》（载于《唯物论研究》57）。该作被收入《读书法》，见《户坂润全集》第五卷。

7月，发表《早川二郎著〈日本历史读本〉》（载于《唯物论研究》57）。该作被收入《读书法》，见《户坂润全集》第五卷。

7月，发表《近卫内阁的常识性》（载于《日本评论》7月号）。见《户坂润全集》第五卷。

7月，发表《昭和十二年上半期的日本思想》（载于《自由》7月号）。该作被收入《增补 作为世界一环的日本》。

8月，发表《娱乐论——民众与娱乐·其积极性与社会性》（载于《唯物论研究》58）。见《户坂润全集》第四卷。

8月，发表《某种意义上我可称为"公式主义者"》（载于《中央公论》8月号）。见《户坂润全集》第一卷。

8月，发表《赞同日本文化中央联盟》（载于《东京日日新闻》8月10日夕刊号）。该作被收入《增补 作为世界一环的日本》。

9月，发表《再论关于科学精神（〈最近的日本科学论续篇〉——对于数学)》（载于《唯物论研究》59）。该作被收入《读书法》，见《户坂润全集》第五卷。

9月，发表《小仓金之助著〈科学性精神与数学教育〉》（载于《唯物论研究》59）。该作被收入《读书法》，见《户坂润全集》第五卷。

9月，发表《记与中野重治的北陆旅行——夏之纪行》（载于《唯研新闻》77）。见《户坂润全集》别卷。

9月，发表《思想动员论》（载于《日本评论》9月号）。见《户坂润全集》第五卷。

9月，发表《准战时体制与政治》（载于《政界往来》9月号）。该作被收入《增补 作为世界一环的日本》。

9月，发表《时局与评论（一）围绕科学精神展开来说》（载于《东京日日新闻》9月2日号）。该作被收入《增补 作为世界一环的日本》。

9月，发表《时局与评论（二）客观性文责之辩》（载于《东京日日新闻》9月3日号）。该作被收入《增补 作为世界一环的日本》。

9月，发表《时局与评论（三）关于肯定性精神》（载于《东京日日新闻》9月4日号）。该作被收入《增补 作为世界一环的日本》。

10月，发表《认识论是什么》[载于见与山岸辰藏（即山田坂仁）共著的《认识论》——《认识论全书》，三笠书房]。见《户坂润全集》第三卷。

10月，发表《哲学的现代性意义（一）》（载于《唯物论研究》60）。见《户坂润全集》第三卷。

10月，发表《技术精神是什么》（载于《科学主义工业》10月号）。见《户坂润全集》第一卷。

10月，发表《战争记者论》（载于《日本评论》10月号）。该作被收入《读书法》，见《户坂润全集》第五卷。

10月，发表《事变与言论》（载于《蛇号》10月号）。该作被收入《增补 作为世界一环的日本》。

10月，发表《和平论考察》（载于《自由》10月号）。该作被收入《增补 作为世界一环的日本》。

10月，发表《"流行物"论（一）流行物存在的魅力》（载于《都新闻》10月14日号）。该作被收入《增补 作为世界一环的日本》。

10月，发表《"流行物"论（二）为什么少年成为了英

雄》（载于《都新闻》10月15日号）。该作被收入《增补 作为
世界一环的日本》。

10月，发表《"流行物"论（三）流行物的头领与爪牙》
（载于《都新闻》10月16日号）。该作被收入《增补 作为世界
一环的日本》。

10月，发表《"流行物"论（四）为了什么而"必须惩
戒"》（载于《都新闻》10月17日号）。该作被收入《增补 作
为世界一环的日本》。

11月，发表《哲学的现代性意义（二）》（载于《唯物论
研究》61）。见《户坂润全集》第三卷。

11月，发表《米肖著、春山行夫译〈法兰西现代文学的
思想对立〉》（载于《唯物论研究》61）。该作被收入《读书
法》，见《户坂润全集》第五卷。

11月，发表《看"土"》（载于《唯研新闻》82）。见《户
坂润全集》别卷。

12月，发表《大河内正敏著〈农村的工业与副业〉》（载
于《唯物论研究》62）。该作被收入《读书法》，见《户坂润
全集》第五卷。

12月，发表《针对上野耕三氏》（载于《唯研新闻》86）。
见《户坂润全集》别卷。

12月，发表《走过一九三七年的日本》（载于《改造》12
月号）。见《户坂润全集》第五卷。

12月，发表《社大党法西斯化了吗？》（载于《日本评

论》12月号）。见《户坂润全集》第五卷。

12月，发表《战时体制下的思想界》（载于《蛇号》12月号）。该作被收入《增补 作为世界一环的日本》。

12月，发表《日本文化的特殊性》（载于《历史》12月号）。见《户坂润全集》别卷。

大约发表于这一年的其他著述：

《日本思想界的展望》（载于《日本科学年报》1937年版）。见《户坂润全集》第五卷。

《读书法日记》（《日本学艺新闻》）。该作被收入《读书法》，见《户坂润全集》第五卷。

《现代文学的主流——"文化拥护"问题的报告书》。该作被收入《读书法》，见《户坂润全集》第五卷。

《现代哲学思潮与文学》。该作被收入《读书法》，见《户坂润全集》第五卷。

《笛卡儿与引用精神》。该作被收入《读书法》，见《户坂润全集》第五卷。

《读〈人类的世界〉》。该作被收入《读书法》，见《户坂润全集》第五卷。

《小仓金之助著〈科学精神与数学教育〉》。该作被收入《读书法》，见《户坂润全集》第五卷。

公元 **1938** 年（昭和十三年）38 岁

从前一年末开始，户坂润与冈邦雄被勒令禁笔，这令唯物论研究会陷入了存亡危机。从这一年初开始，在会内围绕着解散与存续的议题展开了激烈的讨论。但在 2 月 1 日，由于大内兵卫等教授团体被检举，户坂润主张解散研究会，曾经的主要成员创设了《学艺》发行所，并将机关杂志《唯物论研究》改为《学艺》，试图以此为根据地做最后的抵抗。然而，由于 11 月 29 日唯研事件的爆发，主要成员都被检举，这一尝试也不得不刊发终止。这一事件之前的 11 月初，户坂润已经开始在克劳斯博士等人所在的上智大学内的《天主教大辞典》编纂部通勤，但由于唯研事件而被检举，直到 1940 年 5 月为止都被拘留在杉并警察署。

1 月，发表《读书法》（三笠书房）。见《户坂润全集》第五卷。

1 月，发表《"科学主义工业"的观念——关于大河内正敏的思想》（载于《唯物论研究》63）。见《户坂润全集》第五卷。

1 月，发表《熊泽复六著〈马克思主义艺术论〉》（载于《唯物论研究》63）。

1 月，发表《作为旧干事的一人》（载于《唯研新闻》87）。见《户坂润全集》别卷。

1 月，发表《关于所谓批评的"科学性"考察》（载于

《文艺》1月号）。见《户坂润全集》第四卷。

1月，发表《电影艺术与电影》（载于《电影创造》1月号）。见《户坂润全集》第五卷。

1月，发表《关于对纪德的修正》（载于《科学笔》1月号）。见《户坂润全集》第五卷。

2月，发表《无题——五年有半的回想》（载于《唯研新闻》88最终号）。见《户坂润全集》别卷。

10月，发表《批判精神与认识论之间的关系》（载于《学艺》10月号）。见《户坂润全集》第三卷。

公元1939年（昭和十四年）39岁

户坂润在杉并警察署拘留所内做了意气轩昂的斗争，被检举的"思想犯"们都受到激励。他从夏天开始到秋天书写了大量的手记，论证了唯物论研究并未触及《治安维持法》，并主张绝对无罪。这个时期他在拘留所的"俳句会"上以蔷薇亭华城（Rosa Luxemburg[①]）为号创作了俳句。"暑气来又去，却忆当年青叶祭，如置猿村里"（蒸せ返える青葉祭や猿の村）、"念此唐辛子，若待漫山红遍时，新人亦将至"（唐辛、赤くなるころ嫁の来る）等就是这时所作。这一年将住处搬到了杉并区阿佐谷六丁目二三八番地。

---

① 即德国无产阶级革命家罗莎·卢森堡。

公元1940年（昭和十五年）40岁

5月，户坂润被起诉，并被移交到东京拘置所。12月8日，被保释出所，两年又十天之后终于回到家里。

公元1941年（昭和十六年）41岁

从这一年起，开始就职于被检举关押前所工作的上智大学内《天主教大辞典》编纂部之中，每周通勤三四次。另外，亦作为企划顾问参与白扬社、伊藤书店（编辑长为本间唯一）等处的出版企划之中。户坂润不顾自己身负禁笔令并且还在受公审，发表了以下四篇论文。12月，一审判决结果是最高量刑的惩役四年，户坂润直接上诉。这一年后直到1944年9月下狱为止，户坂润为了迎接必然来临的时代，每晚都在自己家中撰写文稿。

2月，发表《与友情相关的随笔》（载于《改造》2月号）。见《户坂润全集》别卷。

6月，发表《科学与科学的观念》（载于《经济情报》政经编6月号）。见《户坂润全集》第一卷。

6月，发表《技术与科学的观念》（载于《东京帝国大学新闻》6月9日附860号）。见《户坂润全集》第一卷。

7月，发表《通往技术之道》（载于《都新闻》7月4日号）。见《户坂润全集》第一卷。

9月，发表《以生产为目标的科学》（载于《东京帝国大学新闻》9月8日附868号）。见《户坂润全集》第一卷。

公元1942年（昭和十七年）42岁

在夏天左右，审判开始了。12月，二审判决惩役三年。户坂润直接提出上诉。

公元1943年（昭和十八年）43岁

夏天和秋天，加入伊藤书店的安慰旅行中，到访了长野、上诹访、天龙川、太平峠等地。在此期间受内山贤次的推荐，开始了滑雪并大感有趣，时不时和内山贤次、森宏一、古在由重、本间唯一等人一起出门去信州岩原。12月，控诉院宣告判处惩役三年（先行羁押时间算四个月）。户坂润直接上诉。

公元1944年（昭和十九年）44岁

3月，大审院[①]审议后认为没有上诉理由，宣布维持原判，开庭才5分钟就闭庭。5月，在即将下狱的时候，户坂润以治疗牙齿为由提出延期申请，接着又因为当局的国民学校集团疏散计划，以长子和次女的疏散为由再进一步提出延期申请。8月，长女岚子被送入女学校勤劳动员处，长子、次女被送

---

① 即最高法院。

入长野县的集团疏散地。9月1日，在推断轴心阵营大约在一年后败退、民主主义革命将要来临之后，他被下狱于东京拘置所。

12月，《狱中通信》致户坂岚子阁下（12月12日早晨）"……升学的事情有眉目了我就安心了。……"

公元1945年（昭和二十年）44岁

5月1日，由于空袭，户坂润被移交到长野刑务所。7月23日，因为营养失调生了疥癣，引发了急性肾脏炎。8月9日，在酷热的监狱中死去。而且，在这之前的8月2日，因为八王子①的空袭，被送往友人家中的装有"重要文书"的包裹被烧毁了。其中包括了发表论文的杂志摘录、保释后所写的未发表原稿、计划中的草稿等。8月26日，在他自己家中举行了告别仪式。

1月，《狱中通信》致户坂岚子阁下（1月8日早晨）"……希望今年比去年更好。……"

2月，《狱中通信》致户坂岚子阁下（2月9日早晨）"……看到了吉报。为父真的很开心。……"

3月，《狱中通信》致户坂岚子阁下（3月2日午前）"……虽说是3月，但融雪之后还是很冷。……"

4月，《狱中通信》致户坂岚子阁下（4月12日午后）"……

---

① 日本地名，在东京以西。

春意越来越浓。但我这里还是相当冷。……"

5月，《狱中通信》致户坂岚子阁下（5月6日凌晨三点）（长野）"……这一天出发走了一晚，第二天凌晨到了长野市。……"

6月，《狱中通信》致户坂岚子阁下（6月2日午后）（长野）"……在这之后也没有任何改变吗？……"

7月，《狱中通信》致户坂岚子阁下（7月2日午后）（长野）"……这段时间不做五金匠人而做起了袜子职人。……"

12月，发表《狱中通信》（载于《人民评论》12月号）。见《户坂润全集》别卷。

公元1946年（昭和二十一年）

8月4日，葬于多磨墓地（二五区一种一八侧三二号）。

公元1968年（昭和四十三年）

《户坂润全集》第一卷至第五卷出版（劲草书房刊）

公元1979年（昭和五十四年）

《户坂润全集》别卷出版（劲草书房刊）

人名译名表

Adler	阿德勒	アドラー
Augustinus	奥古斯丁	アウグスティヌス
Beccaria	贝卡利亚	ベッカリーア
Bentham	边沁	ベンサム
Berkeley	贝克莱	バークリ
Biran	比朗	ビラン
Bogdanov	波格丹诺夫	ボグダーノフ
Briffault	布利法尔特	ブリフォールト
Brunetière	布鲁内蒂埃	ブリュンティエール
Bukharin	布哈林	ブハーリン
Carlyle	卡莱尔	カーライル
Cunow	库诺	クーノー
Cuvier	居维叶	キュヴィエ
Dietzgen	狄慈根	ディーツゲン
Dilthey	狄尔泰	ディルタイ
Diogenes	第欧根尼	ディオゲネス

Durkheim	涂尔干	デュルケム
Epicureanism	伊壁鸠鲁学派	エピクロス派
Fichte	费希特	フィヒテ
Gide	纪德	ジード
Green	格林	グリーン
Guyau	居友	ギュイヨー
Hampden	汉普顿	ハムデン
Hartmann	哈特曼	ハルトマン
Hattori Shisou	服部之总	服部 之総
Helvétius	爱尔维修	エルヴェシウス
Hilty	希尔蒂	ヒルティ
Hobbes	霍布斯	ホッブズ
Holbach	赫尔巴赫	ホルバッハ
Honda Kenzou	本多谦三	本多 謙三
Hume	休谟	ヒューム
Jodl	尤德	ヨードル
Kant	康德	カント
Kautsky	考茨基	カウツキー
Kollontai	柯伦泰	コロンタイ
Kozai Yoshishige	古在由重	古在 由重
Kropotkin	克鲁泡特金	クロポトキン
La Bruyère	拉布吕耶尔	ブリュイエール
La Rochefoucauld	拉罗什富科	ラ・ロシュフコー

Lipps	利普斯	リップス
Locke	洛克	ロック
Martineau	马蒂诺	
McDougall	麦独孤	マクドゥーガル
Miki Kiyoshi	三木清	三木 清
Montaigne	蒙田	モンテーニュ
Nakada Hiroshi	永田广志	永田 広志
Nakano Shigeharu	中野重治	中野重治
Natorp	纳托普	ナトルプ
Nietzsche	尼采	ニーチェ
Nishida Kitarou	西田几多郎	西田 幾多郎
Ogura Kinnosuke	小仓金之助	小倉 金之助
Oka Kunio	冈邦雄	岡邦雄
Õmori Yoshitarou	大森义太郎	大森 義太郎
Pascal	帕斯卡	パスカル
Plato	柏拉图	プラトン
Plekhanov	普列汉诺夫	プレハーノフ
Plotinus	普罗提诺	プロティノス
Pound	庞德	パウンド
Preobrazhensky	普列奥布拉任斯基	プレオブラジェンスキー
Reid	李德	リード
Saigusa Hiroto	三枝博音	三枝 博音
Saint-Hilaire	圣伊莱尔	サンティレール

Sakisaka Itsurou	向坂逸郎	向坂 逸郎
Scheler	舍勒	シェーラー
Schelling	谢林	シェリング
Seneca	塞涅卡	セネカ
Shaftesbury	沙夫茨伯里	シャフツベリ
Sidgwick	西季威克	シジウィック
Smith	斯密	スミス
Spinoza	斯宾诺莎	スピノザ
Staudinger	斯陶丁格	シュタウディンガー
Stevenson	斯蒂文森	スティーヴンソン
Stirner	施蒂纳	シュティルナー
Stoicism	斯多亚学派	ストア派
Tanabe Hajime	田边元	田辺 元
Tanaka Kiyoharu	田中清玄	田中 清玄
Tönnies	滕尼斯	テニエス
Tosaka Jun	户坂润	戸坂 潤
Vinogradoff	维诺格拉多夫	ヴィノグラドフ
Vorländer	福尔兰德尔	フォルレンダー
Windelband	文德尔班	ヴィンデルバント
Wolfson	沃尔夫森	ヴォリフソン
Yoneda Shoutarou	米田庄太郎	米田 庄太郎
Zeno	芝诺	ゼノン

第二部分　科学论

序

　　本书旨在对科学这一整体概念进行分析，试图回答科学究竟为何物。因此，我希望尽可能地从更生动的角度揭示科学自身的脉络。然而，就这一点而言，我并不认为我完全取得了成功。如果这本小书具有某种特色的话，那可能是因为其在自然科学与社会科学两大领域之间，着眼于二者的共性、差异及其关联性。

　　尽管在形式上略显教材化，但我始终坚持对科学本身进行评论的立场。这是因为，在当下这个充满复杂纷乱的状况与思想的世界中，我对"科学"的潜能怀有无尽的期待。

　　正好在七年前，我曾撰写了《科学方法论》（岩波书店）。此次的出版，无非是在相当程度上修正了那本旧作的立足点，并尽可能地扩大了其规模。然而，我认为旧作中所展开的某些体系与观点仍有可资利用之处。如果读者能将此书与《科学方法论》结合阅读，那将是我的幸事。此外，这本书的思想内容已经很大程度上分散体现在我此前发表的各类著作与论文中。如果读者能参考以下拙作，我将深感欣慰：《意识形态的逻辑学》（铁塔书院）、《意识形态概论》（理想社出版部）、《现代哲学讲义》（白扬社）、《技术的哲学》（时潮社）、《日本意识形态论》（白扬社）。

由于时间不足，本书中终究存在一些论证的省略与粗略之处，待日后再予以订正。此外，关于参考书目与文献，由于在正文中已陆续提及，故未在卷末另附文献目录。因而，许多本应列出的资料未能收入。

户坂润

一九三五年十月　东京

再版序言

　　正值此本书进入第二次预约配本之际，特对不少印刷错误进行了修正，并调整为再版的形式。尽管已尽可能进行校订，书中或许仍存在疏漏之处，故仍希望今后能得到读者的指正与帮助。

　　关于我的这本《科学论》，目前已有数位读者来函提出批评、意见与疑问。然而，由于事务繁忙，我未能一一作答，在此深感歉意。因书店也有此建议，我计划利用本丛书"唯物论全书"的"月报"栏目，逐步予以回复。

户坂润

一九三六年二月

第一章
科学的预备概念

————————————

　　广义上的科学，并不仅仅指各分支学科或特定领域的所谓"科学"（即特殊科学），而是泛指所有的学问。然而，"学问"这一观念或术语的内涵，也绝非在一开始就像今天人们普遍理解的那样具有严格的限定性。这一点可以从历史中找到佐证。例如，在弗兰西斯·培根[①]著名的学科分类体系中，"诗"（乃至诗学）也被归为学问的一个分支。若用当今的语言来说，文学乃至文艺也可被视为一种学问。

　　然而，与当今所谓"文学"通常不被视为严格意义上的学问一样，"诗"在其起初的意义上，也并非当今意义上的学问。当然，如果我们接受一种建议，即明确将"文学"一词从文艺（文学的艺术性创作）中区分出来，专指文献学、古典学或文学语言学的意义，那么这样的"文学"确实可以称得上一种学问。然而，即便如此，文艺依然常常被冠以"文学"这样一个看似属于学问的称谓，这不仅仅是由于日本或

————————————

① 弗兰西斯·培根（Francis Bacon，1561—1626），英国哲学家、政治家、科学家、法学家、演说家和散文作家，是归纳逻辑的创始人。

217

中国文化教养的特殊性（东方社会未能发展出类似于古希腊或近代的自然科学与社会科学体系，而以文字学和文献学为主导），更反映了在欧洲历史中，学问的概念与广义上的艺术或技术（ars — art — kunst）曾经处于多么紧密且未加区分的混杂状态。

> *① 文献学（philologie）主要指针对文字产物的历史研究及其研究方法。广义上的文字作品（literatur）是文献学的研究对象。——值得注意的是，观念论哲学与文献学（乃至解释学）之间的关系在当今学术研究中尤为引人注目。

在最广义或古典意义上，学问不过是艺术乃至技术的一部分。如果以这一观点为归结，去追溯学问的历史，我们不得不承认，学问曾经与艺术在原则上无法区分。艺术因其作为天才或某种人类创造的产物，被视为一种生产性的能动性（poiesis — poesie），并因此归属于技术的范畴（尽管这里所谓的生产性——能动性与技术，还不涉及生活资料的物质性生产技术）。同样，根据古代通行的观念，学问也是天才或某种人类创造的结果。即便在今天，学问仍然强调通过探索、发明和发现而得以成就这一侧面。因此，在古典意义上，每一

---

① "*"号后的文本是户坂润对之前一段文字所作的说明，是本书的特色。

种学问实际上都属于"自由艺术"的范畴。

　　*关于科学中的探索、发明与发现这一主题，可参考
雅各·皮卡德① 的《科学中发明逻辑的探讨》（*Essai sur
la Logique de l'invention dans les Sciences*）及《科学中发
明的积极条件探讨》（*Essai sur les Conditions positives de
l'invention dans les Sciences*）。

　　不仅如此，学问在中国哲学、印度六派哲学②、古希腊罗
马时期的哲学，以及中世纪的天主教神学中，往往自身即是
道德智慧或宗教信仰的一部分。此时，传道授教并非单纯的
知识或认知问题，也不是律法博士们或"学者"们专属的研
究范畴。作为"教"或"道"的学问，被认为必须依赖某种
权威。中世纪（在中世纪，一切的学问都被叫作哲学——甚
至包括光学也是如此）流行的一句格言，"哲学是神学的婢
女"③，正说明了学问不得不成为宗教的一部分，才可能在社会

---

① 雅各·皮卡德（Jacques Picard），法国哲学家，《科学中发明逻辑的探讨》《科
　学中发明的积极条件探讨》发表于 1928—1929 年，在当时学界引发过一定探讨。
　除此之外，我们对此人知之甚少。
② 六派哲学（ṣaḍ-darśana），亦作正统派（Astika），是印度哲学的六个主要派别，
　兴起于笈多王朝时期，即 5 世纪前后。共同尊奉《吠陀经》。这六派分别为：弥
　曼差（Mimāṃsā）、吠檀多（Védānta 或 Uttara Mimamsa）、数论（Sāṃkhya）、
　胜论（Vaiśeṣika）、正理论（Nyāya）、瑜伽（Yóga）。
③ 佩特鲁斯·达米亚尼（Petrus Damiani，1007—1072）有一句名言："哲学应当
　像婢女服侍主人那样为神圣的经典服务。"这句话后来被演绎为"哲学是神学的
　婢女"。

中立足。这种观念实际上强调，没有权威的东西，不可能是学问。在中世纪末期，哲学开始尝试从天主教神学的权威中独立出来，于是教会不得不高举上述格言以捍卫权威。

然而，现代学问无疑已经从艺术、道德教义和宗教信仰中独立出来。正因如此，现代学问本身被视为拥有一种独立的权威。这种学问权威的独立性既不依靠强权，也不依赖决议，亦不是基于修辞劝说的说服力。它甚至并非凌驾于社会秩序或者对社会秩序的适应，也非来自多数表决或者什么话术之类。然而，自近代以来，现代学问被确信具有独立性和权威性。显然，仅凭学问作为天才或人类创造物的特性，并不足以说明学问能够拥有其所匹配的有权威性的独立地位的原因。那么，近代科学的这种"独立性"究竟从何而来？换言之，近代科学的科学性存于何处？

近代学问的特点，明显在很大程度上体现在近代自然科学所占据的重要地位之中。毋庸讳言，现代诸科学的范畴远大于自然科学自身或与自然科学特质有所关联的学问。我们甚至可以说，那些迎合资产阶级社会文化特性而发展的历史学与社会科学，往往不仅不具备自然科学特质，甚至在某种意义上表现出反自然科学的倾向。然而，即便是具有这种倾向的学问，也不得不承认自然科学作为近代学问普遍标准的地位。因此，即使在历史学和社会科学中，也有许多学者主动模仿自然科学的特质，努力向其靠拢（如亨利·托马斯·巴克尔①的历史学、奥古斯特·孔德②的社会学、阿道夫·凯特勒③的社会科学、奥地利经济学派④和数理经济学⑤，以及泰纳⑥的文学史学等）。标榜反自然科学态度的资产阶级历史学和社会科学，恰恰是以成为其所试图打倒的对象为目标，来构成其存在的理由的。

　　＊关于"资产阶级科学"这一概念，尽管许多资产阶级学者（如马克斯·舍勒）自身并不认可其存在，但对于该概念的说明姑且可在欧内斯特·昂特曼⑦的《科学与革命》（*Sciences and Revolution*）中一探究竟。在马克思、思格斯的诸多著作中，这一概念的重大意义显而易见。

---

① 亨利·托马斯·巴克尔（Henry Thomas Buckle，1821—1862），英国历史学家，著有未完成的《英国文明史》，亦被称为"科技史之父"。

② 奥古斯特·孔德（Auguste Comte，1798—1857），法国哲学家，被认为是社会学以及实证主义的创始人。

③ 阿道夫·凯特勒（Lambert Adolphe Jacques Quetelet，1796—1874），比利时天文学家、数学家、统计学家、社会学家。他将统计学方法引入社会科学之中。

④ 奥地利经济学派是一种源自19世纪末奥地利维也纳大学经济学系的经济学思想流派，20世纪30年代后扩展至美国及其他地区。奥地利学派的研究方式和英国古典经济学相似，因而其理论研究方法可视为延续了15世纪以来的经济思想传统，受到大卫·休谟、亚当·斯密、李嘉图、巴斯夏等经济学家的影响。

⑤ 数理经济学（mathematical economics）是运用数学方法来阐述经济学理论和分析经济学问题的学科。从广义上说，数理经济学是运用数学模型来进行经济分析，解释经济学现象的理论。

⑥ 伊波利特·阿道夫·泰纳（Hippolyte Adolphe Taine，1828—1893），法国评论家与史学家，实证史学的代表。

⑦ 欧内斯特·昂特曼（Ernest Untermann，1864—1956），德裔美国海员、社会主义作家、翻译家、报纸编辑。他是《资本论》的第一位美国译者。其《科学与革命》出版于1905年。

无论是否承认自然科学对当代科学整体的代表权，又或者是否承认其代表权附带某种限制或是有某种替代物或者条件，现代学问中自然科学的公开主导地位，仍被普遍视为文化史上的基本假设。关于自然科学的特征，目前已有各方给出了各种解释。常见的观点有以下两种：一是自然科学的研究方法是精密的，数学得以被充分应用；二是能够发现规律并进行现象的普遍化。这两种见解是现在占据主流地位的"科学论"的代表性观点。尤其是在科学论方面成就显著的新康德学派中取例，赫尔曼·科亨[1]、保罗·吉哈德·纳托普、恩斯特·卡西勒[2]等人主张自然科学的精确研究方法，而威廉·文德尔班、海因里希·李凯尔特[3]等人则以后一种观点著称。

＊相关文献包括：赫尔曼·科亨的《纯粹认识的逻辑》（*Logik der reinen Erkenntnis*）、保罗·纳托普的《精确科学的基础》（*Die logischen Grundlagen der exakten Wissenschaften*）、恩斯特·卡西勒的《实体概念与函数概念》（*Substanzbegriff und Funktionsbegriff*）、威廉·文

---

[1] 赫尔曼·科亨（Hermann Cohen，1842—1918），德国犹太哲学家，新康德主义马堡学派的创始人之一，通常被称为"19世纪最重要的犹太哲学家"。

[2] 恩斯特·卡西勒（Ernst Cassirer，1874—1945），德国哲学家，生于西里西亚布雷斯劳（今波兰弗罗茨瓦夫），于1939年成为瑞典公民，死于美国纽约。受教于马堡的新康德主义传统，卡西勒发展出一套独特的文化哲学。

[3] 海因里希·李凯尔特（Heinrich Rickert，1863—1936），德国哲学家和历史学家，新康德主义弗赖堡学派的代表人物。他出生于但泽（今波兰格但斯克），逝于海德堡。

德尔班的《学术杂篇》（Präludien）、海因里希·李凯尔特的《自然科学概念形成的界限》（*Die Grenzen der naturwissenschaftlichen Begriffsbildung*）。此外，还需提及以下相关论著：马克斯·弗里谢森-科勒[①]的《科学与现实》（*Wissenschaft und Wirklichkeit*）、保罗·福尔克曼[②]的《自然科学认识论基础》（*Erkenntnistheoretische Grundzüge der Naturwissenschaften*）、乔纳斯·科恩[③]的《认识的前提与目标》（*Voraussetzungen und Ziele des Erkennens*）、热拉尔杜斯·海曼斯[④]的《科学思维的法则与要素》（*Die Gesetze und Elemente des wissenschaftlichen Denkens*）。

然而，从历史角度来看，自然科学最为重要的特点，莫过于它建立在丰富且充分的实验基础之上，并最终能够从实验中引导出一切理论。这是必然如此的。这一点也凸显出实验作为科学发展的核心地位。虽然实验的本质问题并不简单，

---

① 马克斯·弗里谢森-科勒（Max Frischeisen-Köhler，1878—1923），德国哲学家、心理学家和教育家。他被认为是人文教育的代表。

② 保罗·奥斯卡·爱德华·福尔克曼（Paul Oskar Eduard Volkmann，1856—1938），德国物理学家、哲学家和科学史学家。他曾在哥尼斯堡大学（今俄罗斯加里宁格勒国立技术大学）工作。受康德影响，他认为知识基于主体和客体之间的互动，所有概念都是相对的。

③ 乔纳斯·科恩（Jonas Cohn，1869—1947），德国哲学家和教育家。他被认为是新康德主义者，在哲学、教育学和心理学方面有所建树。

④ 热拉尔杜斯·海曼斯（Gerardus Heymans，1857—1930），荷兰哲学家和心理学家。他是荷兰非常有影响力的哲学家之一，也是荷兰心理学的先驱。他的心理学实验室的建立标志着荷兰实验心理学的开始。

需另辟篇章探讨，但至少可以确认，实验是人类认知中最具实践性的手段。从这个意义上来说，观察可以被视为实验的初步或低级形式，因此可以看作实验的重要契机。

严格来说，实验并非为自然科学所独有。因此，将实验视为自然科学的专属特征的说法并不确切。在社会科学领域，尽管实验的形式与自然科学有所不同，但进行具有实验性质的科学操作依然可能，并且也被认为是必要的。然而，社会科学中实验观念的出现，其动机往往是试图让社会科学更接近自然科学。因此，这反而更加确证了，实验为自然科学的标志性特点。

　　*例如在经济学中，E. Simiand① 曾详细论述实验的可能性与必要性（参见拙著《现代哲学讲义》中"社会科学中的实验与统计"一章）。

观察与实验，事实上并非始于近代自然科学的兴起。埃及的医学、天文学、几何学，以及巴比伦的星象学，无一不是观察与实验的产物。从泰勒斯到亚里士多德，古希腊自然哲学的发展，同样是汇集优秀观察与实验结果的过程。在中世纪，观察与实验不仅见于阿拉伯的自然科学（其建立在希

---

① 应当指法国社会学家和经济学家，弗朗索瓦·约瑟夫·查尔斯·西米昂（François Joseph Charles Simiand, 1873—1935）。作为亨利·柏格森和埃米尔·涂尔干的学生，西米昂提出了一种将经济学视为一门基于可观察现象而不是方便假设的社会科学的观点。此处误作"E. Simiand"或为印刷错误。

腊自然哲学及印度数学的影响之上），即使在欧洲的神学家中，也并非完全脱离观察与实验。例如，以光学研究著称的维特罗[1]，以及据说特别重视实验的罗吉尔·培根[2]，后者是13世纪的方济各会修士。然而，尽管如此，中世纪欧洲的学问并非以自然为主要对象，而是集中于《圣经》（尤其是拉丁文译本）及其注释书中。"自然之光"被"书写之光"所掩盖。在领主制、教权制与封建体制主导的中世纪欧洲，由于缺乏为提升物质生产技术而大规模探究自然的必要性，实验这一手段亦没有理由上升为学问中的自觉方法。

到了所谓的文艺复兴时期（从14世纪至16世纪——包括但丁到莎士比亚的时代），学问通过揭露歪曲的《圣经》诠释及教会的不正当手段（如伪造的教皇领地文件），复归于柏拉图的理论，进而回归到原本的亚里士多德的理论，推动了古典传统的复兴。与此同时，学术与艺术也从属于神与僧侣领主阶级的文化逐渐过渡到自由的人文文化。然而，即使在古希腊，也未完全具备足以明确强调实验（及观察）重要性的条件。单单运用观察与实验，并不足以揭示或觉察实验的真正意义。例如，亚里士多德的《物理学》（*Physika*），既非直

---

① 维特罗（Vitello 或 Vitelo，1230—1280 以后 1314 年之前），又名维特隆（Witelon）、维特罗（Witelo, Wittello）、威特里欧（Vitellio）或威特里欧·图林根波兰（Vitello Thuringopolonis）。他是波兰修士、神学家、物理学家、自然哲学家及数学家，也是波兰哲学史上的重要人物。

② 罗吉尔·培根（Roger Bacon，1214—1292），英国方济各会修士、哲学家、炼金术士。他学识渊博，著作涉及当时所知的各门类知识，并对阿拉伯世界的科学进展十分熟悉。他主张通过实验获得知识。

接基于实验，也未完全依赖于直接的自然观察。正如狄尔泰[①]所强调的，这仅是对自然的解释，而非建立在自然事实之上的实验性因果说明。因此，从严格意义上讲，这种方法与近代自然科学相去甚远。尽管他的动物学理论大量利用了观察与实验，但遗憾的是，这并非亚里士多德学术方法的代表性部分。

对实验及作为其一环的观察在学术中的不可避免的重大意义的认识，无疑始于近代，并伴随着近代自然科学精神的兴起。正是在此意义上，实验首次成为近代自然科学的特征。作为研究手段的实验，对它的重视始于13世纪，这里可提及与罗吉尔·培根同时代的弗赖堡的迪特里希（Dietrich von Freiberg）[②]和佩特鲁斯·马里库特[③]的名字[④]。尽管罗吉尔·培根因提倡实验最为著名，但他本人并未直接进行实验。而在实验的实际操作方面，最具影响力的人是伽利略，因此伽利略被称为"自然科学之父"是有理由的。在提出实验的重要

---

① 威廉·狄尔泰（1833—1911），德国哲学家、历史学家、心理学家、社会学家。现代西方哲学的一些重要流派，如雅斯贝尔斯的精神病理学、胡塞尔的现象学、海德格尔的存在主义、伽达默尔的解释学都带有狄尔泰论述的烙印，社会学家韦伯、曼海姆等也受到狄尔泰的影响。

② 弗赖堡的迪特里希（Dietrich von Freiberg，1250—1311），多明我会的德国成员，也是一位神学家、哲学家和物理学家。1293 年，他被任命为多明我会的教省长官（provincial），这是天主教三十六教会圣师之一的圣阿尔伯特（Albertus Magnus）的旧职位。迪特里希被人们认为是中世纪著名的哲学家和神学家之一。

③ 佩特鲁斯·马里库特（Petrus Peregrinus de Maricourt，1269 年生），法国数学家、物理学家和作家，以对磁力和罗盘的研究著称。

④ 【户坂润原注】参考：H. Dingler, *Das Experiment*。

性并亲自尝试某种程度实验的人中，或许应该提到早于弗兰西斯·培根的列奥纳多·达·芬奇[1]。然而，达·芬奇可能私下参考了阿格里科拉[2]的技术词典，他更多地将自己定位为优秀的筑城家和兵法家，作为技术专家而非现代意义上"纯粹"的自然科学家。[3]尽管自然科学的进步以技术或技术学为基础，但自然科学所体现出的前文所述的"独立性权威"，以及自然科学的某种自律性的现象，则是至关重要的事实。因此，最终伽利略的名字及其实验精神被与自然科学的特质紧密联系在一起。

弗兰西斯·培根在解释实验的一种意义时，将其比喻为"对自然施加拷问"。对于现代唯物论而言，人类在社会中与自然的基本关系被认为是对自然的榨取。而实验正是为了从自然中进行无休止的榨取所采用的根本手段之一。这种看似过于功利的自然观与自然科学观，实际上更深刻地洞察了自然科学的科学性本质。对于任何真正的科学而言，实在（包括自然）是一个运动的过程。对自然的认知，不仅不应该止步于对现有自然现象的认识与利用，而且必须包含对过去现象的反思以及对未来现象的预测。否则，甚至对于现有自然

---

① 【户坂润原注】参考：W. Frost, *Bacon und die Naturphilosophie*，第220页及后续。
② 格奥尔格乌斯·阿格里科拉（拉丁语：Georgius Agricola。原名德语：Georg Pawer，将姓名拉丁化乃当时的一种风尚。1494—1555），德国学者，被誉为"矿物学之父"。1556年，阿格里科拉的遗作《论矿冶》出版。这部著作被誉为西方矿物学的开山之作，汤若望曾译成中文，名为《坤舆格致》。
③ 【户坂润原注】参考：I. B. Hart, *The Great Engineers*，第37页及后续。

现象的认识与利用也将不可能。因此，自然科学对自然的认知不得不具备一种"为了预测而观察"的有效性，而实验正是实现这一点的必要手段。若非如此，实验的存在还有何意义？

从这一点来看，自然科学的科学性可以归结为其实证性。这一特性由奥古斯特·孔德的实证主义所强调，但孔德及其后继的各种实证主义理论，因其与一种现象主义和经验主义（甚至包括超经验主义，如埃德蒙德·胡塞尔的观点）相结合，难以原原本本地将之适用于此处。真正的预测能力并非源自实证主义，不得不说，这是唯物论的独特能力。然而，自然科学恰恰在唯物论的高度为自身预设了一个"自然化"的立场，从而将其科学性包含在实证性之中。因此，自然科学的本质特征可以被明确地定位为一种不可动摇的实证科学。

这种实证性，即"为了预测而观察"，将自然科学及其作为公共标准的当代科学，与其他所有文化形式区分开来。文艺、道德、宗教（如果宗教也可以被归为文化形式）尽管可能以现实的实际材料为基础，并对实际问题提供某种解决方案，甚至包含既有的信仰（positive religion），但它们绝非仅仅在"为了预测而观察"的意义上是实证的（positive）。实证性不仅仅意味着事实性，而且是指能够验证的特性。而验证的意义正在于对特定预测进行检验。因此，我们的问题最终集中于，以这种实证性为代表的自然科学与其他科学（或学问）之间的关系，并自然而然地引申为科学与哲学之间的关系。

原本科学是从哲学中分离出来的，并且最初是哲学的一部分，这一点恐怕在此已经无须赘述了。例如，直到19世纪后期，"自然科学"一词与"自然哲学"一词之间并未有明确的区分。在当代，取代自然哲学的是自然科学，而人们普遍地认为这已经足够了（与此同时，在近来的政治反动时期，伴随着浪漫主义神秘思想的复兴，例如在纳粹德国的背景下，通过探讨身心关系等问题，一种新的自然哲学正逐渐重新兴起）。然而，对于社会科学乃至历史科学而言，由于其具有无法普遍适用于所有社会阶层的特性，即便是在今天，甚至在最近的特殊环境下，与这些科学密切相关的各种社会哲学和历史哲学仍然受到重视。

关于这类自然、社会、历史的"哲学"，其意义并不限于哲学的各个分支领域。实际上，这些哲学正是强调其自身是有将哲学整体以及哲学本身与一切"科学"区分开来的必要性的。换句话说，这种尝试的兴趣在于，在科学之外保留某种哲学的存在，哪怕这并不一定需要被视为一门学问。这种尝试明显的表现形式之一是对各种"科学批判"的方式。科学（特别是自然科学），如我们前文所述，是实证性的。论者也从这一特性出发，承认科学（尤其是自然科学）的实证性。但相对而言，哲学被视为具有批判性的学问，这是其与科学的本质区别所在。

终究，"实证的"（positive）这一西方词语，有着积极的、肯定的，或正面的含义。例如，孔德在与传统哲学（依他的话而言，即形而上学）对比时，认为形而上学一词带有消极的、负面的意义，而在此意义之上，它是批判性的。尤其是康德所谓的"批判主义"，被孔德视为这一观念的典型例证。在孔德看来，自然科学本身构成了所有学问的普遍标准，而只要哲学依从这一标准，哲学与科学便无本质区别。因此，哲学作为独立科学的存在理由，最终在这一体系中消失。然而，这种实证主义与科学（特别是自然科学）的万能主义，最先让学术界感到威胁的，是德国的哲学教授们。他们将其视作黑格尔哲学体系的精妙完结及其随后发生的同样精妙的崩溃，而这意味着哲学自身的完成与完完全全的没落。为从这一危机中挽救"作为学问的哲学"，人们想到了一个应对之策：将康德批判主义中被视为消极或负面的部分原原本本地逆转为一种肯定的、正面的内容。这样，批判本身不得不成为当今哲学独立且积极的功能。这一观念主张，科学以实在为对象，而哲学则转向研究诸如价值、通用性等非实在性的，或者说更高阶的关系与事态（如李凯尔特和埃米尔·拉斯克[①]等人的范畴论）。此外，一些思想家更深入地探讨了科学的内容，认为哲学的任务在于对科学的方法、基本概念以及预设

---

① 埃米尔·拉斯克（Emil Lask, 1875—1915），德国哲学家。他是李凯尔特的学生，是新康德主义西南学派的成员。

（假说）进行批判，给出基本定义并赋予意义（如马堡学派[①]的范畴论）。

　　*这种观点可追溯至鲁道夫·赫尔曼·洛采[②]，他既是医生又是哲学家，试图从科学中拯救形而上学（参考《逻辑学》）。此外，胡塞尔的"作为严格学科的哲学"这一理念，也可视为对孔德实证主义的一种先验化改造。

　　然而，这种关于科学与哲学之间关系的设想，绝非限于德国的新康德学派。在法国哲学传统中一个颇具影响力的分支，即"科学哲学"中，许多学者也将对科学用独特的方法进行的"批判"罗列为哲学的主要任务之一。正如朱尔·亨利·庞加莱[③]和亨利·柏格森[④]等人的例子（从心理学、生理学、社会学等领域亦可找到极多类似的例证）所明确显示的

[①]　新康德主义主要分为马堡学派和西南学派。赫尔曼·科亨是马堡学派的主导者，其他代表人物有保罗·纳托普和恩斯特·卡西勒。西南学派（也被称为巴登学派或海德堡学派）代表人物有威廉·文德尔班，海因里希·李凯尔特和恩斯特·特洛奇。马堡学派重视认识论和逻辑学，而西南学派强调文化和价值问题。以伦纳德·尼尔森为代表的第三个团体创立了新弗里斯学派。

[②]　鲁道夫·赫尔曼·洛采（Rudolf Hermann Lotze，1817—1881），德国哲学家、逻辑学家。他还拥有医学学位，并且精通生物学。

[③]　朱尔·亨利·庞加莱（Jules Henri Poincaré，1854—1912），通常被称为亨利·庞加莱，是法国伟大的数学家之一，理论科学家和科学哲学家。庞加莱被公认为19世纪后和20世纪初的领袖数学家，是继高斯之后对于数学及其应用具有全面知识的最后一位数学家。

[④]　亨利·柏格森（Henri Bergson，1859—1941），法国哲学家，以优美的文笔和极具吸引力的思想著称。1928年，以《创造进化论》获得1927年度的诺贝尔文学奖的

那样，在"科学哲学"学者中，许多人本身就拥有作为自然科学领域专业人士的相关资质。例如，物理学家安德烈·拉朗德[①]和化学家埃米尔·迈耶森[②]等人。这使得他们的批判在某些情况下对自然科学本身有显著的帮助。事实上，这些人的哲学是从自然科学本身出发，并且看上去始终站在自然科学本身的立场上展开讨论的。然而，尽管如此，他们实际上并未完全停留在自然科学的原初立场上，而是常常试图将其扩展为各种任意的哲学世界观（多为强烈的观念论倾向）。因此，在这些哲学家那里，哲学的观点与科学的观点并不总是完全一致的。而这种不一致，恰恰体现了实证与批判之间的典型鸿沟。此外，还有一种可以称为"实证的批判主义"的思潮，例如恩斯特·马赫[③]、理查德·阿芬那留斯[④]以及约瑟

---

① 安德烈·拉朗德（André Lalande，1867—1964），法国哲学家。他是法国哲学学会的创始人之一。1904年，他被任命为巴黎大学哲学教授。

② 埃米尔·迈耶森（Émile Meyerson，1859—1933），出生于波兰的犹太裔法国认识论者、化学家、科学哲学家和犹太复国主义活动家。

③ 恩斯特·马赫（Ernst Mach，1838—1916），奥地利实验物理学家和哲学家。马赫的物理学研究课题主要包括光的传播规律和超音速现象，马赫数和马赫带因其得名。马赫大力强调了经验主义和实证主义在科学研究中的重要性，为科学哲学的发展奠定了基础。马赫的思想在哲学界和科学界都有很大影响力，后来出现的逻辑实证主义借鉴并发展了马赫的科学哲学。

④ 理查德·阿芬那留斯（全名为Richard Ludwig Heinrich Avenarius，1843—1896），德裔瑞士哲学家，苏黎世大学教授。他提出了激进实证主义学说"经验批判"或经验批判论。

夫·佩措尔特①等人的经验批判论（即经验理性的批判）。然而，这种批判主义将实证的自然科学与批判性的所谓哲学分割开来，实际上在不知不觉中陷入了一种矛盾。对此，列宁在《唯物主义与经验批判主义》一书中进行了详细的分析和批判。

　　*关于"科学哲学"，还可列举埃德蒙德·戈布洛特②、G. 米约③、安德烈·拉朗德、莱昂·布伦施维克④、L. 韦伯⑤、爱德华·勒罗伊⑥、埃蒂安·布特鲁⑦、费利克斯 - 亚历山大·勒丹特克⑧、夏尔·埃米尔·皮卡⑨和保罗·坦

---

① 约瑟夫·佩措尔特（Joseph Petzoldt，1862—1929），德国实证主义哲学家。他被称为几个旨在在科学界推进实证主义哲学团体的创始人，并且是相对论的早期支持者，他根据他的"相对性实证主义"（relativistic positivism）哲学对其进行了解释。

② 埃德蒙德·戈布洛特（Edmond Goblot，1858—1935），法国哲学家和社会学家。

③ 原文为"G. ミヨ"。

④ 莱昂·布伦施维克（Léon Brunschvicg，1869—1944），法国哲学家。

⑤ 原文为"L. ヴェーバー"。

⑥ 爱德华·勒罗伊（全名为 Édouard Louis Emmanuel Julien Le Roy，1870—1954），法国哲学家，为亨利·柏格森的好友。

⑦ 埃蒂安·布特鲁（全民为 Étienne Émile Marie Boutroux，1845—1921），法国科学哲学与宗教哲学家，亦是一位哲学史学者。他坚决反对科学中的唯物主义立场，并主张精神哲学，强调宗教与科学的相容性。

⑧ 费利克斯 - 亚历山大·勒丹特克（Félix-Alexandre Le Dantec，1869—1917），法国生物学家兼科学哲学家。他被描述为"一位狂热的拉马克主义者、无神论者、一元论者、唯物主义者及决定论者"。

⑨ 夏尔·埃米尔·皮卡（Charles Emile Picard，1856—1941），法国 19 世纪末 20 世纪初杰出的数学家之一。

纳里①等人。除了后四位之外，勒内·普瓦里耶②的《科学哲学》（*La Philosophie de la Science*，1926）是一部便于参考的著作。此外，还可参考多米尼克·帕罗迪③的《当代法国哲学》（有三宅译本）。

"科学论"（Wissenschaftslehre）——需注意，这里所指的并非费希特或伯纳德·波尔察诺④等人所提的知识学（Wissenschaftslehre）——以及"方法论""认识论"或"逻辑学"，通常作为一种与实证对立的这类批判的哲学的避难所或安身地。然而，需要注意的是，我们将在后文中看到，哲学在面对自然科学时，较难与之保持和谐关系；而与历史科学或社会科学的关系则相对更为融洽。所谓精神科学或文化科学，理论上本应该归属于历史科学或社会科学的范畴。然而事实上，某些类型的精神科学直接以一种哲学形式原原本本地表现出来，例如狄尔泰提出的世界观学（Weltanschauungslehre）。作为精神科学的哲学主张，自然科学的目标是对作为对象的自然进行因果性的解释；而与此相对的，作为精神科学的哲学，则旨在解读、理解其对象，并

① 保罗·坦纳里（Paul Tannery，1843—1904），法国数学家和数学史学家。

② 勒内·普瓦里耶（René Poirier，1900—1995），法国哲学家。

③ 多米尼克·帕罗迪（Dominique Parodi，1870—1955），法国哲学家、教育家。

④ 伯纳德·波尔察诺（Bernard Bolzano，1781—1848），波希米亚数学家、逻辑学家、哲学家、神学家及天主教神父，具有意大利血统，并以其自由主义观点而闻名。波尔察诺的著作主要以其母语德语撰写。其学术贡献在生前未受广泛关注，而大部分影响力是在其去世后逐渐显现的。

为其赋予意义和特性。为了取代实证主义以定量预测为中心的方法，这种哲学或多或少强调需要某种近乎神话式的"占卜"或"透视"（divination）作为认识工具。

然而，这一思想的根基或者说纠结始终的认识在于，认为哲学的对象并非狭义上的"实在"或"现实存在"，而是作为"第二次性"或更高层次的对象表现出来的表面现象。当历史性与社会性的存在成为哲学的对象时，它们无一例外地都以表面现象的形式出现。显然，表面现象无法作为解释，我们只能对其进行意义上的解读和阐释。实际上，与实证相对立的批判，也不过是解释相对于说明的一种表现形式。因此，这种立场无非是在先前批判主义立场上的进一步扩展。其结果是，它拉大了自然科学或类似自然科学的学问与哲学之间的距离，使两者的界限更加分明。

　　＊威廉·狄尔泰的思想，参见其全集第五、七、八卷。此外，可参考《哲学是什么》（铁塔书院）中关于狄尔泰的译文部分。

进一步且彻底地甚至带有妄想地扩大这种距离的，是将"知识"与"教义"或"道"对立起来的立场。这种观点是，东方伦理或宗教真理不仅不属于自然科学或广义上的"科学知识"，而且超越科学的领域，存在于某种绝对的、类似"平流层"的世界之中。当然，当这一类型的哲学观需要具备一定的文化外观时，其主张通常不会忽略强调自身与科学知识并非本质矛盾。然而，这种妥协多半是表面化的形式性礼节。实际上，为了"教义"或"道"，科学真理或科学性思维在必要时总是可以被随意牺牲的。颇为讽刺的是，这种高远的哲理，却与现代堕落中的市民社会中最为卑俗的"常识"以及部分"专业"哲学家的思想不谋而合。在这类既深奥又肤浅的哲理之中，前文所云的任何科学性或实证性自然完全不可能存在。当然，这些已经偏离了当前我们讨论的问题，只能留作遗憾。

> ＊例如，可参见西晋一郎[1]的《东方伦理》，以及各种既有或新兴宗教与所谓"真理运动"。——在极端情况下，这种"教义"或"道"甚至从"平流层"的高度降临人间，试图干预自然科学或社会科学中的因果链条，仿佛偶因论中的神一般，施展某种神妙的干涉力量。触碰到这些"教义"或"道"的片段后，据说病患能够立刻痊愈，无产者也能一夜暴富，这正是此类思潮的典型表现。

为了避免学术被导入这种戏剧化的分裂和自我崩溃趋势而陷入困境，我们恐怕需要摒弃一种认为科学与哲学之间的绝对对立的观念，转而寻求一种认为两者基于内部交互从而

---

[1]　西晋一郎（西 晋一郎，1873—1943），日本哲学家、伦理学家。他与京都帝国大学的西田几多郎博士并称"两西"，是伦理学界的权威。他对儒学也有研究。

产生关联的观念。有一种颇为广泛的观点是，科学是各个专门学科的集合，而哲学则是这些成果的综合体。或者换句话说，我们可以简单扩展科学本身的立场，将其直接引导至哲学的世界观之中。例如，弗里德里希·威廉·奥斯特瓦尔德[1]的能量学（Energetik）理论、恩斯特·海克尔[2]的进化论和反宗教理论，以及19世纪俗流唯物论者的观点都反映了这一立场——其中最著名的是毕希纳[3]的《力与物质》（*Kraft und Stoff*），它推广了一种以"力与物质"为核心的世界观。如果这一观点被完全接受，那么哲学将无法再拥有任何独特的意义。它只会单单作为一种便利的书写称谓，或作为集合名词存在而被使用，成为干巴巴的名词。这种立场的最大不幸在于，哲学被排除于科学之外后，人们反而不得不采用机械论这一极度贫乏的哲学观。而正因为如此，科学乃至自然科学本身，在研究方法和成果的规范化上，难以避免徒劳无功。事实上，各类所谓的实证主义以及"科学主义"等，皆是机

---

① 弗里德里希·威廉·奥斯特瓦尔德（德语：Friedrich Wilhelm Ostwald，1853—1932），出生于拉脱维亚的德国籍物理化学家。他被认为是物理化学的创立者之一。他在颜色学、科学史和哲学方面也有独到的贡献。1909年因其在催化剂的作用、化学平衡、化学反应速率方面的研究的突出贡献，被授予诺贝尔化学奖。

② 全名为恩斯特·海因里希·菲利普·奥古斯特·海克尔（Ernst Heinrich Philipp August Haeckel，1834—1919），德国生物学家、博物学家、哲学家、艺术家，同时也是医生、教授。海克尔将查尔斯·罗伯特·达尔文的进化论引入德国并在此基础上继续完善了人类的进化论理论。

③ 全名为弗里德里希·卡尔·克里斯蒂安·路德维希·毕希纳（Friedrich Karl Christian Ludwig Büchner，1824—1899），德国哲学家、生理学家及医学家，19世纪科学唯物主义的代表人物之一。

械论的具体表现形式之一。

　　这是一种试图通过几乎完全无条件地将科学与哲学保持一致，从而最终将两者归结为科学一方并使哲学消解的情况。然而，与此相反，也有试图通过同样将两者保持一致，最终将其吸收于哲学一方的情况。黑格尔将当时的各种实证科学视为仍停留在悟性阶段的学问。因为在他看来，这些科学始终局限于形式逻辑的层面，困扰于各类范畴的绝对对立与固定化。因此，他在《哲学科学全书》中，似乎成功地将一切科学作为辩证法或更准确地说是思辨性的体系的各个部分纳入其中。不过，尽管黑格尔具有如此卓越的洞察力，但由于他过于信赖其思辨性的解释哲学式辩证法，这种对科学的辩证法式拯救最终未能摆脱固定化的框架，最终使之陷入了与实证科学自身内部的历史性发展相独立的状况。事实上，实证科学只有在其自身的历史发展过程中，才能被意识到其在机械性、悟性形式主义立场下的内在矛盾，并由此必然地发展至自觉的辩证法阶段。然而，黑格尔却完全非历史性地将这些科学转化为一种囊括一切的"体系"，并使其僵化为化石般的结构。因此，在黑格尔哲学，尤其是其自然哲学面前，依然存在着被他贬斥为悟性阶段的自然科学，它不仅延续了其笨拙却极具前景的存在形式，而且最终迅速超越了黑格尔的"哲学"体系本身。尽管他并未表现出明确的想攀升至辩证法阶段的意识。

　　就其结果来看，不仅黑格尔哲学遭遇了历史性的悲剧，甚至针对哲学整体（其实是资产阶级哲学）所发出的绝望与嘲讽之声也甚嚣尘上。而近代以来关于哲学与科学关系的各种解释的徒劳努力，也正是从这一点开始的。

为了研究科学与哲学的关系，我们此前主要聚焦于自然科学，但现在有必要以社会科学为中心再次审视这一问题。

除非社会科学选择一种极为自觉的形式主义立场，就像当代资产阶级社会学那样，否则即使从常识的角度来看，社会本身也包含了大量无法通过非历史性视角解决的显著问题，而这正因为社会是历史的产物。因此，从实质上看，社会科学与历史科学并无根本区别。在可以将社会科学与所谓的社会学相区分的层面上，我们或许可以将社会科学与历史科学区分开来，甚至可以区分历史科学与史学（或历史学）。然而，这种细致的讨论可留待以后解决，现在不妨暂时将社会科学视为实质上等同于历史科学的领域。

这一社会科学或历史科学至今为止与哲学的关联比自然科学更为紧密。人们通常认为，古希腊哲学的起源，即古希腊自然哲学的起源，是对希腊神话（来自爱琴海或埃及）的批判。然而，毫无疑问，以荷马之名传颂的叙事诗神话也是历史起源的一部分。在希腊，民族史学经由希腊史学家波里比阿①而达到了世界史的阶段，而这一进程同时也标志着历史

---

① 波里比阿（Polybios，约前200—约前118），古希腊时代的政治家和历史学家，以《通史》一书留名传世，原书40卷，只有前5卷传世和其他部分的一些片段传世。记叙地中海周边的历史，著作中描述了罗马共和国的崛起。他在密码学上也有建树，"波里比阿方表"即以他命名。

哲学的开端。历史哲学继承了希伯来思想的传统（如圣奥古斯丁的思想），最终成为中世纪哲学（基督教哲学）的一大基础。而作为其前驱的，正是史学乃至世界史。

若将社会科学限定于狭义范围内，与历史科学相区分，那么这一点就显得更加清晰。尽管现代经济学（政治经济学）有所发展，但直到近代，政治学一直被普遍认为是社会科学的正统代表。特赖奇克[①]力主政治学之外无须社会科学（实际上是指现代意义上的"社会学"），这一观点从这一点上来看是饶有趣味的。值得注意的是，这种政治学，无须特别称为"政治哲学"，它自古典哲学以来，始终是哲学本身的一个分支。柏拉图和亚里士多德并未将政治学作为纯哲学的应用或科学来进行相关著作的书写。正如亚里士多德的《伦理学》在原则上是哲学的一个分支，他的《政治学》（*Politika*）也是哲学的一个原则性分支。

  *特赖奇克的《社会科学》（*Die Gesellschaftswissenschaften*, 1859）被视为社会学研究的经典著作。

无疑，现今资产阶级学术界的政治学在表面上几乎与（资

---

① 全名为海因里希·戈特哈德·弗赖赫尔·冯·特赖奇克（Heinrich Gotthard Freiherr von Treitschke, 1834—1896），德国历史学家、政治作家及德意志帝国时期帝国议会（Reichstag）国家自由党成员。他是一位极端民族主义者，主张德国殖民扩张，并反对大英帝国。此外，他在德国国内持强烈排斥立场，反对天主教徒、波兰人、犹太人及社会主义者。

产阶级）哲学无关。这主要是17世纪末英国政治学者在政治、法律及国家研究中采用经验科学方法的结果。然而，我们不得不认识到，作为17世纪英国政治学代表人物的约翰·洛克，同时也是英国经验论哲学的重要代表之一。同样地，法学和国家学也与哲学具有类似的关系。社会科学整体上深受自然法的根本性影响，而自然法本身正是哲学的一种主张。继自然法之后，对整个社会科学产生深远影响的历史学派的历史主义，也直接与某一哲学立场相关联。今天的市民法理学和国家理论若没有哲学意识，其意义便无从谈起，这一点恐怕不需要再进一步说了吧。

　　*关于法学和国家学与哲学的关系，可参考波洛克爵士① 的《政治学的科学史》（*History of the Science of Politics*）；关于历史学派的历史主义与哲学的关系，可参阅特罗尔奇② 的《历史主义》（*Historismus*），卡尔·曼海姆③ 的《意识形态与乌托邦》（*Ideologie und Utopie*），

① 即第三代枢密院男爵弗雷德里克·波洛克爵士（Sir Frederick Pollock，1845—1937），英国法学家，其祖父第一代枢密院男爵弗雷德里克·波洛克爵士是一位法学家及保守党政治家。

② 全名为恩斯特·彼得·威廉·特罗尔奇（Ernst Peter Wilhelm Troeltsch，1865—1923），德国自由派新教神学家、宗教哲学和历史哲学作家，也是一位古典自由主义政治家。他的著作借鉴了阿尔布雷赫特·里敕尔、马克斯·韦伯的社会学概念和新康德主义的巴登学派。

③ 卡尔·曼海姆（Karl Mannheim，1893—1947）。德国社会学家，古典社会学的关键人物，也是知识社会学的创始人之一。《意识形态与乌托邦》是曼海姆最著名的著作。

以及约翰内斯·汉斯·弗雷尔[①]的《作为现实科学的社会学》（*Soziologie als Wirklichkeitswissenschaft*，附有日文解说）。

伦理学与道德科学（Moral Science）被广泛认为应当属于社会科学的一部分（即意识形态理论），这一点恐怕大体上是被承认的。然而，我们也不能忘记，伦理学与道德科学在今天的学术领域中仍属于哲学的范畴。伦理学、道德科学以及道德哲学本身虽然在当下并非什么重大议题，但在近代，特别是在英国的道德理论家那里，这些学科乃至哲学实际上直接与政治学和国家学相连。此外，最为重要的是，这些学科与资产阶级古典经济学的起源有着最为紧密的联系。亚当·斯密的古典经济学，是重农学派经济理论的必然发展，并以资产阶级的个人自由主义作为其社会立足点，这已无须赘述。但另一方面，他的《国富论》既继承了亚里士多德的《尼各马可伦理学》和《政治学》的思想渊源，同时也与斯密自身的伦理学（其著有《道德情操论》）以及哲学体系保持着根本性上的联系。斯密对其思想和理论深受大卫·休谟哲学的影响，这一点由斯密本人明确提及。

　　*例如，斯密曾在论及分工原理时指出：
　　　"如上所述，带来众多利益的分工现象，起源于人性

---

① 约翰内斯·汉斯·弗雷尔（Johannes "Hans" Freyer, 1887—1969），德国社会学家，保守革命运动的哲学家。

内部的一种倾向。这一倾向虽然发展缓慢而渐进，但却是必然会产生的毫不意外的结果……这是用某种物品交换、交易另一物品的倾向……这一倾向是人类共有的，而其他动物则完全不具备。……例如，我们每日能够享用餐食，并非由于屠夫、酿酒师或面包师的恩惠，而无外乎是由于这些人对自身利益的考量。我们并非诉诸他们的慈悲心，而是诉诸他们的自爱心（self-love）；我们并非告知他们我们的需求，而是告诉他们如何获利，以此获得他们的供给。"（《国富论》，岩波文库版，上卷，第24—26页。）

可见，在斯密看来，分工是社会劳动生产力形成的根本条件，而其基础正是人类的"自爱心"，一种本质上经济性的或"经济人"式的人性（正如道德基于同情的人性）。因此，可以说，斯密古典经济学的理论体系的根基在于其对人性的理论。而这种人性（human nature）的理论正是17至18世纪，从霍布斯起一直贯穿英国道德哲学、道德学及伦理学（即英国典型哲学）的共同的核心问题。比如，斯密的前辈大卫·休谟的《人性论》（*A Treatise of Human Nature*）便是其中一例。

最后，关于一般社会思想（如空想共产主义、无政府主义、所谓的国家社会主义乃至法西斯主义，以及科学社会主义）与各种社会科学之间又是如何在历史上和理论上保持密切联系的，恐怕无须再加以详细说明。社会哲学、历史哲学、国家哲学、法律哲学、经济哲学等，正是在这些领域的交会点上得以成立的。

> *参见海因里希·库诺的《马克思的历史社会与国家理论》上卷（改造文库版）。此外，利亚什琴科[①]的《经济学说史》（平馆译）虽然特色不显著，但作为详细的参考书很有用。另外，例如加田哲二[②]的《近代社会学成立史》等，也可以作为部分内容的参考资料。

社会科学乃至历史科学，正如以上的粗略观察所示，与自然科学的情况不同，可以说与哲学存在极为密切的关系。然而，尽管如此，这种密切的关系无论是在资产阶级哲学的领域，还是在资产阶级社会科学乃至历史科学的领域，都一直未能以分析性和系统性的方式得到明确揭示。这一点，与当代自然科学和资产阶级哲学之间的关系相似，几乎没有太大差异。当然，将社会科学乃至历史科学与哲学（如社会哲学、历史哲学、经济哲学等）机械地划定界限，无论在何种情况下，都是毫无意义且有害的行为。但这一点与在科学与哲学的关系上保持模糊不清的态度是截然不同的。

即便在社会科学乃至历史科学中，这种可称得上方法论

[①] 利亚什琴科（Lyashchenko, 1876—1955），苏联经济学家。

[②] 加田哲二（加田 哲二, 1895—1964），大正、昭和时代的殖民政策学者，社会学家。他是由著名左翼思想家三木清、尾崎秀实等人提倡的"东亚协同体论"的支持者（该理论与"大东亚共荣圈"理论从目的上来看完全不同）。

的事物已经以哲学的形式得到了相当的发展。然而，这种资产阶级哲学方法论最显著的特征在于其形式化、抽象化和视野的狭隘性。卡尔·门格尔[①]的名著《社会科学方法》就是这一点的典型例证。因此，为了摆脱这种狭隘性，出现了诸如各种经济哲学等哲学尝试。然而，即使是在这些所谓的经济哲学中，哲学与科学（经济学）之间的原则性且必然的关联依然未能以具体的形式展现出其完整样貌。不仅如此，更根本的问题在于，所谓的经济哲学究竟如何能够在理论上对经济学本身产生必要性和影响力，这是一个未解的问题。

＊卡尔·门格尔《社会科学与政治经济学方法研究》（小林勇复刻版），包括与历史学派的争论。

在日本的大学经济学部教授的学位论文中，不乏经济哲学相关内容。如石川兴二[②]的《精神科学的经济学基础问题》、高木友三郎[③]的《生命的经济哲学》、杉村广藏[④]的《经济哲学的基本问题》等。然而，将经济学方法论称为经济哲学的，是左右田喜一郎[⑤]、杉村广藏、大西

---

① 卡尔·门格尔（Karl Menger，1840—1921），奥地利经济学家，奥地利经济学派的创始人。他生于奥匈帝国的新松奇（今属波兰）。门格尔对边际主义具有一定贡献。

② 石川兴二（石川 興二，1892—1976），日本经济学家、教育家。

③ 高木友三郎（高木 友三郎，1887—1974），日本经济学家、新闻记者。

④ 杉村广藏（杉村 廣藏，1895—1948），经济哲学家。

⑤ 左右田喜一郎（左右田 喜一郎，1881—1927），日本经济学家、经济哲学家、新康德主义者，与弟子杉村广藏同为经济哲学的创始人。

猪之介①等人。除了这些"方法论"研究外，经济学与经济哲学的关联仍然极为松散。

在自然科学的框架下，自然科学本身与作为哲学的方法论在形式上被机械性地割裂开来（这种态度通常被批评为方法论主义）。同样地，在社会科学（乃至历史科学）中，如果将科学本身与其方法论分离开来，并将其命名为某某哲学，那么社会科学乃至历史科学与哲学之间的界限便能够以形式化和机械化的方式被明确界定。然而，无论是自然科学还是社会科学，这种方式的普遍错误已经如前所述。因此，在社会科学中，除了这些方法论性质的内容之外，还产生了所谓的社会哲学或经济哲学。而这些哲学，作为通常与社会科学或经济学自身密切相关的内容，一度被容许并认可，而这正是资产阶级社会科学的现状。相比之下，在自然科学的框架下，与之相对应的自然哲学却反而被自然科学本身以当然的理由所排斥，这一点也是我们不得不认识到的。

社会科学与哲学之间存在如此宿命性的交涉，这与社会科学本身内部几乎无限的立场对立非常相似。换言之，不同的社会科学立场正如其背后所依赖的不同哲学流派一样，呈现出分裂状态。而自然科学在其根本方向和过程上具有单一性与唯一性的特质。虽然学术观点的分裂和对立作为研究进

---

① 大西猪之介（大西 猪之介，1888—1922），日本经济学家。他专攻经济哲学与经济思想史。

程中的必然现象不可避免，但这类分裂和对立仅发生在假设存在某种共同方向的框架之内。而在社会科学中，这种共同方向本身就存在分裂和对立。自然科学与哲学（主要是资产阶级哲学）大体上只保持了外部关系，因此，无论哲学内部有何种分裂和对立，自然科学本身仍能在一定程度上保持其单一性和唯一性的理想。然而，社会科学则相反，其总体上过于深入地与哲学（资产阶级哲学）进行内部交涉，因此，哲学的分裂和对立不可避免地迅速转化为社会科学本身立场的分裂和对立。

当然，无论社会科学中各自立场的分裂与对立有多明显，它们实际上并非完全处于无政府状态。我们似乎可以将这些不同的立场适当地加以分类和系统化，并在某种程度上使其彼此接近、折中，甚至将它们进行综合。这是因为，即使是资产阶级社会科学的各个立场，也必须具有某种能够合理解释的存在理由，否则便无法产生对立和分裂。然而，即使如此，例如资产阶级经济学的立场与马克思主义经济学的立场，从本质上来说，是无法被综合或统一的。然而，同样地，在资产阶级社会科学内部，不同立场之间的绝对对立也并不罕见。在这里存在着完全排他的矛盾。简而言之，真理是唯一的。根据现实的事实和情况，两种理论的正确性在原则上应该是可以判定的。然而，在实践中，即使是正当的理论，要在理论上克服对方的错误并说服对方，往往也极其困难。

因此，问题在于，一般而言，社会科学（乃至历史科学）

若要至少维持其单一性和唯一性的理想，需要与何种哲学建立内部联系。而为了实现这一目标，必须要求所要联系的哲学本身也能够以一种维持唯一性和单一性理想的形式存在。问题在于，实际上，能够具备这种唯一性和单一性的哲学，在今天除了唯物论的体系之外别无其他。在资产阶级社会的思想体系中，各种形式的资产阶级唯心论虽然以独创性和深刻思考为借口，但事实上，大部分是基于学派性宗派的偶然想法，或者表现为反理论的迂回、徒劳以及毫无意义的重复。因此，当今社会科学若要追求真理，其应使用与之内部结合或已经结合的哲学，但它绝不可能是资产阶级唯心论，而只能是唯物论。这是基于实际关系的必然结论。

然而，这种实际关系显然具有理论上的依据，而这一依据正是问题的关键所在。究竟为什么唯有现代唯物论才能保证其学问上的单一性与唯一性？这是唯物论的范畴组织所具有的特性，它构成了其体系的动力机制。接下来，我们将详细探讨这一点。

哲学通常可区分为方法与体系。对此区分相关学者虽无异议，但不以构建和组织体系为目的的方法是不可想象的，反之，没有方法而构建出的组织或体系亦不存在。因此，这两者不过是指代同一过程的两个不同术语罢了。哲学的生命就在于其方法或体系。此时，我们有必要回忆起，通常所称

的方法即为逻辑（方法的工具，亦即"器官论"[1]），而体系
则被称为范畴组织。也就是说，逻辑即范畴组织，是哲学的
方法，也是哲学的体系，乃至哲学的精髓。因此，一般而言，
哲学的差异来源于其体系的差异、方法的差异，以及逻辑即
范畴组织的差异。

　　所谓范畴，原本指根本概念，因此在某种意义上也指根
本观念。从这一点来看，范畴可完全由主观意愿或者自由来
决定。因此，范畴组织似乎也具有某种被随意组织为任意体
系的自由。这正是一切观念性的哲学表现出几近无政府式混
乱的原因所在。正如德国主观观念论的代表人物费希特断言
的那样，一个人采纳何种哲学，取决于其性格或品性。

　　然而，从另一方面看，范畴实际上是对事物本质的抽象、
总结与普遍化，因此具备其存在的合理性。概念不仅仅是单
纯的观念，而且指那些适于把握事物本质的观念。因此，根
本概念之间的内在必然联系构成的范畴组织，也不可能仅仅
凭借主观需求而随意形成。因此，范畴组织之所以呈现如此

---

[1]　原文为"オルガノン"，对应的当是希腊文 ὄργανον (organon) 或拉丁文 organum。
　　organ 最为人熟知的含义无疑是"器官"，如心脏、大脑等等。在音乐领域，它
　　具有"乐器"之意，比如管风琴叫作 pipe organ。而从词源上说，organ 来自拉丁
　　文 organum，希腊文是 organon。从含义上说，organon 的基本意义是"工具"（tool）
　　或"用具"（instrument）。所以，亚里士多德的《范畴篇》《解释篇》等逻辑
　　学著作被后人合称为"Organon"，中文翻译为"工具论"。17世纪，弗兰西斯·培
　　根出于对亚里士多德"旧工具"的不满，构造了以归纳推理为核心的"新工具"
　　（novum organum）。在当代，"器官"之义逐渐占据上风，甚至遮蔽了"工具"
　　的原初意义，这是应当注意的。

无序的混乱，必然是由于其中某些因素欠缺作为范畴组织应有的资格。那么，一般而言，观念论哲学的范畴组织到底存在哪些缺陷呢？

观念论的根本特性之一在于，它是一种仅以解释存在为目的的哲学体系或方法。它并不试图改变既有的事实或客观存在，而只是将其适当置换。这么一来，它的认知目的仅仅在于解释意义，因此其方法也仅需服务于解释意义即可。例如，将"自然的存在先于并有助于人类存在，因而是更基础的事物"这一实在认知，替换为"相较于自然，人类具有更深的意义和更高的价值"这一意义上的认知。这一结果甚至会产生一种哲学体系，它拥有"宣称人类创造了自然"（犹如神创造了世界）的口吻。宇宙时间的流动秩序被视为无关紧要的事物，而意义与意义之间的直接联系则跨越时间的维度。一切被还原为瞬间或永恒 ["瞬间啊，请停留！"——这是歌德笔下败于靡非斯特赌约的浮士德博士所呼喊的；[1]"瞬间即永恒"——这是打破历史秩序的尼采所提出的；[2]索伦·奥比·克尔恺郭尔[3]也著有《瞬间》（*Der Augenblick*）……]。意义并非存在，因此此在宇宙时间中是零，是瞬间。

---

① 见歌德《浮士德》。

② 见尼采《悲剧的诞生》。

③ 索伦·奥比·克尔恺郭尔（Søren Aabye Kierkegaard，1813—1855），丹麦神学家、哲学家、诗人、社会批评家及宗教思想家，一般被视为存在主义的创立者。他创作了许多关于制度性宗教、基督教、道德、伦理、心理学、宗教哲学的批评文章，这些文章常充斥着隐喻、讽刺和寓言。他的哲学作品主要关注人如何成为"单一的个体"，注重人类现实而非抽象思考，并强调个人选择和实践的重要性。

＊拙著《现代哲学讲义》及《日本意识形态论》（收录于《户坂润全集》第二卷及第三卷）对各种解释哲学进行了批判分析。

然而，如果认识的目的并非意义的解释，而是对现实事物的把握，是要成为现实事物的主人，那么，这种仅仅属于解释意义的范畴体系本身就变得独立又孤立，完全失去了作用。通常所谓的"感觉"，即人们日常称作"知觉"的事物，指的是对象与主体之间物质性相互变化作用的心理结果。然而，要实际性地、现实性地认识事物，并掌控现实事物，最终必须依赖于这种知觉，并且在理论上也必须对此有明确的自觉意识。在这里，这样的认识恰恰具有前文所述的意义上的"实验"特性。通过改变事物以获得某种印象，并进一步在该事物延续的过程中对其进行测试和验证，这便是实验的本质。这样看来，为了实现对现实事物的实际性认识，所必需的认识方法，即范畴体系，不得不具备以实验为核心的特性。换言之，尽管范畴体系本身不能直接作为实验的工具，但它必须是一种能够维持并体现实验作为认识根本特性的概念体系，必须成为唯一正当的范畴体系。

认识的这种实验特性（这尤其构成了自然科学的科学性的核心）若从社会性角度重新表述，则可称为认识的"技术特性"。因为实验和技术是实践系列中的两个环节，而人类对自然的能动性直接产生作用的社会层面，除了技术的领域并无他处可寻。从这一意义出发，正当意义上的范畴体系必须是"技术性的范畴体系"。唯物论的范畴体系正是这样的范畴体系。

*关于技术性范畴的意义，请参阅拙著《技术的哲学》。

　　唯物论的这一技术性范畴体系，由于具备实验性的特质，具有能够根据现实的实际性（actuality）加以验证的内在机制。这正是这一范畴体系的实在性基础所在。当回归到这一实在性基础时，理论中一时的对立或表面上看似无法调和的矛盾，也能够以单一性和唯一性为原则加以整理，从而找到理想的解决方案。唯物论哲学的学术性所具有的唯一性和单一性，即其科学性——作为科学应有的特质，正是来源于这种实验性、技术性的特质，也即其实际性和实践性的特色。而观念论为了解释意义而设立的范畴体系，则缺乏这种对于科学性至关重要的特性，这正是它们基于不同立场而呈现出无序的无政府状态的原因。

　　由此可见，社会科学乃至历史科学，唯有与唯物论的技术性范畴体系相结合，才能够真正获得其唯一性和单一性，也即其科学性。自不必说，社会科学乃至历史科学与哲学整体之间的内部结合，唯有唯物论这一形式才是正当且必然的。正如人们所说，马克思主义是以法国社会主义、英国古典经济学以及德国古典哲学这三大经典来源为基础的。这同时也表明，马克思主义是整合了社会主义、经济学与哲学三大要素的统一的科学理论。在这一点上，哲学与经济学、政治学及其他社会科学领域之间的内在的且必然的统一关联已然显现。贯穿这一科学统一性的，正是唯物论的技术性范畴体系，即唯物辩证法。

通过唯物论的范畴体系，资产阶级社会科学（乃至历史科学）与资产阶级哲学之间那种松散的内在因缘，首次被重新整理为一种具有组织性的关系。同时，这也纠正了自然科学与资产阶级哲学之间那种外在的机械性的对立和机械性的一致。那么，为什么自然科学与哲学不得不处于这样一种外在关系之中？这归根结底在于，哲学中的范畴被假定为完全属于与自然科学范畴截然不同的领域。因此，按照这种思路，只要两者不是彼此独立的，那么自然科学就不得不等同于哲学。然而，正如我们所观察到的，自然科学中认知的实验性这一特质，最终在哲学的范畴体系中表现为其技术性的特征。因此，从这一基础出发，自然科学与哲学不再仅仅是外在对立的关系，而是存在着一种不输于社会科学与哲学之间的联系的且内在的根本性的关联。

接下来人们或许会问：自然科学究竟与哲学有何区分？既然两者的范畴体系具有共通性，那么它们最终是否会归于同一？如果是这样，哲学就只能机械地被自然科学所吸收。然而，在此我们不得回忆起，哲学与社会科学乃至历史科学之间一直存在极为密切的关系这一事实。如果哲学不得不被自然科学所吸收，那么它也同样不得不被社会科学乃至历史科学吸收。这么一来，社会科学与历史科学最终也将被吸收到自然科学中去。这种结论显然是不可想象的。因此，我们可以得出哲学绝不会被自然科学吸收的结论。那么，在自然科学与哲学之间究竟存在何种联系与区别呢？

然而，将这一点解释清楚相对来说并不困难。把握历史性的社会唯物论的一个重要特征在于，它能够提供一种所谓的"社会的自然史"（博物学）。正如自然科学中的进化理论提供了"自然的自然史"（？）[1]，马克思主义的社会历史理论则旨在相应地提供社会的自然史。然而，根据进化论来考察历史性社会意味着什么？这并不是通过类比自然有机体或自然现象来解释历史性的社会（正是这种方式导致了各种社会有机体理论或社会达尔文主义的出现），而是描述人类的历史性的社会是从以自然（这一自然包括从无机界到有机界的演化）为基础的自然史中发展而来的。正如约翰·戈特弗里德·赫尔德[2]也未曾忽略的那样，人类社会的历史至少是从地球的存在开始的。自然与历史性社会之间无疑受不同的法则

---

[1]　该括号及其中问号在原著中即存在。

[2]　约翰·戈特弗里德·赫尔德（Johann Gottfried Herder，姓或译赫德，1744—1803），德国哲学家、路德派神学家、诗人。其作品《论语言的起源》（德语：*Abhandlung über den Ursprung der Sprache*；英语：*Treatise on the Origin of Language*）成为浪漫主义狂飙运动的基础。他的历史哲学和精神哲学影响着黑格尔的辩证哲学，美学影响着歌德、施莱尔马赫和尼采，政治哲学影响着穆勒，人文学科思想影响着狄尔泰，等等。他是解释学、语言学、宗教人类学和《圣经》研究的开创者。

支配。然而，即便如此，这两个领域通过自然史的发展过程联系在一起，从根本上是同一的。

> ＊关于社会达尔文主义，请参见《达尔文主义与马克思主义》（松本译）。关于赫尔德的观点，参考其著作《人类历史思想》（*Ideen zur Geschichte der Menschheit*）。赫尔德与康德及布丰 ① 等人一样，至少在思想上表达了关于普遍进化的观点。而为这一观点提供实证基础的，则是达尔文的理论。

因此，在社会科学中能够被正当使用的根本概念——范畴，尽管与自然科学中的范畴并不完全相同，但通过一定的约定（可以称之为翻译的语法），必然形成相互对应的关系。我认为可将这种关系称为两组根本概念之间的共轭关系（Konjugiertheit）。资产阶级社会科学及历史科学中立场的无政府式混乱，正是忽视了这些范畴与自然科学范畴之间的共轭关系导致的。如果情况的确如此，那么这种哲学——跨越社会科学与自然科学并且因发展阶段的差异而形成的同一性且共轭的哲学——显然也必须使其范畴在社会科学与自然科学之间形成共轭关系。唯物论固有的技术性范畴之所以能够被

---

① 布丰伯爵即乔治-路易·勒克莱尔（Georges-Louis Leclerc, Comte de Buffon，1707—1788），又译蒲丰、比丰，法国博物学家、数学家、生物学家、启蒙时代著名作家。布丰的思想影响了之后两代的博物学家，包括达尔文和拉马克。他被誉为"18世纪后半叶的博物学之父"。

称为"技术性"的，正是因为它能够在社会科学的范畴与自
然科学的范畴之间建立共轭关系。离开生产技术的问题，自
然科学与社会科学都无法成立。而范畴的这种共轭关系，恰
恰是以自然与历史社会作为一个历史性发展的两个不同阶段
这一实在关系为基础的。

　　*关于共轭关系的解释，详见拙著《现代哲学讲义》（前
述）第一章。

　　学问乃至科学整体，从其理想而言，必须是唯一且统一
的。然而，社会科学或历史科学若不基于唯物论的哲学体系，
就如同资产阶级社会科学的现状，首先与自然科学之间就无
法建立任何原理性或必然性的关联。不仅如此，若不以唯物
论为基础，社会科学与历史科学内部之间几乎没有可能获得
理论上的一致性。此外，若自然科学与唯物论割裂，那么它
也无法对哲学保持本质上的有意义的结合，甚至连这种必要
性都无法感知。从许多自然科学家基于自然科学所声称的自
然科学观或世界观的随意性和任意性来看，这一点显而易见。
因此，可以得出结论：能够将科学统一化和体系化的，唯有
唯物论。其实现的根本在于技术性范畴的特性，即范畴的共
轭性。

　　哲学无非是范畴体系（即方法与逻辑）。弗里德里希·恩

格斯在《费尔巴哈论》[1]中指出，未来的哲学只存在于形式逻辑与辩证法之中，恐怕正是基于这一意义。所谓科学，可视为特定的认识内容；而所谓哲学，则是这种内容的特定形式以及向一般形式的扩展。方法与逻辑正是指这种认识形式。然而，这种形式并非外在于内容，而是内容自身的产物，是内容所"分泌"的"胶质物"；它既非处于内容之外，更不是先验地从天而降。因此，此处作为形式的这种方法或逻辑，即哲学，仅能作为相应内容（即科学本身）的提炼物而存在，且仅在这一意义上才可能具备其独特性。关于社会与历史科学的唯物史观，以及自然科学的自然辩证法，正是在这一意义上，才具备某种独立的抽象意义。并且，正因如此，它们才能要求从科学本身出发追求具体化，并强调其非独立性。凡是从一开始就抽象的事物，其具体化过程本质上也不得不体现其原本的抽象性。

可能有一些人认为，将哲学限定为逻辑，无异于舍弃哲学那丰富的历史内容。然而，这种看法不仅出自那些在日常生活中未曾将哲学作为方法加以运用的人，同时也表明了这些话出自对以下事实一无所知的人：方法乃至逻辑，实际上是对世界观的历史性与理论性内容的总结与提炼。当科学的内容仍处于一种直觉性的混沌状态中时，此阶段正对应于所谓的世界观阶段。而当这种内容为了自身"分泌"并形成特

---

[1]　即《路德维希·费尔巴哈和德国古典哲学的终结》。

定的形式时，即是逻辑得以酝酿并形成的时刻。

关于学问或科学的科学性与统一性的论述，显然不能止步于此。原因在于，科学是对实在的认知，而科学的认知必须通过特定的科学方法才能成立。如果忽略了这一点，那么科学的统一性与科学性最终也就无根可循、无内容可言。因此，问题进一步转向了对"科学与实在"的关系，以及"科学的方法"这一主题的探讨。

第二章
科学与实在

————————

　　恐怕我们可以假设科学是某种知识的积累或组织化。那么，首先需要探讨的是，何谓"知识"？众所周知，关于这个问题的近代研究起源于以约翰·洛克为代表的英国经验论与以笛卡儿及莱布尼茨为代表的大陆理性主义之间的对立。当然，关于近代哲学的特点有许多不同的解释，特别是今日在许多沿袭德国观念论的现代哲学家看来，最终在费希特和黑格尔那里结出硕果的"自我"问题，才是近代哲学最重要的主题。笛卡儿通常被认为是这种意义上的近代哲学之鼻祖。然而，笛卡儿之所以聚焦于"自我"问题，其实并非因为他一开始就以此为研究核心，而是因为他从"知识的性质究竟是什么"这一根本问题出发，最终必然地得出了关于自我的结论。

　　换言之，近代哲学的起点是对知识的检讨或再检讨。笛卡儿深谙经院哲学有关知识的体系，但正因如此，他对这种经院哲学的知识提出了疑问，而这正是他的哲学的起点。然而，如果论及对经院哲学知识的批判，更大规模且更为明确的反对者，早先已有了弗兰西斯·培根。如前所述，他提出了实验方法，尽管仍带有中世纪的形而上学特征，但其目的明确，即有意反抗经院哲学所代表的僧侣式知识。这一点是毋庸置疑的。结合实验和自然观察的归纳逻辑，正是他提出的知识获取与扩展的方法。因此，如果近代哲学起始于知识（乃至认知）问题，那么近代哲学的开端应归于英国伟大的俗人培根，而非大陆的隐居者笛卡儿。

当然，更为严格地说，知识与认知的问题并非始于培根。毫无疑问，它可以追溯到文艺复兴的早期。在这方面，我们不能忘记一代学术巨擘阿尔伯图斯·麦格努斯（大阿尔伯图斯）[1]以及理想主义者托马索·康帕内拉[2]等人。然而，尽管如此，第一个集中肩负起这一思想界新问题的人是培根。继培根之后，通过霍布斯的发展，这一脉络延续到了洛克的经验论。由此，在近代哲学中，知识的问题被从两个方面展开：一方面是洛克的经验论，另一方面是莱布尼茨代表的理性主义（与洛克正面交锋）。特别值得注意的是，大陆的理性主义实际上是对伊丽莎白时期英国新兴资产阶级的经验论认知观

---

[1] 阿尔伯图斯·麦格努斯（Albertus Magnus，约1200—1280），德意志哲学家和神学家，多明我会神父。他是首位将亚里士多德的学说与基督教哲学综合到一起的中世纪学者。罗马天主教将他列为教会圣师（Doctor Ecclesiae）之一。

[2] 托马索·康帕内拉（Tommaso Campanella, 1568—1639），原名乔瓦尼·多米尼克·康帕内拉（Giovanni Domenico Campanella），意大利哲学家、神学家、占星学家和诗人。康帕内拉的宗教思想较为激进，他曾多次被捕，前后在狱中度过近三十年。最著名的作品是《太阳城》，他在这本书中借航海家与招待所管理员的对话，描绘了一个完全废除私有制的社会，启发了后来空想社会主义的众多理论与实践。

念的改造，以适应大陆或宫廷的风格。

> *关于自文艺复兴以来知识问题研究的历史，恩斯
> 特·卡西勒的《知识问题》（*"Das Erkenntnisproblem"*，
> 卷一，第1—13、21页）是宝贵的研究资料。然而，由于
> 该书将近代哲学的起点定位于对观念性的重视，所以这并
> 不足以支撑我们的观点。

然而，洛克的经验论一方面通过将"经验"简化为单纯
的感觉或知觉，最终发展为乔治·贝克莱①的知觉唯存主义，
并进一步"纯化"为一种露骨且略显讽刺性的主观观念论；
另一方面，当这一经验观被转移到社会视角时，又在休谟那
里演变为约习（convention）主义，最终达至对事物客观法则
的怀疑论。与此同时，笛卡儿与莱布尼茨的理性主义则在德
国形成启蒙哲学的体系，并被集成到克里斯蒂安·沃尔弗②
的理性哲学及其形而上学的形式中。为了超越沃尔弗的形而
上学，康德受到休谟的启发，再次以宏观性的视角重新审视
洛克提出的核心问题——经验。众所周知，康德正是基于这

---

① 乔治·贝克莱（George Berkeley，1685—1753），英国哲学家，以捍卫主观唯心
主义而闻名。他最著名的观点被总结为"存在即被感知"。
② 克里斯蒂安·沃尔弗（Christian Wolff，1679—1754），德国哲学家、数学家。他
将哲学分为理论哲学和实践哲学，前者包括本体论、宇宙论、心理学和神学，统
称形而上学，后者包括伦理学、政治学、经济学。逻辑学为一切学科的导论。他
的哲学分类法对后世影响很大。

一契机，展开了他的哲学体系。值得一提的是，约翰·尼古拉·提腾斯①的心理学研究在康德对"经验"的分析中起到了重要的先导作用。因此，我们在探讨知识问题时，有充分的历史理由以康德为基点。这显然不是为了模仿康德主义者才做的。

　　＊当代德国哲学的许多术语都是由沃尔弗学派整理确立的。不仅如此，德国的学院哲学体系也在此时期首次得以设立。可以说，德国启蒙哲学在形式上与英国和法国的启蒙哲学相比，呈现出一种独特的面貌。尤其是作为一种系统性的哲学体系而出现，这一特性可以被视为一种完全德国式的现象。

　　如前所述，与培根一样，经验与实验之间具有不可分割的关系。康德在某些场合下甚至将自己的哲学称为"实验哲学"。众所周知，他曾以"哥白尼式的革命"来描述自己的哲学方法。一般认为，这种革命是指将主观置于中心，通过主观来处理客观世界的观念论转向。然而，仔细思考后可以发现，哥白尼实际上处理的是相反的关系——类似于将"主观"比作地球，而将"客观"比作太阳，地球围绕太阳运行，而非太阳围绕地球。因此，所谓的"哥

---

① 约翰·尼古拉·提腾斯 (Johan Nicolai Tetens，1736—1807)，出生在丹麦的德意志哲学家、统计学家和科学家。因其主要著作《关于人性及其发展的哲学实验》（*Philosophische Versuche über die menschliche Natur und ihre Entwickelung*，1777）与约翰·洛克的著作有共通之处，被称为"德意志的洛克"。

白尼式的革命"似乎意味着，基于实验和观察的研究，能够得出与传统观点完全相反的结论。事实上，康德在此背景下提到过实验家伽利略的贡献。

如果我们不以近代形态为标准，知识与认知问题在古代哲学中早已展现出重要成果，尤其是在柏拉图的《泰阿泰德篇》《智者篇》《巴门尼德篇》等对话录中。

对于康德而言，知识的分析始于对感官的考察。在他看来，感官不过是由客观存在的事物对我们的心灵（Gemüt）进行触发并产生影响的结果。这里首先需要注意的有两点：第一，至少假定某种客观存在的"物"是实际存在的；第二，这种"物"对心灵的作用导致了特定的感官体验。这种假设从常识的角度来看，似乎完全可以被理解，并且不引起任何疑问。然而，从康德后续发展出的先验唯心论的立场来看，以及从康德诠释者的解读来看，这一假设显然是相当不合适的。例如，叔本华自称对康德的思想进行了彻底的延续。他认为，时间、空间和因果关系仅是表象世界中运作的形式。因此，他批评康德假设"自在之物"（Ding an sich）是我们表象中感官结果产生的原因，这种做法是将因果关系适用于现象之前或现象之外的领域，极其不当。然而，对于这一批评，我们暂且搁置不论。在思考"物"与"心"之间存在着某种因果关系是否正确之前，究竟"物"能否作为某种客观实在存在，它又如何能够与康德后来提出的哲学立场协调一致？

这反而是一个饶有趣味的问题。

康德提出，我们不得不承认"物"的存在。然而，对于"物是如何存在的"或"物的本质是什么"，我们则完全无法得知。他主张，"物"是存在的，但关于"物的本质""自在之物"，我们完全无法认识。我们所能认识的，并不是"自在之物"，而是"物对我们所呈现的现象"，即对我们来说能以某种方式"看到""物"而已。

由此得出的结论是，"自在之物"作为其本身是无法被认识的。然而，批判康德的学者则提出疑问：如果"自在之物"是不可知的，为何还能假设其存在？并且，提出这一假设的必要性何在？他们进一步指出，康德关于"自在之物"不可知的主张表明，"自在之物"这一观念对于其哲学体系而言不仅无益处，而且害无穷。因此，他们认为，康德哲学中"自在之物"的概念应当被彻底清算和消除。取而代之的，可以是"对象X"（Gegenstand X）、"智知界"（Noumenon），或如赫尔曼·柯亨所提的"认识的界限"这种以主观性或观念性为基础的概念。

　　*康德哲学所受到的众多批判几乎都集中在如何处理"自在之物"这一概念上。围绕这一问题的相关文献多不胜数，可谓汗牛充栋。

然而，即便如此，康德为何会犯下如此显而易见的矛盾

（？）①呢？他所撰写的《纯粹理性批判》中关于"自在之物"假设的最初部分，与后续关于认识或知识的观念性和先验性的部分，时间相隔最多不过三个月。对此，我们必须注意到康德曾明确指出，他的哲学在先验层面上是观念论，而在经验层面上是实在论。也就是说，在探讨知识如何产生以及以何种方式形成的问题上，他采取的是实在论立场，即承认"物"的客观实在性；而在探讨知识为何具有普遍性和必然性的正当性问题上，他则采取观念论立场，即认为"自在之物"的性质是不可知的。

康德并非简单地将两种相互矛盾的立场并置，而是分别提出了两个完全不同的问题。对其中一个问题，他仅仅点明其存在，并未尝试解决；而对另一个问题，他则试图给出详尽的解答。对于知识的普遍性问题，他提供了极为深入的回答；但对于知识的生成问题，他则故意将其置于讨论范围之外。这意味着，他只是出于某种原因短暂地提及一个他并不打算解决的问题，而这一问题便是承认"自在之物"的存在，并提出了其作为原因引发感官上的结果这一见解。因此，这并非立场上的矛盾，而是两个问题之间的差异。然而，康德的不幸在于，他误以为这两个问题可以被完全独立且分离地提出和讨论。然而事实上，这种设想并不成立。

康德哲学的固有问题在于一种特殊的知识客观性，即知

---

① 该括号及其中问号在原著中即存在。

识如何能普遍且必然地适用于所有社会人类主体。为了解释这一点，康德不得不强调知识并非直接反映"自在之物"，换句话说，"自在之物"是不可被认识的。根据康德的观点，知识是由主观内容所构成的：它无非是用感性提供的材料（尽管这些感性材料的来源可以追溯到"自在之物"对主体的作用，但一旦感性被给予，这个来源便无关紧要），通过主体先天具备的形式和规则（如空间、时间、范畴、图式、原则等）进行有序的加工和组织。知识乃至广义上的经验和认识，以及具备客观性的知识或者说真理，其权威并不建立在"自在之物"这个客观实在的基础上，而是在于知识构成过程中的主体的有序客观性。换句话说，康德认为知识是主体积极构建的产物，而绝非主体被动接受客观事物的模写。无论经验还是认识（这在康德那里指的是科学层面的或者说自然科学层面之上的知识）等知识的诸阶段，都是以此方式成立的。

然而，康德并未解决另一个关键问题，即"自在之物如何触发主体感知"。如果我们试图同时解决这个问题会怎样呢？恐怕我们将自然而然地采用模写说的逻辑。如果康德试图同时解决他自己提出的却又未能完全提出的这两个问题，则将不可避免地面对构成说（知识由主体构成）与模写说（知识是对客体的直接反映）之间的矛盾。若如此，则康德恐怕无法停留在单纯的所谓构成说中，也即无法停留在单纯作为模写说的反对物的构成说中。那么，这被称为"模写说"的理论的真理性究竟体现在何处呢？

＊在围绕康德的自在之物而出现的各种解释中，恩格斯和列宁对此的解释是最优的。他们认为，所谓物体本身也即"自在之物"，并非如康德所想的那样完全与现象（对我们展现的事物）隔绝，而是物体本身就作为现象展现，也即"自在之物就是对我们展现的事物"。对"自在之物"采取不可知论，只能是这种将观念与现象进行机械分割的形而上学（就黑格尔开始使用的意义上）式的逻辑所导致的一个错误归结。可参考恩格斯的《费尔巴哈论》、列宁的《唯物主义和经验批判主义》。而就"模写说"而言，除了上文所列举的两书外，还可参考马克思的《关于费尔巴哈的提纲》、恩格斯的《反杜林论》。以上各书均有岩波文库译本。

模写说，根据通常的"哲学概论"，被认为是一种立足于素朴实在论的认识理论。也就是说，这种理论假设，被认知的对象如其所被认知的那样，直接等同于客观事物的最终状态。按照这一理论，对于色盲者而言，红色与绿色的区分在客观上并不存在；而在火焰之后出现的井水，比在冰块之后出现的同一份井水更温暖。[①]这显然是荒谬的。因此，模写说最终陷入荒谬之中，这是其基本脉络。

---

① 这似乎是在说：由于火焰之后的井水让人感觉到暖意，而冰块之后的井水让人感觉到凉意，所以人们会错误地认为前者温度比后者高。

*或者，稍微严肃一点的批评是这样的：假设认识是对客观原物的模写，是与原物一致的复制品，那么，这种对原物与复制品之间一致性的认识，必然是对这种一致关系本身的再次复制。如此一来，复制品究竟是否是复制品，最终也无法被确认。然而，尽管一开始复制的一致性或许难以确认，但通过实践，这种一致性是可以被确切地认定的。——关于实践在认识中的作用，参见后文。

然而，世间"素朴"的常识，在事实上绝不会支持这种荒谬的模写理论。"健全"的常识是，我们关于某一特定事物的认知会随着时间的推移而发生变化，并且逐渐丰富起来。那些认为每一次认知的内容直接反映了事物本身最终状态的人，并不是"素朴"常识的持有者，而可能只是哲学概论作者在课堂上为实现教学目的所虚构的假想敌或稻草人而已。我们可以随着时间的推移，逐步地、部分地认识到客观存在本身。事物并非一次性地完全显现，而是依次以一定的顺序逐渐被反映出来。这正是所谓"模写"或"反映"的具体形式。

*胡塞尔的现象学尽管具有某种主观主义倾向，但在意识现象的范围内，它对事物与其现象之间的关系进行了恰当的阐释。例如，他指出，"事物是以 abschatten（逐次呈现）方式出现的"。也就是说，事物不会一下子完全

显现在意识的视野之中，而是以部分的形式，一个接一
个、依次显现，最终才形成对事物整体的认知。参见埃德
蒙德·胡塞尔的《纯粹现象学的观念》。

或者有人会说，即便知识或认识是客观存在的反映或模
写这一主张没有错误，也完全无法解释知识的本质。说知识
或认识是在这种意义上的反映或模写，无非是一种同义反复
而已。这完全正确。所谓模写客观存在，只是意味着"拥有
知识"这一事实本身，抑或只是意味着"认识"这一行为本
身，并不意味着此外的任何事物。换句话说，"认识"一词的
含义，除了指模写客观存在之外，别无他意。认识被以何种
方式说明都是可以的，它可以是主体对知识材料进行构建的
结果，也可以是所谓的模写或反映的结果。然而，无论如何，
所谓认识，确实是一种"模写"。

实际上，所谓模写或反映，是将知识或认识比作镜子。
那么，这种比喻具体对应镜子的什么特性呢？其核心在于镜
子（只要它是平整且没有灰尘的）能够真实地反映物体（尽
管有左右反转的问题）。这种真实性正是比喻的关键。所谓真
实或真理，最直白地讲，就是"如其所是"。为了使知识能够
被称为真实或真理，至少需要准确把握事物的"如其所是"。
这一点正是普通语言中对"真实"或"真理"的要求（哲学
家复杂的术语暂且不论）。所以，用"模写"这一概念来表达
把握事物"如其所是"的真理，恰如其分。正因如此，知识

或认识与模写或反映是同义的，也是同义反复的。

那么，为什么意识能够反映或模写明显与自身不同的事物呢？或许有人会这样提问。这正是康德提出的天才般的疑问：意识是否能够做到这一点？为什么事物能够被"如其所是"地把握呢？答案如下。

首先，意识无论多么自由、自律或自觉，我们都不能忘记一个看似平凡且无甚意义的事实：意识是大脑的产物。如果哲学家认为，意识是大脑的产物这一事实对意识而言可有可无，那么至少他们应当承认这一点没有妨碍。当前，我们除了将意识视为大脑这一生理性物质的某种特定状态或作用外，别无解释。这是任何承认生理学真理的哲学家都必须接受的命题。如果拒绝这一点，那么哲学家要如何解释意识的发生和形成？如果无法给出解释（除非以"灵魂不灭说"作为科学命题提出），那么我们所给出的解释是否就是目前唯一可能的解释？哲学家有何权利排斥这一解释？难道他们试图解释自身无法解释之事吗？但解释不可能之事，仅在数学领域中才偶有实现（例如五次方程式解法不能成立）。

其次，这种物质毫无疑问属于自然。它不过是自然历史发展的一种高级产物。这是与现代天文学、地质学、进化论、生物学等科学一致且相互关联的结论。因此，尽管资产阶级唯心主义哲学家可能会面露不悦之色，但我们仍可得出一个显而易见的哲学结论：意识是在自然发展过程中的某一阶段，从自然之中以某种方式产生的。

提出这样的说法，今日所谓的哲学家可能会摆出一副认为此观点过于素朴或幼稚的表情。他们可能会说，科学归科学，用自然科学的成果来规范哲学的根本问题，如试图从树枝生长出树干一样荒谬。科学与哲学的立场不同，先验基础不同。难道哲学不需要阐明其与科学知识之间的界限？批判主义者可能会如此辩称。然而，我们已经看到，这种批判主义所主张的科学与哲学之间在超越性上的区别，是如何将学术的统一性引向无政府的混乱的。即使先验基础不同、立场各异，这是否意味着存在两个世界呢？即使假设存在自然界与意识界两个世界，这两个世界的结合恰恰是问题所在。倘若在与自然界结合的意识界之外，还有一个所谓的"纯粹意识界"，那么前一个意识界与后一个意识界会完全无关吗？若完全无关，为何二者都被称为意识界呢？

哲学家之所以认为可以将意识问题与自然问题分离开来进行探讨，确实存在一个重要的理由。他们所称的"意识的问题"，实际上并非意识本身的问题，而是意识所具有的一种根本性质的问题，即关于"意义的世界"的问题。的确，意识是唯一能够自觉地拥有意义的存在（bewusstsein）。或者可以说，拥有意义这一特性是意识的存在本质（即被意识到的存在）。因此，哲学家们将"意义的世界"带入他们所谓的"意识的世界"。这确实是一种在某种程度上与自然界相区分的领域，并且其秩序乃至世界观与自然界也恐怕全然不同。

然而，首先必须指出，意义本身并不具有任何时间性。

271

意义本身在这一点上是超越时间的，是永恒的。而与此同时，意识却确实是伴随着时间而流动的。有一种观点认为，意识并不流动，但对此必须追问：认为流动的人的意识与认为不流动的人的意识之间究竟有何关系？如果二者之间确实存在某种关系，那么哲学家恐怕就有义务进一步阐明意义与这种流动的意识之间的联系。如果意义与意识确实是分离的，那么哲学家所谓的"意识的世界"就不再是意识领域，而仅仅是一个超越时间的意义联结的世界罢了。倘若如此，恐怕我们确实可以说意义与宇宙自然的时间秩序毫无关系。但在这种情况下，无论如何去解释意义，这种解释显然都与物及其通过意识而被认知（即知识）的关系这一理解毫不相关。由此可见，这些所谓的哲学家——实际上是所有发展到高级阶段的观念论哲学家——在认识论领域中连插一句话的权利都没有。

＊现代唯心论几乎无一例外地试图用"意义的秩序"来取代"实在的秩序"。它们不是试图认识世界，而是试图解读世界所"蕴含"的意义。关于这一点的批判，可参见拙著《日本意识形态论》。

若要探讨从单纯的意义世界转向实际存在的意识与实际存在的自然之间的关系，那么在无视"科学"所提供的成果的情况下，任何所谓"哲学性"的认识理论都无法成立。诚然，意识是自然发展过程中的某个阶段从自然中产生的。而正是从这一点开始，物质与精神、客观与主观、存在与意识的对立也随之产生。这些对立关系并非平行并列，也未曾平行并列过，又或者它们也并非仅仅是逻辑假设中的想象，而是自然秩序中的一种关系，这种关系在宇宙时间的框架中生成并发展。

因此，意识（精神、主观）和存在（物质、客体的实在）的相互对立既然是如此发生的，那么如果假设能够追溯到意识从自然中分裂出来的时间点，就会发现一种两者直接的、实在的同一性。然而，人类的出现却是在存在与意识已经分裂并对立之后，因此这种直接的同一性在现实中作为实在已经不可能存在。意识只能如同祖先流传下来的记忆（如柏拉图在"回忆说"中所描述的那样）一般，以一种观念的形式，重新发现与存在之间的直接性同一。它并非实际存在的直接性同一，而是在存在与意识之间的一种非实在性的、无媒介的直接性同一。尽管两者在实在层面上分离，但它们却以无媒介的方式直接联系。这种关系与镜子和原物的关系恰好相似：尽管原物在物理上与镜子分离，甚至正是由于这种物理上的分离，原物才能作为影像在镜子中反映。因此，意识能够模写或反映存在的事实，其本身是基于自然在宇宙时间中的发展所产生的结果，而不是仅仅依赖事实或理论假设中假定的关系。

然而，以上所述只是关于知识（认识）无非是模写与反映这一点。关于认识乃至模写的概念或术语的解释，并未涉及其实际机制的详细阐释。接下来，根据康德的观点，感觉是由"自在之物"对主体的触发所引发的结果，这正是模写或反映的第一阶段。换言之，模写的内容首先是作为感觉或者说是以感觉为起点开始的。

当代心理学中，"感觉"这一概念并非始终明确。例如，形态心理学主张感觉并非具有心理实在性的元素，而是心理学家通过假设构建出来的心理要素。他们认为，直接赋予的心理要素并非感觉，而是知觉。事实上，康德等人曾将感觉视为一种无形式的直观素材，认为只有通过时间和空间这类直观形式加以规整后，感觉才具有作为知觉的资格，从而成为知识。因此，对感觉概念的修正或否定，势必动摇康德认识论的根基，尤其是其认识构成主义理论的最初的那一部分。

然而，就我们讨论的问题而言，无论是感觉还是知觉，二者之间并无本质差别。只要能够表明它们是作为客观存在之"自在之物"（实际上即便不是"物"，作为其他客体时，情况也并无太大区别）对主体造成的影响或结果，这一点便已足够。从这个意义上说，我们可以认为，知识或认识，即对实在的模写，首先表现为感觉或知觉。一切知识都始于感觉或知觉，并由此发展开来。

在此，我们必须注意一个关键点：任何感觉或知觉作为具体事实，绝非单纯依赖主观感受而实现。即便知觉是来自物的影响或所谓的印象，但这绝非意味着物仅仅对静止的主观（这恐怕完全就成为死寂的主观）进行作用。例如，触觉主要是通过身体的局部运动产生的。如果我们完全不动身体，那么或许根本无法获得任何触觉上的感知就死去了。触觉进一步发展为嗅觉与味觉，这两者事实上需要通过肌肉的能动作用才得以产生。同样具体的事实是，视觉的生成也依赖于眼球的运动。因此，尽管感觉或知觉本身是来自对客观"自在之物"的印象，但实际上，它们建立在主体基于积极能动性的反射能力之上。前述康德将感性仅仅视为一种接受能力，认为其完全缺乏自发性，这种所谓的感觉与心理事实相去甚远。模写虽然是对事物"如其所是"的反映，但仍然包含了意识主体的自发能动性。

　　＊如果从唯心的角度来表达感觉或知觉的这种能动性，可以说它带有某种意志的形式。从孔狄亚克[①]的感觉论到曼恩·德·比朗[②]的主意说，便是这一思路的演变。然而，如果对知觉乃至感觉能动性的理解稍有偏差，便可能导致从唯物论转向典型的唯心论。一般而言，能动主义的危险性正蕴藏于此。

---

① 全名为艾蒂安·博诺·德·孔狄亚克（Étienne Bonnot de Condillac，1714—1780），法国哲学家、认知学家。他研究的领域涉及心理学与思维哲学。他曾与狄德罗结识并参与了《百科全书》（全称为《百科全书，科学、艺术和工艺详解词典》）的撰写工作，对启蒙运动产生影响。

② 曼恩·德·比朗（Maine de Biran，1766—1824），法国哲学家。他起初为感觉论者，像孔狄亚克和洛克那样，但后来转向理智主义，最终成为神秘主义的神智论者。

因此，正是由于在反映与模写中存在这种能动性，错误的可能性才得以潜在并成为可能。否则，错误的存在便无法得到解释，更不用说修正错误了。此外，用于修正错误的逻辑学与方法论也将完全失去意义。无生命的镜子当然不具备这样的能动性，但认识行为的发出者并非镜子，而是社会性地生活着且具有实践性的人类。

事实上，所谓的感觉或知觉，是人类活动与实践最初的形态。科学的科学性正在于其经验性与实验性。而所谓实验乃至实证，最终是诉之于知觉的。这种实验本身正是人类实践在自然界中的最前沿的活动。模写的第一阶段——感觉乃至知觉——本质上并非纯粹被动的现象，而是认识与模写的社会性人类主体所进行的能动活动的初步形态。

由此可见，反映与模写通过主体积极的、能动的、实践性的活动，才能获得其实质内容。无疑，这一切主体性的主观的活动，正是为了"如其所是"地把握"自在之物"的活动，而不是为了通过主观的任意性或人为操纵而脱离对"自在之物"的真实把握。主体的实践能动性正是为了更确切地保障模写作为认识的直接性与真实性。这种能动性以媒介的形式介入，通过某些程序、手段与方法，间接地达成这一直接性。

而对于直接性（unmittelbar），康德认为体现在"自在之物"对心灵的触发，而间接性（媒介——vermittelt）则表现为所谓"构成说"。然而，康德的构成说只是对模写说的排斥，其原因在于他未能贯彻自己提出的唯物论性质的设想，而将问题的解决局限于唯心论的方向。这种局限性是康德的理论偏向所致。而在封建残余力量仍然十分强大的当时的德国，对于作为启蒙思想家的康德而言，这种偏向或许是一种历史的、必然的结果。

认识即模写只有通过一定的构成过程才能得以实施。不言而喻，这些构成不能基于主体的随意性。康德试图通过设定被认为是先天的、普遍的人类理性中固有的构成标准，来保障这一构成过程的客观性。例如，康德提出的"范畴"即是构成标准中具有代表性的基本悟性概念。若说到康德究竟因何得出"范畴"，则要得益于传统形式逻辑学中的判断表，这一判断表实际上可以追溯到亚里士多德从语言结构中提取并整理的理论。这种构成程序的标准是纯粹逻辑的，即先验性的。因此人们可以说，康德的实际贡献在于详细检验了这些已经被导出的范畴的标准资格（也即范畴的先验演绎）。

然而，仔细思考可以发现，如果知识的客观性完全独立于客观存在本身，仅仅依赖类似悟性或者理性等从属于主观的事物（范畴及其他）的观念性才得以成立的话，这无疑是极其奇怪的。这意味着知识的客观性与客观存在本身的客观性完全无关，这种割裂显然是不合常理的。实际上，在康德的理论中，最能够保证知识的客观性的，正是完全处在知识构成这一主观的先验作用之外的"物触发心灵"而产生的感觉。也即通过所谓意识对"自在之物"进行模写、反映的阶段。而处于这一模写或反映的第一阶段的感觉乃至知觉，又是主观的主体性实践活动的起点。因此，知识的客观性不仅不依赖于主观的观念性，反而正是通过人类实践来保证的。实验和实证，也即实践，正是逻辑性过程的第一阶段。

因此，知识的构成过程及其客观性的保障和验证，归根结底离不开人类实践。然而，人类的实践活动远不止于感知、知觉、观察、实验或实证这些层面。广义上，社会中的人类活动——如生产活动和政治活动——才是实践的核心内容。人类社会的历史通过这些实践活动展开，因此，实践概念在这一意义上不能抛弃其历史性和社会性的内容。感知与实验也仅仅是限定在理论乃至知识活动中的一个层面。

　　　*实践观念最容易被误解的地方在于，它常被认为仅限于伦理或道德层面。费希特由此出发，成为典型的观念论代表人物。而实践，恰恰如我们论述至此的那样，首先以感知和知觉的形式出现。实践正是唯物论的核心枢纽。

因此，既然人类的实践活动是历史性的、社会性的，那么同样地，既然这一实践活动是知识构成的过程，由此得出的结论便是：知识的客观性之所以能够得到保障、确立和检验，归根到底是缘于人类的实践活动，并且只有作为后者的一部分才能得以成立。认识的客观性，不能在仅仅作为知识的知识（独立于实践的作为"孤立城堡的主人"的知识）中找到，而只能在作为人类社会（以及历史性的）实践活动一部分的知识中寻找。同时，知识与模写若没有某种形式上的人类社会实践活动的介入与努力构建，事实上也无法成立。

当然，实践的因素如何介入认识的过程，需要具体分析；将知识理论中的困境——其表现形式为理论矛盾——简单地归因于实践或经验，并以此中断理论的解决，是法西斯式的行动主义或僧侣式神秘主义的宣传伎俩。毋庸置疑，理论终究是理论，事实终究是事实，知识是知识，实践是实践。然而，理论和知识本身的一贯性却只能沿着经验事实或实践问题解决的方向得出，也必然只能如此得出。这一点于今尤为重要。实践并非偶尔干预理论，而是始终伴随于认识的正反两面。这正如物理学理论的成立以现有实验为基础，并非纯粹的理论在遭遇困境时偶然诉诸实验。实践始终伴随于认识过程之中，任何认识从这个意义上说，都只是实践的理论性产物。

仅从这一点来看，便可以清楚地认识到，由意识对实在进行的所谓模写与反映（即认识），并非如观念论哲学所设想的那样，是一种被动的、静止的、刻板的模式，而恰恰是由主体的实践性能动所构成的产物。然而，尽管如此，认识依然无法丢弃模写与反映的原初比喻，即如镜子般如实捕捉事物的本来面貌的意义。

＊关于更详细的内容，可参见拙稿《实践唯物论的哲

学基础——关于物质与模写》(《理想》第38号，收入《户坂润全集》第三卷）。

因此，以上所述是对知识及其认识的一般关系，即模写与构成所进行的阐释，现在我们可以并且有必要将这种一般关系扩展至科学领域。科学不过是知识乃至认识在某种特定组合情况下的表现形式。同时，也正是在作为科学的知识乃至认识中，我们才能首次发现有关实在的模写与知识的构成所固有的独特性质，并对此加以分析。既然模写的具体方式实际上是知识的构成方式，那么，科学中普遍存在的模写问题便归结为科学中普遍存在的知识构成问题。科学理论的问题因此从认识论中关于模写的主题转向了知识构成的理论。

那么，科学究竟具有什么样的特性以区别于一般知识？首先，需要认识到，知识本身是一种构成物，而任何构成都涉及特定的构成目的及与之相适应的构成手段。知识正是在这种目的与手段之间形成的。至于构成目的是什么，正如前文所述，只能是实在的模写。因此，可以说，无论在何种情况下，知识都已经是一种组织物或体系，其体系旨在反映实在的结构与机制。但任何实在的部分本身即可以被视为实在的一部分，因此所谓实在的结构或机制，无非是某一实在部分的结构或机制。如此一来，对于任意片段式的实在部分的反映，即构成了所谓的知识（wissen）。

然而，实在本身绝非任意碎片的简单集合。实在并非由任意部分的平面连接所构成，而是在各部分之间及其各部分群体之间，以实在自身的必然性形成了某种秩序、层次与分级。广义上的物理现象，无疑由无数部分构成，包括力学现象、热现象、电磁现象、化学现象等。每一种现象又进一步包含无数部分。同样，即便是在同一类科学现象中，也存在诸如机械的动量传递现象与重力或一般加速度现象的差别。在这种广义物理现象之外，还存在生命现象，在这之外又有社会的历史现象。这些实在的各种现象与部分通过一定的并列（coordination）与从属关系（subordination），形成了一个有序的整体，或集合或分类或对立。因此，所谓与每个实在部分相对应的"知识"，实际上也反映了这些实在部分构成一个客观有序整体的特点，进而在知识本身的相互关系中表现为一个知识体系。这种知识内在的约定就其本质来说是理所当然的。科学（乃至学问）恰恰因这种知识的组织化（wissenschaft）而得名为"科学"。因此，科学之所以不同于单纯的知识，其科学性（即科学之所以为科学）被黑格尔等人归因于其体系性。

　　*与此相对，费希特认为学问（科学）的特色不在于体系，而在于"知识"（wissen）本身，即知识的确实性（gewiss）。根据费希特的观点，科学的确定性并非由其与实在的关系赋予，而是由意识的主观信念的可靠性决定。关于体系的形成方式，则存在诸多观点。例如，有

学者认为科学体系由符号（symbol）构成（如莫里兹·施利克①、菲利普·弗兰克②等）。这种观点通常旨在反对模写说（参见菲利普·弗兰克的论文，"Théorie de la connaissance et physique moderne"，p.31, 1934）。正因如此，我们才更有必要强调科学即知识（而知识即模写）的组织化。

科学并非特殊的知识，其本质仅仅是知识（wissen）本身。然而，由于它对应于诸多实在部分在实在上的集群化（或者说凝结结晶），并由此形成了一种作为单一单位的统一体的知识集群或知识组织，这使其获得了作为科学的资格。因此，科学一方面作为一个综合的、唯一的单数名词，同时又是一个复合名词；另一方面，在科学体系中的各个分支亦可以各自成为独立的科学。这种独立性与对立性构成了科学分类的客观依据（关于科学分类的问题，请参见后文）。

　　*科学通常被认为是"根本的且完善的知识"，正是基于这一意义（例如伯纳德·波尔察诺在《科学理论：序言》③中的观点）。

---

① 莫里兹·施利克（Moritz Schlick, 1882—1936），德国哲学家、物理学家，维也纳学派和逻辑实证主义的创始人，属于分析哲学学派。
② 菲利普·弗兰克（Philipp Frank, 1884—1966），奥地利物理学家、数学家和哲学家，属于逻辑实证主义者，是维也纳学派成员之一。
③ 原文为 "*Wissenschaftslehre Vorrede*"。

科学与单纯知识的区别在于，科学有着体系化和组织化的形式。而这种体系和组织显然并非自发存在，而是体系化和组织化的结果。因此，体系和组织的构成方法必然内隐于科学之中。尽管黑格尔对组织形式重视有加，却低估了方法的重要性。但事实上，体系与方法并非对立，而是同一事物的两面。因此，科学也可以通过其方法，与单纯知识相区分。然而，就科学方法究竟为何这一问题，此处并还不是论述的场合（详见第三章）。

此外，科学与单纯知识之间另一个重要的区别在于，科学并非局限于个体的主观认知之中，而是一种在社会中以公共形式成立的客观存在。实际上，即使是知识，在多数情况下也不是仅作为个体主观持有的认知内容的。因为知识作为客观事物的反映和模写，可以在社会中以及其他许多个体中共享。知识能够在社会中传播，并在历史中得以传承。然而，知识的这种高度公共化与明确的传承能力，只有在其作为科学组织的组成部分时才能实现。科学指的是知识在社会中普及、在历史中传承的过程本身，换句话说就是科学被组织化的情况。科学正是知识在组织化的社会普及和历史传承中的表现形式。从这一意义上讲，只有在科学中，知识才成为一种社会的、历史的、客观的存在。

＊在德国观念论中，这种作为科学的客观文化遗产被归类为精神的一部分。这是因为精神并不仅仅是主观的心

理活动，还是以历史性和社会性存在的客观形式。正是这种客观精神构成了精神的本质。

在社会的尺度上，个体社会成员随着历史的发展而获得或失去的各种零散且无组织的知识，它们会在社会尺度上被整理、筛选，并被吸收进某种特定的共同形态中加以整合。在这些知识所有者的意识或观念中，只有被赋予某种形式后知识才能客观化并得以固定。换句话说，知识需要客观化为一种作为观念形态的意识形态（ideology）。这一最终达于意识形态的客观化过程中的知识，即所谓的"科学"或者学问。

> *"意识形态"除了观念形态的意义外，还指社会意识、政治意识或思想倾向，甚至单纯指社会中的观念性上层建筑。其本义为由社会或历史原因所引发的虚假意识。关于这一点，请参考新明正道[①]的《意识形态的系谱学》、拙作《意识形态概论》（《户坂润全集》第二卷所收）及其他相关文献（亦可参见后文）。

科学本质上是一定单位的实在的组织化反映。这种组织化反映的内容最终体现为知识的组织化构成。然而，由于科学本身作为一种客观的、历史的、社会的存在，其本质上是

---

① 新明正道（新明 正道，1898—1984），日本社会学家。以独立的观点创设了综合社会学。

历史社会中一种公共性和传承性的产物，因此科学的这种构成组织必然受到历史和社会条件的制约。知识（模写）本身已经是通过人类的实践活动（感知、实验及其他社会实际活动）所构成的，而在科学这种基于历史社会条件的构成组织中，人类实践活动，尤其是社会实践活动，则发挥了更加显著的组织化作用。

此外，社会成员的实践活动在很大程度上取决于其所属的社会阶级，而这又在意识层面上形成根本性的区别。因此，科学中不可避免地出现了所谓的阶级性。科学的阶级性在某些情况下能够进一步提升其科学性，而在另一些情况下则可能剥夺科学性的重要部分，并对科学加以歪曲。往往科学的阶级性对科学构成的制约力，远远超过其对被反映实在之原物的直接印象所施加的影响力。

关于科学阶级性的详细讨论将在后文展开，但此处需要特别注意的是，科学的阶级性不仅仅影响科学的表面结论。如果阶级性仅影响科学的外部形式或外部结构，那么科学家的公正理性和对真理的热爱，应该足以抵抗这种压力。然而，科学的阶级性实际潜伏于科学的内核，甚至接近其最深层次。换句话说，科学的阶级性早已隐藏在科学构成的核心，即科学方法本身之中。

所谓科学的意识形态性，表面上似乎只是单纯的社会规定。然而，事实上，即使科学确实未超出社会规定的范畴，如果科学的逻辑规定本身也受到社会规定的制约，那么恐怕这种意识形态也不再会被简单地视为社会规定。例如，资产阶级经济学与马克思主义经济学的区别并不仅仅是同一科学在不同阶级利益的驱使下得出的相反的结论。资产阶级经济学与马克思主义经济学在一定程度上同样是"科学的"，因为资产阶级经济学也拥有其独特而卓越的方法，而通过这种方法必然导致其得出相应的结论。

由此可能会有人问，自然科学是否也存在资产阶级自然科学和马克思主义自然科学的区别。如果存在一种理想的自然科学，那么这种自然科学只能是唯一的。在这种情况下，阶级对立从科学的纯粹立场看是毫无意义的。然而，这一逻辑同样适用于社会科学：理想的、纯粹的经济学本来也应该只能有一种。然而，事实上，自然科学既非如此理想化，也非如此纯粹。如果这一事实持续存在，那么它也必然归属于原则性的问题。更何况，完全独立于哲学世界观的"纯粹自然科学"根本不可能是真正的理想的自然科学。若假定这样的科学是理想的（？）①，那么这种"理想"的自然科学反而不可能是真正纯粹的自然科学。

我们不能忽略，自然科学甚至无法在不借助范畴的情况下开展实验。例如，如果不预设"以太"或"波动"等范畴，则无法进行证明以太不存在或物质以波动形式存在的实验。这些实验仅在预设特定意义的基础上才具有其实验价值，而

---

① 该括号及其中问号在原著中即存在。

这些意义或价值依赖于范畴，即基本概念。因此，没有范畴的自然科学根本无法存在，这一点如同没有术语和表象的物理学不可能存在一样。更重要的是，这些范畴在很大程度上直接与哲学世界观相连，例如因果律、时间、空间以及法则等概念。然而，正是这些观念，即使在今天的哲学中，依然充满争议。因此，即便在自然科学中，广义上的方法，尤其是范畴组织的选择与使用，也为阶级性介入提供了相当多的可能性。这一点尤为值得注意。

　　＊无论是何种自然科学的专家，在将范畴作为一般性问题探讨以及涉及哲学问题时，他们往往是完全的外行。这一点不应被忽视。科学本身的可靠性与科学家对于科学的解释值得信赖并非一回事。例如，当今资本主义国家的物理学家仅在机械论与决定论的范畴内讨论因果律，因果的必然性和作为范畴上的偶然性被机械地加以对立。然而，当出现颠覆这种机械因果律观念的物理现象时，他们便会转而无条件地提倡偶然论。然而，实际上，从辩证法的观点来看，脱离偶然性来理解的必然性本身便是无意义的。

尽管如此，科学的方法显然并非完全由某种社会历史的主观性（因此在许多情况下也包括阶级性）决定。实际上，首先必须明确的是，客观存在，即科学研究的对象本身，会以其特定的方法论必然性对科学加以指引。正如后文将详述的，这一点是不能忽视的。然而，当这些客观存在本身是历史的、社会的存在时，甚至即便其是自然界，它仍然与经过人为改造、社会化的自然（通过技术所掌控的自然）以及作为其条件的历史社会的总体存在本身直接相连。因此，科学在原则上无法摆脱这种由技术条件所施加的历史和社会的限制。事实上，无论是自然科学还是社会科学，如果不依赖于社会的技术水平，便无法取得任何进展。技术本身虽然不同于社会阶级等主观性因素，是一种客观的物质世界，但关键在于它终究与阶级主观性相联结。技术是否属于资产阶级或无产阶级，对于科学的进步和发展而言，构成了根本性的、至关重要的问题。

*技术通常在唯物论中被定义为劳动手段、工艺方法与技能体系。这一定义虽然不完全，但至少可以强调技术的客观性和物质性——关于这一点详见后文。

在科学领域，知识构成的组织由此在逻辑层面上作为科学的方法，在社会层面上作为意识形态的机制得到展开。通过这两种相互对立的契机，科学最终产生的是其对象领域乃至科学性的世界。虽然"对象领域"也可以指科学所应模写的原始实在界，但此处有必要将两者区分开来，并采用业界习惯的用法，将这种通过方法和意识形态的结构性模写而成的"像"（形像）称为对象领域。作为此种"像"的对象即是科学的

"世界"，因此通常被称为科学的"世界像"（Weltbild）。

关于世界像这一观念，例如具有相当马赫主义色彩的康德主义者普朗克[①]提供了一种典型的见解。他认为，实在本身只能通过片段的形式被直接认知（感知），而科学则能通过其组织性构建创造出科学的世界像。不过，在普朗克的解释中，这一世界像与原始实在之间的基本关系在认识论和科学论的层面上一直是不明确的，这一点值得注意。但这不仅仅因为他是一种类型的康德主义者，还另有其他更深层的原因。普朗克所谓的科学世界像实际上并非作为科学整体成果的总括性、统一性的科学世界像，而仅仅是物理学或其他某些具体领域所带来的"世界的像"。因此，这种"世界"实际上并非作为实在本身的世界，而仅仅是对其实在的刻意局部化的映像。客观现实的世界与这种所谓的世界像之间因此存在显著的间隙。康德主义者普朗克不得不特别关注这一间隙，以至于不愿尝试说明世界本身与世界像之间这一对我们而言至关重要的根本性关系。

　　*参考田边元译的《物理学的世界像统一》（*Die Einheit des physikalischen Weltbildes*，1909）——岩波哲

[①]　其原名为马克斯·卡尔·恩斯特·路德维希·普朗克（Max Karl Ernst Ludwig Planck，1858—1947），德国物理学家，量子力学创始人。因发现能量量子获得1918年度的诺贝尔物理学奖（1919年颁发）。以之为名的普朗克常数于2019年被用于重新定义基本单位，此外还有以之为名的科学奖座、机构和学会。

学丛书）。另见《新物理学的世界像》（*Das Weltbild der neuen Physik*, 1930）、《实证主义与外部现实》（*Positivismus und reale Aussenwelt*, 1931）以及《物理学中的因果概念》（*Der Kausalbegriff in der Physik*, 1932）。

然而，这一事实也表明了所谓的"世界像"与"世界观"之间的区别，这一点颇具意义。根据普朗克那种稍带反唯物论色彩的认识论乃至科学论，要达到一种关于各种科学的客观基础的统一组织的积极计划，恐怕是极为困难的。他所谓的"世界像"因此无法直接上升为世界观，即那种哲学的统一立场。显然，这种"世界观"必须是最具普遍的统一性的"科学的世界像"。世界观是对世界的直观。这并不是仅仅通过解释"世界观"一词而得出的结论，而是因为"世界观"一词表达了一种与世界实在之间直接、无中介、无构造的模写的根本关系。因此，科学通过其方法和意识形态的构成过程，最终作为整体的结果，达到了这一统一的科学的世界像，亦即科学的世界观、世界直观，即世界的统一模写与反映。

　　*关于世界像与世界观的区别，我曾在《自然科学中的世界观与方法》（刊载于《理想》第 46 期，《户坂润全集》第三卷收录）中有所论述。冈邦雄[1] 先生亦对此

---

① 冈邦雄（冈 邦雄，1890—1971），日本科学史家。与户坂润等人共同创立了唯物论研究会。

有所涉及（见《新百科全书派》内）。此外，关于这种区别及一般意义上自然科学与世界观的关系，可参阅 S. Kisch [1] 的《自然科学与世界观》（*Naturwissenschaft und Weltanschauung*，1931）。

相对于现实世界（根据哲学范畴称为"物质"），所谓"世界直观"（也即"世界观"）作为其最直接的、最初级的反映，与之相对应。然而，这种直观尚未经过对科学研究有意识地推进而形成的结果进行集成和整理，而是一种可以说是科学反思之前的、常识性的世界直观。然而，这种具有常识性、统一性的世界意识，无疑是社会中的历史性产物，本质上具备作为意识形态的资格。只是，这种意识形态尚处于极为直觉的、无意识的状态。这一初级世界观的意识形态性，在科学方法的发现中，从侧面提供了有利的条件。例如，正如达尔文本人在自传中所述，他的自然选择观念受到马尔萨斯人口论的启发（该理论是资产阶级古典经济学中首次揭示资产阶级前途矛盾的作品）。此外，奥斯特 [2] 的电磁关系研究似乎

---

[1] 原文为"S. Kisch"，经查当指布鲁诺·撒迦利亚·基施（Bruno Zacharias Kisch，1890—1966），他是一位实验心脏病学家和生理学家，也是德国心血管研究学会的联合创始人。他在 1931 年以"自然科学和世界观"为题在科隆自然历史和地方历史协会成立 25 周年之际做了演讲。

[2] 即汉斯·克里斯蒂安·奥斯特（Hans Christian Ørsted, 1777—1851），丹麦物理学家、化学家和文学家。他发现了电学与磁学的关联，也发现了铝元素。19 世纪后期，在科学方面的后康德哲学和演进，由于他的写作而更见雏形。他创建了"思想实验"一词，他也是第一位明确地描述思想实验的现代思想家。

亦借鉴了谢林的浪漫主义自然哲学。

> *常识是一种具有悖论性质的知识。因此，假定这一
> 术语具有明确含义并据此使用，可能会引发严重的混乱。
> 对此将在后文加以分析。

然而，正如前文所述，源于特定历史社会主观的意识形态并不能成为科学方法的最终决定者。事实上，即便作为第一层常识的世界观本身，也不能直接决定科学方法的终极形式。现实的客观实在世界才是指定科学方法的最终依据（例如，达尔文的进化论更多依赖于农业技术的发展，而非意识形态）。在这一过程中，各种科学将世界的不同部分作为其研究对象，因此科学首先需要暂时破坏已形成的常识性世界观的整体统一性，然后仅提取与其研究需求相符的现实世界的部分，并将其通过科学的方法加以完善。而在这个时候，意识形态也并非在普遍范围内起作用，而只是部分性地参与到这一机制当中。由此产生的成果便是所谓的科学的世界像。当各门科学分别从世界观的不同部分中提取内容并将其完善为各自的世界像后，这些世界像之间以及科学本身之间必须重新实现统一，以呼应原始实在世界的整体统一性。由此产生的成果便是科学的——而非常识性的——世界观。

尽管如此，这种科学的世界观依然保留了其作为"世界观"的本质属性。它必须是此前常识性世界观的"直系后

代"。前者仅仅是未意识到科学研究过程时的表现，而后者则只不过是基于科学研究过程而形成的自觉化表现。两者之间的差异仅此而已。因此，这种科学的世界观如果被社会性地剥离开来也会再次转化为单纯的常识性世界观。无论是第一层世界观还是第二层世界观，都不过是世界观（即对世界的直觉性反映）这一系列中的两个阶段。第一层世界观的整体性统一通过科学方法与意识形态的构成过程被逐步分解为多个部分，这些部分依次被逐步升华并完善，最终所有部分汇集起来，再次形成一个具有整体性统一的世界观。其过程如同冰川的流动。第二层世界观正是这样形成的：科学（学问）通过这一系列过程构建对实在世界（物质）的知识，从而系统地模写这一实在世界。这种关系在哲学、社会科学和自然科学中均是普遍存在且不变的。

　　＊世界观、意识形态、方法与科学世界之间的关系并不限于科学领域。在文学中，这种关系以世界观、意识形态、创作方法和作品的形式平行存在。我们出于理论统一性和普遍性的视角，特别需要指出这一点（参见前述《自然科学中的世界观与方法》）。

　　然而，在这一过程中，始终贯穿关系核心的是"实在"与对实在的"模写"或"反映"。无论是关于方法、意识形态，还是科学世界，这一根本关系均未改变。尤其是当涉及科学的世界时，科学世界是否在某种意义上与原本的实在世界相一致，始终是首要问题。科学方法可能包括操作性假设（作业假设）或暂时性方法（启发式方法，heuristische methode）。在这一意义上，甚至会产生一种观点，即科学方法基于各类符号而构建。同时，意识形态可能会因社会条件、历史传统以及阶级利益的影响而歪曲对实在的认知（有时甚至会矫正这种认知）。然而，至少科学世界的内容从一开始就被要求必须是真正的实在模写。由此，真理问题在此处最为直观地显现到表面。

　　*在我的判断中，模写说（基于实践的唯物主义）可以被认为是关于真理问题最卓越且最具群众性的理论。无论真理的类型如何（例如莱布尼茨提出的数学真理＝永恒性真理与历史真理＝事实性真理，自然科学的真理与社会科学的真理等），作为对真理的一般性观念，尽管有康德的构成主义、笛卡儿与胡塞尔的直觉明证说、社会便宜主义（例如实用主义、马赫的思维经济理论及波格丹诺夫主义 [①]）、海德格尔关于真理是揭示被隐藏事物的"阿莱特

---

① 亚历山大·亚历山德罗维奇·波格丹诺夫（Алекса́ндр Алекса́ндрович Богда́нов，1873—1928），苏联内科医生、哲学家、作家，他是布尔什维克的早期领袖。他倾向于马赫主义观点，因此受到了列宁的严厉批判。

亚"理论①、黑格尔关于观念中的具体普遍性观点等等，我仍认为模写说可以被确立为最佳解释。

因此，用一句话概括，科学与实在之间的关系可归结为逻辑问题。逻辑学、认识论以及辩证法无非是探讨这一逻辑的各个方面，而这一逻辑的特别科学论形式（包括"科学方法论""科学分类学"等）正是科学与实在之间关系的具体表现。迄今为止，我们通过实在的模写（知识）以及知识的构成对其做了说明。

科学与实在关系的问题，即知识构成的问题（关于模写内容的问题也可归结于此），因此可以被划分为三个方面来讨论：第一，"科学的方法"；第二，"科学与社会"（意识形态问题）；第三，"科学性的世界"。在第三个方面，将主要关注各科学领域的体系及其基本概念的探讨。

以下将依次对此进行分析。

---

① 海德格尔在其哲学中提到的"阿莱特亚"（Aletheia）是一个重要的概念，它源自古希腊语，是真理女神的名字，其词义为"真理"或"揭示"。海德格尔重新解释了这一术语，赋予其更深的存在论意义。"Aletheia"由希腊语前缀"a"（表示否定）和"lethe"（意为"遮蔽"或"遗忘"）组成，可以理解为"不遮蔽"或"非遗忘"。其原意与真理相关，但海德格尔强调它的动态特性，即揭示和显现，而非仅仅是符合论意义上的真理（符合客观事实）。

第三章
科学的方法（其一）

科学的方法问题，正在日益成为近代科学论（主要是资产阶级的科学理论）中最具代表性的主题。科学方法论被视为科学论本身的核心课题。然而，即使提到"科学论"这一概念，其内涵也并不限于对科学或学术的统一性研究和展望。实际上，它有时被视为普遍知识的基本理论（如费希特的《知识学》），有时候又被视作一种逻辑学原论（如波尔察诺的《知识论》或《科学论》）。与此相对，在某些情况下，"科学论"也特指关于自然、社会、历史及文化等经验科学中若干基本问题的哲学观点（如李凯尔特的《科学论》）。然而，实际上，仅有第三种情况或与之相类似的科学论，才将科学方法论置于其中心位置。

然而，正如"科学论"一词的复杂性一样，所谓的"科学方法论"也并不必然如其字面意义那样，仅仅是一种关于科学方法的普通理论。在近代资产阶级哲学中，这一术语已具有特定的历史性约定。我们并无义务遵守这一约定，恰恰相反，只有通过打破这一约定，我们才能真正抵达科学方法论的本质。在这一点上，这种情况与"科学论"（本书的标题）完全一致。然而，至少在不了解这一约定的情况下，试图探讨科学的方法（即科学方法论）是不可行的。我们已经被置于这样一种条件之下，即必须面对这种约定，才能继续关于科学方法的讨论。

所谓的科学方法论究竟受到了怎样的历史性约定的制约，我们将稍后探讨，但在此之前，需要预先注意到的是：看似讨论科学方法的内容中，除了所谓的科学方法论（methodenlehre-methodik）外，还有另一个词语，即方法论（methodologie）。单从字面意义上看，methodenlehre 和 methodologie 几乎没有任何区别。然而在实际使用中，这两个词并不一定指向相同的内容。从整体倾向或习惯来看，在资产阶级哲学的传统中，科学方法论通常主要指关于经验性科学（数学也可以被包含在其中）特有的学术研究方法的理论。而相对而言，方法论更多地指对一般认识方法的讨论，是更为普遍或更抽象的范畴。可以说，前者属于认识论（在资产阶级哲学中，认识论通常被理解为关于科学认知基础的理论），而后者则仅仅属于逻辑学（作为形式逻辑的延展与扩展）。

当然，仅从两个词本身来看，很难简单地区分哪个属于所谓的认识论领域，哪个属于更抽象和一般化的逻辑学领域。实际上，两个词在语言上并无根本的差别。但需要注意的是，所谓方法论（methodologie，而实际上它更应该用 methodenlehre）倾向于带有作为传统形式逻辑学一部分的历史性意味，而所谓科学方法论（methodenlehre，而实际上它更应该用methodologie）则至少站在超越传统形式逻辑学某种形式的立场，例如"先验"逻辑学、"内容"逻辑学、"具体"逻辑学、"近代"逻辑学、"认识论"等等。这是科学方法论历史上更新且更进步的阶段。

例如，弗兰西斯·培根的所谓研究方法（即他的归纳法），虽然试图探讨近代自然科学的方法，但最终不过成为传统所谓逻辑学的一部分（归纳逻辑学）。后来，约翰·斯图尔特·密尔[①]结合了这一归纳方法与自经院哲学以来的所谓演绎逻辑学，并对社会科学（被称为moral science 或 social science）的方法进行了详细讨论。然而，其辛苦成果依然未完全成为"科学方法论"，更准确地说，它只是形式逻辑学中"方法论"的集大成。这是因为其本质上不过是将培根的方法论直接移植到社会科学中并对其进行更精细的考察。毕竟，现代自然科学（包括社会科学）最显著的发展是在19世纪后半叶之后，而与这一科学发展相适应的方法论，即所谓科学方法论，尚未有机会充分出现。

* 约翰·斯图尔特·密尔《逻辑体系：推论与归纳》（A

---

① 约翰·斯图尔特·密尔（John Stuart Mill, 1806—1873），也译作约翰·斯图尔特·穆勒，英国效益主义、自由主义哲学家、政治经济学家、英国国会议员。其研究范围包括政治哲学、政治经济学、伦理学、逻辑学等，其著作《论自由》是古典自由主义集大成之作，在19世纪古典自由主义学派中影响巨大。

System of Logic, Ratiocinative and Inductive，1843）。其副标题表明了将"明证的原则与科学研究的方法"结合起来的观点（其中关于社会科学的部分，有《社会科学的方法论》——伊藤译）。

　　自然科学的显著发展首先推动的是专业科学家自身对科学研究方法以及科学整体的反思。在物理学和数学领域，可以列举出亨利·庞加莱；在物理学和生理学领域，可以列举出恩斯特·马赫、赫尔曼·冯·亥姆霍兹[1]、杜布瓦-雷蒙[2]；在心理学领域，可以列举出威廉·冯特[3]；在生物学领域，可以列举出杜里舒[4]。这些科学家从对科学研究方法和科学整体的反思中，各自引申出了普遍的认识论或哲学。因此，他们各自持有属于自己的科学理论或科学方法论。然而，尽管如此，他们中的大多数（至少冯特是一个例外）并未对诸科学的比

---

[1] 赫尔曼·路德维希·费迪南德·冯·亥姆霍兹（Hermann Ludwig Ferdinand von Helmholtz，1821—1894），德国物理学家、生理学家。他在力学、电磁学、光学、声学、生理学和数学等多个科学领域都做出了贡献，尤其在流体动力稳定性方面做出了重要贡献。

[2] 埃米尔·杜布瓦-雷蒙（Emil Heinrich du Bois-Reymond，1818—1896），德国内科医生、生理学家，神经动作电势的发现者之一，电生理学的奠基人之一。

[3] 威廉·马克西米连·冯特（Wilhelm Maximilian Wundt，1832—1920），德国心理学家、生理学家、哲学家，心理学发展史上的开创性人物。他被普遍认为是实验心理学和认知心理学的创建人，构造主义的奠基人。

[4] 杜里舒（Hans Driesch，1867—1941），德国生物学家、哲学家，以从事早期胚胎学试验和新生命力论哲学而知名，19世纪80年代曾进行早期克隆试验。1922年10月前往中国讲学，停留数月，在东南大学讲授"有机哲学"。

较研究表现出特别的热情。例如，关于各自专门科学领域中的根本问题，他们确实提供了深入且卓越的分析批判，这是众所周知的。但这种分析与将各自的科学作为整体加以综合，并在与其他科学的关系中进行考察，是两回事。而后者并非这些作为各自领域专家的科学家所特别重视的问题。因此，从这些努力中，很难找到所谓的"科学方法论"或以此为中心议题的"科学理论"得以充分发展和展开的必然性，这并不令人意外。

＊威廉·冯特可被视为近代实证百科全书派中的一员。他在《逻辑学》中对诸科学的比较研究及科学分类具有一定的参考价值。

在这一背景下，特别值得注意的是卡尔·皮尔逊[1]的《科学的文法》(*The Grammar of Science*, 1911)。与冯特不同，作为马赫认识论体系的继承者，皮尔逊以英国化的思想与表达方式撰写了这部科学概论。他是一位统计学家，同时也是一位物理学家。

因此，科学论及科学方法论的形成，不仅依赖于自19世纪后半期以来自然科学的迅速发展，还需要依赖于对各自然科学的比较研究，尤其是历史科学或社会科学与自然科学之

---

[1]　卡尔·皮尔逊(Karl Pearson, 1857—1936)，英国数学家、统计学家和自由思想家。

间的比较研究的兴趣。如前所述，这种比较研究不仅涉及自然科学的科学理念、科学性与哲学之间的比较研究，甚至在某种程度上涉及如何在实证自然科学的冲击下维护哲学作为教授职业的地位和资源。例如，在黑格尔哲学体系崩溃之后的一段时间里，哲学被认为无法再作为一种理论体系成立；同样，有一时期人们严肃地质疑历史学能否被称为科学。在这种背景下，诸科学的整体比较研究以及科学分类重新成为现代兴趣的中心。通过这些研究，诸科学作为一个整体被重新审视，并且逐渐成为哲学家或那些转型为理论家的学者的一个独特且颇受欢迎的主题。然而，这一主题往往可能与各科学的实际实证研究相脱节。现代所谓的"科学论"或"科学方法论"（如李凯尔特、科亨、纳托普、狄尔泰等人的研究）便是在这种背景下产生的。

　　* 黑格尔学派的右翼转向了神学性质的形而上学，左翼则转向神学批判和唯物论，而中间派则专注于哲学史的构建。根据库诺·费希尔[1]、策勒[2]和爱德华·厄德曼[3]等人的观点，哲学作为一种体系已经破产，它只能以历史的

---

[1]　库诺·费希尔（Kuno Fischer，1824—1907），德国哲学家、哲学史家、评论家。

[2]　爱德华·戈特洛布·策勒（Eduard Gottlob Zeller，1814—1908），德国哲学家、新教神学家。他以古希腊哲学，尤其是前苏格拉底哲学见长，写有多卷本历史著作《古希腊发展史中的哲学》。他同时也是新康德主义复兴运动的关键人物。

[3]　约翰·爱德华·厄德曼（Johann Eduard Erdmann，1805—1892），德国哲学史家、宗教哲学家，哲学史通常将厄德曼列为黑格尔右翼。

形式存在。试图从这一破产中挽救哲学体系的小规模努力体现在赫尔曼·洛采的《形而上学》中（其实其思想源于赫尔巴特[1]）。洛采认为哲学能够作为形而上学复兴，这种观点类似于今天的新黑格尔主义。而费尔巴哈的唯物论显然采取了相反的方向，他通过将哲学视为唯物论的形式，为其提供了一种"救赎"。

在当今这个时代，各自然科学、社会科学、历史学、文化科学以及精神科学分别沿着自身的发展路径独立发展，同时又处于相互复杂交错的状态中，并且发展速度不断加快。在这样的情势下，将"科学"这一概念作为一个整体进行一般性探讨，可以说是极为困难的。然而，也正因如此，这种尝试成为一种迫切的需求，这是不可否认的事实。因此，要对这种复杂交错的状况进行整理和整顿，最直接的方法无疑是对其进行分类（divide et impera——分而治之）。然而，分类必须有分类的原则，而科学方法正是这一科学分类的原则。这正是当今站在所谓"科学论"立场的人所提出的结论。于是，现代所谓的"科学论"便以所谓的"科学方法论"作为其核心课题。

然而，广义上所谓的科学论及科学方法论的主题，以及科学分类这一兴趣，自古以来就已经存在。这并不是到了近

---

[1] 约翰·弗里德里希·赫尔巴特（Johann Friedrich Herbart，1776—1841），德国哲学家、心理学家，科学教育学的奠基人，曾师从费希特学习哲学。

代才被特别强调的重要议题。我在拙著《科学方法论》（岩波书店——"续哲学丛书"的一部分）中，已经对科学分类的方式进行了归类，因此在此避免重复叙述。在这里，我仅希望补充并强调以下一点：科学分类这一问题，并非如人们可能时常想象的那样，是出于一种学究式的、教科书式的无趣，或者仅仅作为肤浅的概论性兴趣而成为讨论主题。在那些强烈感受到科学分类必要性的时代，几乎总是隐藏着某种新的科学或学问理念。换言之，也可以说，这是由于社会中科学的地位和作用而被重新提出来的问题。

　　*在我的著作中，这部分主要参考了罗伯特·弗林特[1]的《作为科学之科学的哲学，以及科学分类史》（*Philosophy as Scientia Scientiarum, and a History of the Classification of the Science*s，1904）。这本书可能是科学分类史领域的最佳著作。此外，作为科学分类的代表性著作，还可以提到赫伯特·斯宾塞[2]的《科学分类》（*The Classification of the Sciences*，1864）以及稍后一些的著作，如托马什·加里格·马萨里克[3]的《具体逻辑尝试——科学分类与组

---

[1]　罗伯特·弗林特（Robert Flint，1838—1910），英国神学家和哲学家。

[2]　赫伯特·斯宾塞（Herbert Spencer，1820—1903），英国哲学家、社会达尔文主义之父，他提出将"适者生存"应用在社会学，尤其是教育及阶级斗争中。

[3]　托马什·加里格·马萨里克（Tomáš Garrigue Masaryk，1850—1937），捷克斯洛伐克首任总统（任期为1918—1935年）、进步政治活动家和哲学家。作为一名哲学家，他是一位理性主义者和人文主义者，强调实践伦理学，批评德国唯心主义和马克思主义。

织 》（*Versuch einer Concreten Logik — Classification und Organisation der Wissenschaften*）和冯特的《逻辑》（*Logik*）。此外，田边元的《科学概论》、约翰·阿瑟·汤姆森①的《科学导论》（*Introduction to Science*）以及戈伦施泰因②的《辩证法的自然科学概论》等不局限于科学分类，也普遍具有参考价值。特别是涉及社会科学的著作，如密尔的《逻辑体系：推理与归纳》（上文提及）以及卡尔·门格尔的《社会科学方法》（前述）的附录，也值得参照。

一般来说科学和学术的分类可以追溯到柏拉图的时代。尽管关于他的科学分类，学界存在不同的观点，但至少有一点是被广泛认同的，即他区分了数学与哲学（即辩证法，dialectike），并且明确将这两者从常识（doxa）中分离出来，其中常识包含对自然和社会的感性知识。换言之，这是感性知识与基于超感性理念的知识之间的区分。然而，科学分类的兴趣并不在于分类本身，而是源于一种促使分类必要的全新学问意识。这种意识构成了分类的本质动机。对于柏拉图来说，这种新科学意识便是以辩证法为核心的哲学。但当我

---

① 约翰·阿瑟·汤姆森爵士（John Arthur Thomson，1861—1933），英国博物学家，他撰写了几本著名的书，并且是软珊瑚方面的专家。

② 日文原文为"ゴルンシュタイン"，据说为苏联女哲学家。她的著作《辩证法的自然科学概论》（弁证法の自然科学概論）在1933年由白扬社出版（译者大野勤快、相马春雄），不仅在日本产生了影响，在1935年亦被潘谷神以《辩证法的自然科学概论》（1935）为题译出，对中国也产生了影响。

们谈到柏拉图，就不能只提他一人，同时还必须提及苏格拉底和亚里士多德，这是因为，我们必须在当时希腊（主要是雅典）的道德文化背景下进行叙述。当时的雅典正处于经济困难和政治动荡之中，柏拉图一派以贵族化、道德性和观念论性质的理念认识理论作为对这种动荡的观念性反应。这种理念学术的观念正是柏拉图学术分类的核心动机和意义。据说，柏拉图曾计划在叙拉古的政治学校中推行哲人教育，而数学（作为进入理念之学的大门）被列为首要课程。科学分类兴趣的高涨往往与社会的历史性转折及随之而来的科学意识的动荡和沸腾密切相关。

如果说柏拉图（以及亚里士多德）因哲学科学意识的高涨而需要进行科学分类（尽管他也并未就这一主题进行过特别的论述），那么因自然科学意识的高涨而展开科学分类的则是培根。在他的《学术的进展》（*Advancement of Learning*）①中，培根首先区分了与人类相关的研究和与神相关的研究，并主张将每一类研究按照人类心理能力的三种功能——记忆、想象和理性进行分类。由此，与人类相关的研究被分为历史、诗学和哲学。然而，他根据这一标准将科学（乃至广义的学问）归为人类的精神能力，这意味着培根特别重视理性在认识中的作用。这一故事反映了近代早期英国资产阶级对立于经院哲学科学意识的实证性自然科学主义精神。

---

① 日文原文为"研究の発達"。

　　*培根的这一著名分类，由于契合了近代自然科学意识的兴起，一直沿用至 18 至 19 世纪。法国的百科全书派也将其作为 1751 年出版的《百科全书》的基本框架。狄德罗曾言："我们在学术几乎尚未存在的时代，主要得益于大法官培根绘制出的广泛学术百科全书计划。" 达朗贝尔[1] 对这一分类进行了修改，例如明确了培根忽略的数学的地位，并承担了保存这一分类的任务。

　　随着社会科学和历史科学意识的高涨，圣西门[2] 和奥古斯特·孔德的科学分类体系被提出。这一体系不再基于柏拉图或培根所主张的人类主观能力的分类原理，而是引入了基于事物本身秩序的分类原理。根据这一观点，事物本身按照从简单到复杂的顺序形成了一个系统，因此研究事物的科学也应当与这一秩序相一致。孔德的科学分类依次为：数学、无机物的科学（力学、天文学、物理学、化学）、生物学和社会

---

[1] 达朗贝尔（Jean Le Rond d'Alembert，1717—1783），法国物理学家、数学家和天文学家。他一生在很多领域进行研究，在数学、力学、天文学、哲学、音乐和社会活动方面都有很多建树。他与狄德罗共同担任了《百科全书》的编辑并撰写了序言。

[2] 圣西门伯爵克劳德·亨利·德·卢瓦卢（Claude-Henri de Rouvroy de Saint-Simon，1760—1825），常被简称为亨利·德·圣西门，是法国商人、哲学家、经济学家、空想社会主义者，代表作有《一个日内瓦居民给当代人的信》《实业家问答》《新基督教》等。圣西门出身贵族，曾参加法国大革命，还参加过美国独立战争约克镇战役。他抨击资本主义社会，致力于设计一种新的社会制度，并为此花掉了他的全部家产。在他所设想的社会中，人人劳动，没有不劳而获，没有剥削，没有压迫，恩格斯评价他"察觉到了后来社会主义者几乎所有思想的萌芽"。

学。显然，这种分类直接服务于孔德作为法国资产阶级思想家之一的需要，即为其新提出的社会学（基于伽利略方法的实证社会学）奠定基础。尽管如此，有观点认为，孔德只不过是平庸化了其直接前辈圣西门的社会科学理念。而圣西门社会科学的真正意义，应该是通过卡尔·马克思的工作得以实现的。因此，正如培根的自然科学观尽管以自然科学的基本精神为基础，但其自然科学观本身却并不完全科学，孔德的社会学观也绝不能被视为真正的科学社会科学（资产阶级"社会学"与"社会科学"之间的区分至今仍是一个重大问题）。然而即便如此，孔德的科学分类体系由于是以事物本身的秩序为依据，因此同时又能够与事物历史发展的各个阶段相对应。这一点是我们不能忽视的。

　　*孔德作为法国资产阶级最雄辩的代表之一，却并不处于资产阶级进步曲线的前沿。他作为必须与资产阶级战斗的新兴的无套裤汉（sans-culottes）阶层，却明确表现出保守和反动的立场。然而，正因如此，他准确地扮演了现代资产阶级代表性思想家的先锋角色。这也是资产阶级"社会学"起源于孔德，而孔德的名字至今在该领域仍具权威的原因。

　　在近代，最为系统地对诸科学进行了分类的，实际上是黑格尔的《哲学科学百科全书纲要》。正如在柏拉图那里一样，在这里，德意志社会现实的积贫积弱，反而表现为哲学上的伟大性。这部《哲学科学百科全书纲要》首先从逻辑学出发，遍历自然科学，继而经过精神科学（心理学、社会科学和文化科学），最终归结于哲学与世界史。——黑格尔本人并非必然受到过某种新鲜而有力的科学意识的驱动。他的《哲学科学百科全书纲要》不过是以往人类认识的摘要，并未低于也未超越这一标准。但这一科学分类（这一哲学性的百科全书）最终与马克思的科学社会科学，也即科学共产主义这一具有压倒性理论意识的体系相结合。这正是黑格尔的科学百科全书体系在历史上具有积极意义的地方。利用黑格尔的哲学体系，为社会科学与自然科学之间以及各类科学之间提供分类框架的，是弗里德里希·恩格斯。而关于这一点，我们将在后面进行探讨。

正如前文所述，所有著名且具有影响力的科学分类背后，必然存在一种在社会性的摩擦中发光发热的新鲜且强有力的新科学意识。——顺带一提，今日资产阶级哲学中的所谓"科学方法论"的代表者（无论如何，这都与李凯尔特教授之名密切相关），也同样是从某种科学分类出发的。当然，李凯尔特教授等人的思想及其成就之总体重要性或许并不值得被过高评价。世间存在许多更具重大意义的科学与哲学动向。然而，从"科学论"这一主题来看，李凯尔特等人的工作的意义仍值得被充分关注。李凯尔特的科学分类及其所引发的科学方法论表明，在今日资产阶级唯心主义哲学的视角下，历史科学乃至社会科学和自然科学，已经无法避免地陷入不可收拾的纷乱与混杂之中。实际上，正是在这一点上，所谓"科学方法论"这一事物才具有其划时代的历史意义。

　　*对于李凯尔特的科学方法论的解说，以及虽稍显不足但仍基本完整的批评，已在拙著《科学方法论》（前述）中进行了论述。现在尽管不得不有所重复，但我希望尽可能避免内容的重复。

　　根据李凯尔特的观点（尽管这一思想源自从威廉·文德尔班开始的考察），在通常情况下，科学（此处暂不讨论数学和哲学）是依据其研究对象的性质进行分类的。这一点在孔德的分类中已经显现出来，而即便他尝试通过某种主观的原则进行分类，也往往不自觉地混入或附加了基于研究对象本身的分类方法。然而，李凯尔特认为，这种分类方法目前遇到了一个根本性的困难。也就是说，按照常识，现实可以分为自然界和精神界。而以自然界为研究对象的所谓自然科学，与以精神界为研究对象的所谓精神科学（例如实验心理学），仅仅是研究对象的不同而已。从科学的性质来看，它们在根本上并无显著差异。那么，是否可以认为所有科学都具有相同的根本性质呢？显然并非如此，例如历史学在科学性质上与自然科学存在显著差异。正因为如此，人们才会质疑历史学是否能够被称为"科学"。如果说自然与历史作为研究对象是完全不同的，那么这一说法也并不成立。李凯尔特认为，历史学从其研究材料来看，本质上并非超越自然的存在。因此只能得出结论，即这两类科学的根本区别并不在于研究对象的性质差异。

　　*典型的例子是威廉·冯特的分类方法。他依据现实的区分，将科学划分为自然的科学（自然科学）和精神科学（心理学）。

　　作为研究对象，自然与精神存在区别。然而，科学可以被划分为自然科学与历史科学而不会因对象的不同而产生不同的划分结果。此外，精神可以通过心理学以"自然科学"的方式研究，而同样的自然在某些情况下也可能被完全"历史学"地研究。因此，李凯尔特得出结论：科学不应依据研究对象进行分类，而应依据研究方法分类。即便研究对象相同，由于作为研究态度的科学方法的不同，也可能产生不同的科学。科学依据其研究对象的性质差异来区分的观念，仅仅是一种未经批判的素朴常识，而批判哲学（即先验观念论）必须首先摒弃这样的独断。科学不应基于客观实在自身（其本身应是不可知的）而被考察，而应如同康德所主张的那样，基于主体的观念性并沿着某种原理进行考察。这便是真正哲学性（即批判性）的"科学论"的核心所在。

　　由此，科学分类这一主题在李凯尔特那里被完全转换为科学方法的主题。那么，科学的方法与所谓研究对象之间的关系又是怎样的呢？

通常，人们认为科学的对象是实在，因此提到对象时，容易将其与实在（wirklichkeit）等同。然而，在批判主义哲学中，一般来说，认识的对象（gegenstand）是作为认识的对立物并在此意义上才成为对象的，也就是说，认识只有在主体的某种工作下，并基于这种工作才能将这本应当成为对立物的事物作为对象。这无非是主体进行了某种工作的结果。那么，科学的对象，正是科学自身赋予自身的对立物。在这个意义上，科学无非就是其自身的产物。尽管在现实中，这些对象可能确实是某种独立的客观存在，但作为科学的对象，它们仅仅从属于观念性、从属于主体，只是认识的普遍适用的单纯载体。

然而，在实际上，这种关于实在的观念与其说是学术性或哲学性的观念，更不如说是常识性的观念。我们并不是通过有序的科学认识而得知实在，而仅仅是在直观中对其进行直接感知。当然，至少实在必须被摆在我们这一认识的主体面前。然而，从哲学的角度看，"所与性范畴"[1]的逻辑假设在此显然已经存在。但即便如此，这种实在被赋予的方式本质上仅仅是直观的，属于科学认识之前的领域。

关于直观的内容，它总是构成认识材料或素材。正如康

---

① 日语原文为"所与性の範疇"。

德所言，这种素材是多样的；而在李凯尔特看来，这些素材具有异质性且是无分界的连续体。例如，出于认识的目的，将这些被赋予的材料中的异质性和连续性取走后，可能形成类似于"1，2，3……"这样的数的世界（即某种数学的对象）。然而，目前重点并不在此。关键在于，这种模糊不清的海量认识材料需要经过适当加工（加工的适当性标准暂不讨论），赋予其内容以某种确定的形式或形态，才能成为某种具体的认识对象。这种形式或形态的赋予方式，即素材加工的过程，就是科学的方法。因此，特定的方法产生特定的对象。

然而，在这种方法中，目前仅存在两种可能性：在上述材料固有的异质性与连续性之间，自然科学的方法选择舍弃异质性，而文化科学的方法则选择舍弃连续性（如果两者皆被舍弃，则只剩下完全形式化的数学科学）。换句话说，依据自然科学的方法，科学的对象具有同质且连续的形式；相对地，依据文化科学的方法，科学的对象则具有异质且不连续的形式。因此，李凯尔特为了方便起见，将选择采用前述方法的科学定义为"自然科学"，而将倾向于采用后述方法的科学定义为"文化科学"。传统意义上的自然科学以及实验心理学属于前者的典型代表，而历史学则属于后者的典型代表（例如，"精神科学"这一术语由于常被混淆或误解，应予以废止，并代之以"文化科学"这一概念）。

当然，无论采用哪种定义，都有大量科学处于中间领域，无法完全归入任何一类。然而，这并不能证明这一观点的不当性。相反，这种定义的效用在于，可以清晰地甄别通常性质模糊、不易分类的科学。例如，社会学乃至社会科学长期以来在是属于精神科学还是自然科学的问题上模糊不清，而只要其方法是自然科学的（即在处理对象时以均质性为特征，并不针对个别情况，而是强调连续性），它就确实归属于"自然科学"。在这种分类下，历史科学属于文化科学，而社会科学则与其完全相反，归属于自然科学！能够得出这一结论，正是这种科学方法论所具有的独特效用之一。

　　自然科学将其对象视为同质且连续的事物。这意味着，其对象是可以重复的，并且不具备作为个体的个性。从逻辑学的角度表达，能够被重复且个性被消解的事物，被称为一般性（共通的普遍性）。如果从自然科学的具体方法上考察，这体现为发现与应用普遍法则（若存在所谓个别法则，则有与其相区别的普遍法则）。因此，自然科学是一种以法则发现为核心的科学。——与此相反，文化科学将其对象视为异质且不连续的事物。这意味着，其对象作为个体是具有独特个性的。在这里，普遍法则的重复是不被允许的。在历史中，没有简单的重复发生的事件。历史事件之所以符合认识的目的，并非因为它们与其他事件具有连续的同质性，而恰恰是因为它们具备区别于其他事件的特异性。因此，文化科学是一种以个性描述为核心的科学。

＊这一点完全来源于文德尔班，详见其著作《序论》（*Präludien*）。

自然科学的对象，仅在其普遍性这一特性上才具有价值。相反，文化价值只能通过人类的个性化形式得以表现。因此，文化科学的方法便是以文化价值为标准，选择那些具有显著价值或显著反价值的个性化事物。可以说，文化科学的方法涉及对价值的关联处理。而自然科学的方法则被认为是无关价值的。——以上便是对由李凯尔特提出的科学分类与科学方法的概括。

＊李凯尔特关于科学方法论的主要著作包括：《自然科学概念构造的界限》（*Die Grenzen der naturwissens-chaftlichen Begriffsbildung*）、《文化科学和自然科学》（*Kulturwissenschaft und Naturwissenschaft*）、《历史哲学问题》（*Die Probleme der Geschichtsphilosophie*）等。

李凯尔特的科学方法论由此揭示了自然科学与文化科学之间的根本区别与对立。这无疑可被视为一项重要的成就。然而，关键在于，这种方法论并未提供关于这两类科学之间的任何关联关系的阐释。仅仅对它们进行区分，实际上只是极为初步且缺乏责任感的一种方法论起点。因此，这一方法论因其上述根本缺陷，而遭到了无数的反对与批评。

根据李凯尔特的说法，自然科学是寻求法则的科学，而文化科学则是选择具有个性的事象的科学。因此，普遍法则成为只在自然科学中才被接受的核心概念。然而，进一步深入思考可以发现，即便自然科学的确以发现法则为其方法（这一点毋庸置疑），但仅仅发现法则本身是毫无实际意义的。科学的认识目标在于更进一步，即将法则逐一应用于具体的事象之上。这才是最根本目的上的科学方法，这种独立于具体事象的法则是不可想象的。而这些具体的事象，即便如李凯尔特所言，与文化价值的直接关联可能显得无关紧要，但这并不意味着这些事象完全没有个性。正因为它们各自具有不同的性质，才构成了个别的具体事象。假设法则是从这些个别事象中提炼出的共通关系的抽象产物，那么，当这些法则被应用于这些个别事象时，这一过程便不再是简单的重复。对此，恩斯特·卡西勒提出，法则与具体事象之间的关系，可被理解为函数与其变量所取的具体数值之间的关系。一个表示特定曲线的函数，并非简单地在曲线的各点上自我重复。从曲线描绘的角度来看，法则作为函数，逐一生成并刻画了与个别事象相对应的曲线上的（可能是连续的）各点。因此，卡西勒批评李凯尔特，将自然科学中的法则仅仅视为一种重复的普遍性，这是忽略了现代自然科学中发展起来的法则概念（即函数概念）。

　　*恩斯特·卡西勒在《实体概念与函数概念》

（*Substanzbegriff und Funktionsbegriff*）中指出，传统自然
科学的方法建立在某种实体概念的基础之上，而现代科学
则以函数关系代之。例如，因果法则也可以被看作一种包
含时间变量的函数关系。

卡西勒对李凯尔特的批评，在指出李凯尔特对自然科
学的认识不足方面，或许在某种意义上是有道理的。实际
上，李凯尔特确实利用他对自然科学方法的规定，作为跳板
来定义与其对立的历史学（文化科学）的方法。因此，从这
个意义上说，卡西勒的批评也间接揭示了李凯尔特对历史学
方法认识的不足。然而，不仅卡西勒，像赫尔曼·科亨和保
罗·纳托普等人，他们对文化科学的理解也并非卓越。至少
从他们试图将自然科学，尤其是精密自然科学的科学性，扩
展为科学普遍理念的立场来看，李凯尔特试图将文化科学与
文化价值联系起来的意图，并未被他们理解，更不能说被他
们所征服了。

　　*此外，属于威廉·狄尔泰学派的马克斯·弗里谢森-
科勒也曾对其提出批评，可参见其著作《科学与现实》
（*Wissenschaft und Wirklichkeit*，第 139 页及以下）。关于
这一点，可参考拙著《科学方法论》中相关内容。

在历史学领域，也有人提出历史学必须由普遍法则所支

配，从而与李凯尔特对立。例如历史学家兰普雷希特[1]认为，历史是由普遍心理法则支配的。这种观点可以说是完全基于唯心史观的立场，而在资产阶级历史学中，提出更加客观的普遍历史法则的是迈耶[2]。如果历史科学中也必须成立普遍法则，那么李凯尔特所谓的文化科学观念将不得不从根本上被推翻。由此，自然科学与文化科学之间的区分与对立也将被废除，问题将重新回到起点。或者，必须超越这种单纯的区分与对立，在两者或相应的某种科学之间找到实质性的关联。

*可参见兰普雷希特的《现代历史科学》(*Moderne Geschichtswissenschaft*，1905，有和辻哲郎译本) 及《历史思维入门》(*Einführen in das historischen Denken*，1912)。

迈耶的《历史理论与方法论》(*Zur Theorie und Methodik der Geschichte*)。

李凯尔特在讨论历史学中的法则问题时，提出了个别因果概念。然而，即便如此，也无法将自然科学与文化科学机械化地对立联系起来。关于这一问题，可参见格

---

① 即卡尔·圣哥达·兰普雷希特（Karl Gotthard Lamprecht，1856—1915），德国历史学家，专门研究德国艺术和经济史，也译作兰普雷茨。

② 爱德华·迈耶（Eduard Meyer，1855—1930），德国历史学家。曾著《古代史》（*Geschichte des Altertums*），叙述公元前 4 世纪中叶以前古代东方、希腊和罗马的历史。他提出在希腊、罗马的历史发展中也有过封建主义和资本主义，即"历史循环论"。

奥尔格·齐美尔[①] 的《历史哲学问题》（*Die Probleme der Geschichtsphilosophie*）。此外，关于历史学方法的演变，可参考恩斯特·伯恩海姆[②] 的《历史科学导论》（*Einleitung in die Geschichtswissenschaft*，Sammlung Göschen 系列）。

李凯尔特未能实现的关于文化科学或历史学的卓越方法论，却由威廉·狄尔泰初步展现出来。狄尔泰的历史学或精神科学理论有特定的学术传统作为其背景。也就是说，他的精神科学方法本质上是文献学（Philologie）或解释学（Hermeneutik）。文献学（或称古典学）通常被世人翻译为语言学（Linguistics），实际上它在古希腊起源时就是语法学。然而，到18世纪后半叶，弗里德里希·奥古斯特·沃尔夫[③]学派首次赋予了它某种古典语言学的意义。这一领域不仅包含古典语言学和古典语言的解释方法，还进一步发展为古典文本本身的解释法。后来，这一领域扩展至不限于文本，还包括对广义上的古典造型艺术的解释，甚至进一步延伸至不仅针对过去的古典，还包括对当代文献及一般文化的解释法（另一方面，它也作为现代比较语言学的分支而发展）。

---

① 格奥尔格·齐美尔（Georg Simmel，1858—1918），德国社会学家、哲学家。其主要著作有《货币哲学》和《社会学》。他是形式社会学的开创者。
② 恩斯特·伯恩海姆（Ernst Bernheim，1850—1942）德国历史学家，他关于历史学方法论的作品颇为著名。
③ 弗里德里希·奥古斯特·沃尔夫（Friedrich August Wolf，1759—1824）德国古典学家，被认为是古典学和现代语文学的创始人，以研究荷马问题而知名。

　　在这一过程中，这种解释方法自然地被赋予了文化或精神领域解释方法论的意义，而将文献学提升至如此广泛的文化解释学高度的正是施莱尔马赫①。此时，历史学方法的问题恰恰与之相结合。在历史学方法论的演进过程中，或许洪堡②是第一个在文献学或解释学中发现历史学方法论的人，但明确并自觉地将这一理论推向前台的是德罗伊森③（《历史学方法论》，*Historik*）。狄尔泰的历史学或精神科学方法论正是基于这一传统。

　　　*施莱尔马赫，《关于解释学的学术讲演》（*Akademierenden über Hermeneutik*）。—— 此外，施莱尔马赫的后继者奥古斯特·伯克④的《古典学科学的百科全书与方法论》（*Enzyklopädie und Methodologie der philologischen Wissenschaften*）是一部值得注意的著作。

　　　关于狄尔泰，请参阅其全集第七卷《精神科学中历史世界的构建》（*Der Bau der geschichtlichen Welt in den*

---

① 其全名为弗里德里希·丹尼尔·恩斯特·施莱尔马赫（Friedrich Daniel Ernst Schleiermacher，1768—1834），德意志神学家及哲学家，被称为现代神学、现代诠释之父，主张神的临在性，也就是强调宗教"感觉"。又译为士来马赫。

② 其全名为弗里德里希·威廉·克里斯蒂安·卡尔·费迪南·冯·洪堡（Friedrich Wilhelm Christian Carl Ferdinand von Humboldt，1767—1835），德国哲学家、语言学家、教育家和外交家，是柏林洪堡大学的建立者。

③ 其全名为约翰·古斯塔夫·伯恩哈特·德罗伊森（Johann Gustav Bernhard Droysen，1808—1884），德国历史学家。

④ 奥古斯特·伯克（August Böckh or Boeckh，1785—1867），德国古典学者和古物学家。

Geisteswissenschaften）。——关于文献学在现代的意义，可参考拙著《日本意识形态论》中"对文献学哲学的批判"一章（前引）。

按照狄尔泰的观点，所谓精神科学或历史学，其认知目标在于理解人类生活。然而，人类生活的特性在于精神的不可或缺性。也就是说，这里的精神并非仅仅指心理上的主观意识或情感，而是一种在某种意义上客观存在的实体，是沿着自然和社会，以文化形式在历史中展开的东西。换句话说，它是具有文化这一人类性意义的客观对象。然而，这种所谓的客观精神并不能与人类个体的主观精神自身相分离。人类的生活就是指人类通过将自身精神的客观化来表现的生活。人类的生存总是只有通过客观化的过程才能呈现出具体的形态。而这样表现出来的世界，就是所谓历史的世界（精神）所蕴含的意义。

因此，为了理解人类生活，就必须将已经作为客观的历史文化而被表现出来的人类生活，再次主体化。生命只有通过回归自身才能被理解。人类生活、历史、文化的意义，即这些表现各自持有的意义，唯有人类生活自身才能够理解。然而，要理解这些，仅凭直观的印象或一般的理性等是无法找到其客观的依据的。这就需要解释。理解表达物所具有的意义，就是按照一定的程序进行解释。而这种解释的程序，正是所谓的解释学（乃至文献学）。因此，历史学或精神科学的方法便是解释学，即通过人类生活自身对人类生活的自我解释来实现理解的独特方法。

但解释究竟是什么呢？根据狄尔泰的观点，解释至少不同于说明，而且明确地与说明相对立。说明的首要特点是提供原因与结果的链条，也就是说，为事物赋予因果性的时间统一性。而解读的目标并不是寻找这样的因果关系。相反，解读所带来的，是事物之间内部结构的关联。因果关系这类机械性的关系，无法成为认识鲜活的精神或鲜活的历史的方法。因此，历史不应被说明，而应被解释。

因果关系无疑构成了自然科学认知目的的核心内容。在狄尔泰看来，当代自然科学并非解释或理解自然，而是对自然的纯粹说明。如果对自然的解释存在，那或许类似于亚里士多德的《物理学》，狄尔泰这样评论道。培根也曾将新的"自然的解释"视为哲学的根本主题。因此，狄尔泰认为，自然科学和精神科学在方法上是完全不同的。比如，自然科学能够提供明确、一致且严谨的真理，而精神科学至多只能进行"占卜式"（divinatorisch）的预言或推测。

狄尔泰的精神科学方法论如何成为当代资产阶级观念哲学的支柱，这里暂且略过。正如李凯尔特的方法论曾渗透进几乎所有带有资产阶级倾向的科学领域一样，狄尔泰的解释学如今已成为超科学或反科学形而上学的共同理性基础。然而，更为重要的是，无论是狄尔泰还是李凯尔特，他们都将自然科学与精神科学作为绝对对立的两个领域来研究。而这两种科学在他们的理论中，同样只是被区别和对立起来，而两者之间的关联结构却没有被积极地揭示出来。狄尔泰的精神科学方法论很好地，甚至可以说是恰如其分地表达了李凯尔特文化科学观念所未能清晰表达的内容，但正因为如此，精神科学和自然科学之间的联系反而被机械地切断了。

从以上内容来看，无论是通过李凯尔特的所谓文化科学观念，还是通过狄尔泰的精神科学观念（更不用说冯特以心理学为基础的精神科学），都无法建立起一个关于科学整体的统一理论。而这两者几乎是现代资产阶级哲学中关于科学方法论的仅有的两位代表。

这种混乱的根源在于，人们试图仅通过方法来规定科学。正如前述，方法如果被单独看待，它就只是主体能动性的一种构成而已。将方法视为科学定义（包括科学分类及科学性世界）的唯一标志，就意味着从主观角度、以一种观念的方式来限制科学。科学本应反映现实，而方法只有作为这一反映的手段时，才能具有其应有的合法性。但在所谓的"科学方法论"中，科学完全消解于这种主观的方法之中，科学的分类也因此仅仅停留在主观层面。

不过，狄尔泰并不像李凯尔特那样是一个彻底的方法主义者。在探讨科学的方法之前，他首先讨论了"历史的世界"。正是从这个世界中，他给出了历史学或精神科学的方法。因此，他的方法论路径似乎与李凯尔特相反。然而，狄尔泰所提出的"历史的世界"与自然界及其他世界之间却没有任何实质性的关联（结构关联）。自然界拥有宇宙性的时间，其中因果的必然性贯穿其中。那么，这样的自然时间在历史世界的"结构关联"中又何以无迹可寻？仅仅通过解释去理解自然界是不够的，那么为何在人类社会的历史中，单靠解释就能解决问题？将自然与历史社会完全分割开，如同分隔天地一般，这种做法在对当代资产阶级社会的认知中具有重要的含义。

然而，这种"科学方法论"所表现出的矛盾或许在意外简单之处即可找到其根源机制。也就是说，科学方法论习惯于将自然科学与历史科学对立起来，而这实际上是将自然与历史对立。然而，这种对立本身就存在问题。严格地说，这里的"历史"特指人类社会的历史（区别于其他动物社会的历史）。因此，与之对立的应是自然的历史，而不仅仅是自然。由此可见，真正的对立并非自然与历史，而是自然与社会（即人类社会）。事实上，所谓的历史正是连接自然与社会的桥梁。

自然史（博物学）与社会史（即所谓的"历史"）之间并不像德国历史哲学家所认为的那样存在不可逾越的鸿沟。关于这一点，没有比去考察德国历史哲学的开端人物赫尔德的思想更容易让人明晰。他与后来典型的"历史哲学"思想家不同，他从地球的自然史展开对人类历史的探讨。而康德的（后被冠以拉普拉斯假说之名）《天体的历史》则进一步推测，自然本质上是一个历史性的过程。随着自然历史过程的推进，进化论揭示了生物进化与人类演化的过程。接下来，人类学与史前学对这些演化进行了说明。在此之后，困扰狄尔泰与李凯尔特的"历史"才得以开始。而在人类灭亡之后的未来历史，就只能留给"历史哲学"式的形而上学去思考了。

不过，自然科学研究的重中之重并非进化论等不精密的生物学知识，而是以物理学为代表的更加精密的科学。有人可能会说，探究物理学中的历史究竟有什么意义。实际上李凯尔特等人恐怕就是基于这一疑问才展开了对方法论的考察。然而，我们必须认识到，物理学所研究的物质元素本身就是历史发展的产物。当今科学发现，宇宙中存在九十多种元素，但这一结论并非永恒不变，而是宇宙历史发展过程中的在今天这个阶段的产物，它不过是一种偶然的（如果从偶然论者的角度来看）、相对稳定的状态。事实上，人们可以说，正是当今的原子物理学奠定了元素的历史性研究的基础。这一说法是毫不夸张的。

无疑，自然的历史与社会的历史之间存在根本的差异。然而，这并不意味着两者之间存在绝对的鸿沟。自然与社会实际上由一个统一的历史所连接。自然通过其历史性的发展孕育了社会，这才使得自然与社会之间形成平行或交互的关系。因此，科学的分类应该基于这种客观的关系，而不是以随机的方式对眼前已有的科学进行分类，也不是随意选择某些热点科学作为中心，更不是在相当任性的认识主体中产生的科学方法的指导下来构建分类原则。做到这些，科学论及科学方法论才能避免陷入混乱到不可收拾的境地。

因此，我们最终将科学划分为自然科学与社会科学。这种划分显然并非仅仅基于各自方法的差异而做出的判断，而是建立在实在本身的历史进程中的结构基础之上，而非那种主观的、最终流于随意的理由。我们并不是通过科学的方法来分类科学，恰恰相反，我们从科学历史发展的过程中各自切割出的实在单元出发，根据实在本身的秩序加以整理、统一和划分，并由此推导出科学本身的单元（这即是分类）。在完成这一分类后，再从中提取各门科学共有的方法，并考察这些共有方法在各自科学领域中所呈现的不同形态。我们不得不将其作为关于科学分类与科学方法论的形式。

稍后在自然科学论与社会科学论中将会提到，例如数学，虽然表面上并非经验性科学，但基于某些理由，可以归属于自然科学；又例如心理学（其领域之多样性使其性质因领域而异，个人心理学、社会心理学、民族心理学、实验心理学与内省心理学等），其部分内容可归属于自然科学，部分内容则归属于社会科学。历史学与文化理论则显然属于社会科学。而哲学，如前所述，是上述两者汇集而成的、一切科学的、关于深刻意义的逻辑。

接下来，我们将以自然科学与社会科学为对象，就它们的共通规定与在此之上的各自特有的规定，统一地进行考察。

第四章
科学的方法（其二）

————————

　　科学的方法必须基于科学所反映的实在本身，以及其意义上的科学对象本身。这一点实际上无须特别论证，甚至可以说是属于理所当然的、健全的常识。然而，尽管如此，所谓的"科学方法论"或"科学论"，乃至类似的科学理论，为什么反而试图以科学的方法来规定科学本身？这一点仍然是必须提出疑问的。

　　在未能充分理解这一问题之前，对于我们对李凯尔特或狄尔泰方法理论的弱点所作的解释，也绝不能被认为是充分的。实际上，这种"科学论"式的主观主义态度，不仅源自其背后的各种观念论性质的哲学传统而产生的必然性，更有来自现代科学所面临的某些实际状况的制约而产生的不无道理的动机。

　　具体而言，当代资产阶级社会的资产阶级社会科学（包括历史学与各种文化科学），尽管其研究对象理应是同一社会性、历史性或文化性的实在或对象，但其现状却不可避免地陷入了理论的混乱、无政府式的对立、冲突与矛盾之中。不仅如此，资产阶级社会科学与无产阶级社会科学之间还存在着完全无法调和的立场差异（尽管二者在某些方面并非完全没有一致之处）。这并非只是关于个别理论的不同见解并存的问题（在科学健康发展的时期，这种并存往往是必然的现象，甚至可能是不可或缺的条件），而是各门科学本身的根本立场相互之间完全无法兼容的问题。不仅如此，更为严重的是，这两种科学甚至在许多情况下彼此完全分离，毫无关联。在这方面，当代社会科学的分裂尤为明显。

　　然而，尽管如此，各门社会科学所应当认识的现实或对象——历史性社会——本质上应该是同一的。因此，这些科学在立场上的混乱与纠葛，其原因不在于客观对象，而在于主观因素。由此可见，这种混乱与纠葛最终只能归咎于科学方法之间的矛盾。尤其是李凯尔特等人以历史学和文化科学的科学理论为主题的"科学方法论"或"科学论"，其试图通过科学的方法来规定科学整体的动机，也正是由于这一点。

　　无论各种科学论和科学方法论的解释如何，自然科学本身基于某种一致性方法这一事实，从未受到任何动摇。当然，即使在自然科学领域，也始终存在着看似涉及根本立场差异的对立，这在各个时代和不同领域中都可以观察到。例如，关于光的波动说与粒子说之间的争论，关于以太概念的肯定与否定观点之间的对立，或者更近一些，量子力学关于物理学对象非直观性的主张，与仍坚持其直观性（如空间定位）的主张之间的冲突（如普朗克和爱因斯坦大致属于后者）。这些都是典型的例子。然而，这类对立迄今为止总是被假定为存在于同一平面或可以说是同一框架内的两种观点之间的差异。因此，人们也总是预设这些对立的立场最终能够被综合和统一。就算现今不能按照这种预设进行，未来也可能会继续遵循这一约定。从这一点来看，自然科学中对立的各种立场并不能被认为是自然科学本身在所谓各派立场上的根本分歧。这种立场上的一致性，是支撑自然科学作为科学的信誉的关键。

　　*需要指出的是，自然科学内部不同领域之间的对立，可能引发的自然科学意识本身的分歧，以及学术传统中的研究方法或主题选择的差异，都尚不足以构成真正的立场差异，更遑论成为自然科学本身在各类基本立场上的不同。

　　然而，在社会科学中，情况则完全不同。至少在资产阶级社会科学与无产阶级社会科学之间，以及资产阶级社会科学的内部，相互之间的情况确实如此。我们已经看到，在历史学中，存在着彼此无法调和的立场（如诗意的、教训的、史料的及其他形式的历史叙述）。在经济学领域，经典正统学派（如亚当·斯密与李嘉图）与历史学派（如施穆勒①），形式主义（如卡尔·门格尔）与主观主义（如奥地利学派）之

---

① 古斯塔夫·冯·施穆勒（Gustav von Schmoller，1838—1917），德国经济学家，德国经济学新历史学派的创始人。

间的对立，也是众所周知的。还有其他许多例子。而与这些资产阶级社会科学决定性对立的是马克思主义的历史唯物主义。在此观察到的这些对立类型中，许多情况是由各门科学本来就完全不同的认知目标所致。这恰恰显示了科学的方法如何决定科学自身的基本立场。在这种情况下，不同社会科学在各自领域中采取相异立场的同时，甚至进一步在其基本立场上也各不相同。

于是，在社会科学中，从立场上看，不同方法的根本性差异究竟源于哪里呢？这源于社会科学作为一种科学所特有的宿命。这种科学本身既是社会的上层建筑之一，是一种意识形态，同时，又是社会的一部分内容，而这一社会本身又必然成为这种科学的研究对象。方法与对象、科学与实在之间的这种循环关系，一方面历史性地延缓了这种科学作为科学的确立与发展；另一方面，导致这种科学能够并且必须一一呼应社会中人与人的现实生活中的实践需求及其分裂对立的状态。其结果是，这种科学的立场与方法，事无巨细，均不可避免地渗透进了社会的阶级性。

当然，在科学中存在的有着极其重要的意义的社会阶级性这一根本关系，在自然科学中也并非例外。根据社会技术、经济、政治发展的相应阶段（而阶级性正是这些内容的集中表现），自然科学的进步速度、方向以及具体步骤都会有所不同。例如，牛顿的物理学及与其直接相关的微积分方法便是一个极好的例子。这既反映了当时英格兰与欧洲大陆的技术水平，也对应了当时启蒙思想家、自由思想家及唯物论者的阶级性和进步性。然而，即便如此，数学中代数主义与微分主义在方法上的对立，也不能被视为真正意义上的对立。算术方法发展为代数方法，而代数方法进一步发展为微积分方法。这三者实际上不过是同一方法在发展阶段上的差异（甚至可以认为一切数学最终都可归结为计算）。然而，在社会科学中，不同的方法却始终被视为某种永恒的立场或主义。这种作为"主义"的方法完全来源于上述社会科学根本宿命中的社会阶级性，而这种阶级性则集中表现为社会科学受到社会制约的特性（关于科学受社会普遍制约的问题，稍后将予以探讨）。

　　*关于牛顿的物理学和微积分方法与当时技术条件的密切关系，可参阅《歧路中的自然科学》（唯物论研究会译，大畑书店版）中，赫森所著的《牛顿〈原理〉的社会与经济基础》一文。此外，有关笛卡儿几何学与资本主义、18 世纪末法国数学物理学与法国技术（主要与战争相关）水准的关系，以及其他有关"数学的阶级性"的实例，小仓金之助[1]先生已在《思想》杂志上发表相关研究。

　　关于牛顿的研究成为 18 世纪启蒙主义者、自由思想家、唯物论者最热衷的主题之一，这一点此前已提及。

[1]　小仓金之助（小倉 金之助，1885—1962），日本数学家、数学史家、散文家。

关于社会科学方法的分类，文献并不匮乏。事实上，可以说几乎所有社会科学著作都必须从各种社会科学方法的比较和批判出发。而在这一点上，今日的资产阶级"社会学"表现得尤为显著，甚至近乎滑稽。关于"社会学"中各类方法的区分，较新的研究中可参考维泽[①]的《社会学》（Sammlung Göschen 系列）以及汉斯·弗雷尔的《社会学导论》。此外，还可参阅早濑利雄[②]的《现代社会学批判》。

关于社会科学一般方法的历史比较与批判，雅克·瓦尔杜尔[③]的《社会科学中的方法》（Les Méthodes en Science Sociale，1927）是一本有用的参考书。此外，关于各领域社会科学方法的描述，可参考赛德勒[④]的《社会科学的认识》（Die sozialwissenschaftlicher Erkenntnis，副标题为"社会学方法论的一项贡献"，1930）。

我们的本意是要对自然科学与社会科学两者之间所共有的，并在各自特定条件下运用的共通的一般性方法的各种

---

① 其全名为利奥波德·马克斯·瓦尔特·冯·维泽（Leopold Max Walther von Wiese，1876—1969），德国社会学家和经济学家。

② 早濑利雄（早濑 利雄，1903—1984），日本社会学家。

③ 雅克·瓦尔杜尔（Jacques Valdour），法国保皇党天主教社会学家路易斯·马丁（Louis Martin，1872—1938）的笔名。

④ 其全名为恩斯特·威廉·恩格尔哈特·赛德勒·冯·福伊希特内格（Ernst Wilhelm Engelhardt Ritter Seidler von Feuchtenegg，1862—1931），奥地利政治人物。他曾在 1917—1918 年担任奥地利首相。

要素进行分析，但在此之前，有必要概览一下仅与社会科学相关的方法理论。当然，社会科学方法在立场上的分裂无疑大体上对应于各门科学背后所依托的哲学方法（因此也包括世界观）的分裂。例如，所谓的"社会学"（资产阶级社会学）是孔德实证主义的产物，而马克思主义社会科学则基于辩证唯物主义。从康德主义的批判哲学中产生了施塔姆勒[1]的法学、马克斯·阿德勒的康德式唯物史观以及门格尔的经济学方法论；而狄尔泰的解释哲学则根本性地影响了例如埃里希·卡雷尔[2]以及在日本由高田保马[3]先生提出的社会科学方法论。如此等等。不过，关于哲学各种方法的对立之分析就当前主题而言过于宽泛，且会使问题转向其他方向，因此不得不省略。

　　*彼得雷·安德烈[4]指出，一种科学特别是自然科学与社会科学共有的一般方法的立场，可以称为方法论上的一元论，其中包括阿洛伊斯·阿道夫·黎尔[5]、约翰·斯

---

[1] 其全名为卡尔·爱德华·朱利叶斯·西奥多·鲁道夫·施塔姆勒（Karl Eduard Julius Theodor Rudolf Stammler, 1856—1938），德国法哲学家，又译斯塔姆勒。他将纯粹形式上的法律概念与理想，即正义的实现区分开来。他认为，与其根据经济压力来反映和调整法律，不如刻意地引导法律朝着当前的理想发展。

[2] 埃里希·卡雷尔（Erich Carell, 1905—1982），德国经济学家。

[3] 高田保马（高田 保馬, 1883—1972），日本经济学家、社会学家。其1910年毕业于京都大学哲学科，师从米田庄太郎，后留校任教。

[4] 彼得雷·安德烈（Petre Andrei, 1891—1940），罗马尼亚社会学家、哲学家和政治家，1938年至1940年担任教育部部长。

[5] 阿洛伊斯·阿道夫·黎尔（Alois Adolf Riehl, 1844—1924），德国新康德主义哲学家。

图尔特·密尔、埃米尔·涂尔干和卡尔·马克思等人。相
对地，采用方法论二元论立场的例子有鲁道夫·施塔姆
勒和格奥尔格·齐美尔（参见 P. Andrei, *Das Problem der
Methode in der Soziologie*, 1927）。然而，这种方法论上的
二元论作为当前所需的科学论，是极其不统一的，我已在
"第三章"中进行了讨论。

　　埃里希·卡雷尔在其《文化科学中的经济学》(*Wirtscha
ftswissenschaft als Kulturwissenschaft*, 1931）中，主要对
所谓的"理解经济学"进行了说明。他指出，这种理解经
济学完全独立于纯粹理论经济学。高田保马先生认为，理
论社会科学的本质，特别是理论经济学的性质，可以被视
为一种"本质学"。但他同时指出，这种本质离不开所谓
的"理解"。他认为，这是一种类似于马克斯·韦伯的理
想类型（Ideal typus）的"本质的定型"，尽管理想类型
因其经验性成立而与此有所不同（参见《经济学方法论》，
改造社版《经济学全集》第五卷）。不过，我此前已论述
过一般意义上的"理解"作为一种认识方法的根本缺陷。

　　社会科学方法中所体现的根本对立——源于立场的对
立——最为典型且直白地表现在资产阶级社会科学的普遍方
法与无产阶级社会科学（马克思主义社会科学）的方法的根
本对立上。当然，如前所述，资产阶级社会科学的方法本身
已极其分裂，因此具体而言，很难提出所谓资产阶级社会科

学的普遍方法。然而另一方面，由于马克思主义社会科学的方法几乎沿着统一的路径发展，因此可以通过与之对比，并按照其根本对立的特性将资产阶级社会科学的方法归纳总结，从而间接显现出资产阶级社会科学的普遍方法。

> *"无产阶级社会科学"一词的意义，一般与所谓"无产阶级科学"一词的意义相同，并不仅仅指一种由无产阶级主观拥有或能够拥有的、以其阶级利益为出发点的、服务于其阶级利益的社会科学。它还表达了一种逻辑上的正当性，即社会科学仅在立足于作为无产阶级主体的大众或专业研究者手中，才可能成为真正的、唯一的社会科学，而实际上也确已如此。相应地，"资产阶级社会科学"这一术语亦应被如此理解。然而，在这种情况下，它成了一种权利丧失的宣言，即社会科学在资产阶级代言人的歪曲下，失去了作为真正社会科学的逻辑正当性。

无产阶级的、马克思主义的社会科学所采用的独一无二的、在此意义上具有客观性和科学性的方法，即是历史唯物主义（唯物史观），这一点如今已被大众广泛认知。历史唯物主义不过是辩证唯物主义在历史性社会领域中的一个组成部分而已。然而，无论是辩证唯物主义还是历史唯物主义，它们不仅仅是理论（一般科学）和社会科学的普遍方法，也是蕴藏在其背后或显现于其前方的世界观，并且还意味着一般科学（理论）或社会科学所具有的具体的科学世界的理论内容。显然，一般科学的方法在任何情况下都不可能脱离科学的内容及其与之紧密相连的世界观而独立存在。历史唯物主义（或辩证唯物主义）作为社会科学乃至一般科学的方法，正是最忠实地尊重并体现了方法与科学内容——科学世界——及世界观之间的统一关系的形式。这是因为在这种方法中，方法与现实本身的固有认知关系（通过模写及基于模写的构建）促使其不得不强调这一统一关系。而所谓辩证法与唯物主义（两者最终归于一体），不过是强调现实与认知之间本质关系的工具。

　　*关于马克思主义社会科学方法的核心论述，最显著的莫过于马克思的《政治经济学批判·导言》（河上肇、宫川实译）。这是因为，包括《资本论》在内，马克思、恩格斯、列宁以及其他有基本意义的著述和文章，无不具体阐述了这一方法。作为以比较方法论为中心阐释历史唯物主义的方法论作品，可以列举科恩[①] 的《无产阶级经济学方法论》（村田译，丛文阁）及阿贝兹高兹[②] 和杜科

[①] 其全名为亚历山大·费利克索维奇·科恩（俄语：Александр Феликсович Кон。英语：Alexander Feliksovich Kon。1897—1941），苏联经济学家和理论家。他的父母是革命家 Christina Grinberg 和 Feliks Kon。他在 1941 年自愿服兵役，并在莫斯科保卫战中牺牲。

[②] 其全名为加夫里尔·莫伊谢耶维奇·阿贝兹高兹（Gavriil Moiseevich Abezgauz，1900—1937），苏联经济学家，曾任苏联国家银行货币流通和现金计划部主任。

尔①合著的《辩证经济学方法论》(冈本、稻叶译，白扬社)。
此外，相川春喜②的《历史科学的方法论》主张，马克思
主义历史科学与"广义的"经济学拥有相同的研究对象。
针对资产阶级"社会学"的批判，可参考阿克塞丽洛特·奥
尔托多克斯③的《资产阶级社会学的批判》(永田译，南
宋书院出版)以及刘易斯④的《社会学导论》(高畠译《社
会主义社会学》，改造社)。另可参阅拙作《意识形态概
论》(前文提及)。

资产阶级社会科学的一般方法，正是在与历史唯物主义
对立的过程中，形成了其共同性。具体来说，与唯物主义和
辩证法这两种普遍性方法(或者说是一个方法的两个要素)
中的一个或两个要素相对立，成为资产阶级社会科学方法
的共同特征。然而，这实际上将问题引向了两种范畴体系的
对立。我们已经指出，方法的终极意义在于逻辑，而逻辑的
意义体现在范畴体系之中。与唯物主义对立的范畴体系，首
先是用以解释事物的意义及其相互关系的体系，而非分析事
物历史过程的实际体系。这是今天广泛被称为观念论的理论
的首要特征，其典型例子包括狄尔泰学派的解释历史学以及

---

① 原文为"ドゥーコル"，应当是苏联经济学家。
② 相川春喜(相川 春喜，1909—1953)，日本科学史家、社会活动家。其本名为
　矢浪久雄，曾参加唯物论研究会，是科学史、科技哲学方面的中坚力量。
③ 原文为"アクセリロート・オルトドクス女史"，应当是苏联女学者。
④ 全名为亚瑟·摩罗·刘易斯(Arthur Morrow Lewis，1873—1922)，英国学者。

"理解经济学"等方法。其次，这种体系体现为观念论上的主观主义。例如，边际效用理论、奥地利经济学（包括心理主义、感官测定论等）及所谓的唯心史观（如兰普雷希特及通俗的精神史主义）便是其中的代表。

　　＊对奥地利经济学方法的批判可参见尼古拉·布哈林的《食利者政治经济学》。

　　再次，唯心论与广义的形式主义有着原则上的联系。形式主义的范畴体系在孔德以来的资产阶级社会学中广泛表现，典型的例子是所谓的"形式社会学"。康德主义的社会科学（如施塔姆勒、福尔兰德尔、阿德勒等人的方法）也归属于此类。然而，这种方法倾向于将社会现实抽象化，还原为伦理性个体意志的关联关系，并以形式化的方式表达，因此这种方法带有伦理主义的性质。特殊形式主义化的有意识采用，例如数理经济学，也可归为此类。最后，形式主义的唯心论进一步导向两个极端：一种是非历史主义，另一种是机械主义。也就是说，这一范畴体系实际上恰恰可以称作"反辩证法主义"。古典的正统派经济学的方法，有时候呈现出非历史性的方法的特点。例如，将生产力与权力、阶级与国家等并置于同一平面上，并以此为理论起点的当今各类资产阶级社会理论（专业性的或是造谣性的）。这些理论常常以复杂而狡猾的方式运用机械主义的范畴体系，这一点是绝不应被忽视的。

　　*伦理主义在某种程度上与历史理论中的目的论有关。因此，伦理主义不仅可以从形式主义中产生，甚至在历史学派的立场上也可以生成。空想社会主义（从柏拉图到蒲鲁东[①]，以及今日仍存于某些法西斯主义者及"新村"[②]中）尽管未必可以称为科学，但无疑属于伦理主义（有关伦理主义的讨论可参考前述科恩的《无产阶级经济学方法论》）。

　　数理经济学的代表性理论有莱昂·瓦尔拉斯[③]与维尔弗雷多·帕累托[④]的一般均衡理论，其核心内容通过数学方程表述。相关资料可参见中山伊知郎[⑤]的《数理经济学

[①]　其全名为皮埃尔 - 约瑟夫·蒲鲁东（Pierre-Joseph Proudhon，1809—1865），法国社会主义者、政治家、哲学家、经济学家、互助主义哲学奠基人。蒲鲁东亦是首位自称无政府主义者的人，并被广泛视作无政府主义非常有影响力的理论家之一。

[②]　1918 年 11 月，作家武者小路实笃及其追随者为实践"新村主义"（武者小路实笃提出的空想社会主义和无政府主义理论）而在宫崎县（旧属日向国）儿汤郡木城町创建新村。新村主义运动在当时的中国也具有相当的影响力。

[③]　莱昂·瓦尔拉斯（Léon Walras，1834—1910），法国经济学家，边际效用理论与一般均衡理论的开创者。他被认为创立了后来在他的意大利弟子帕累托的领导下为人熟知的洛桑学派。

[④]　其全名为维尔弗雷多·费德里科·达马索·帕累托（Vilfredo Federico Damaso Pareto，1848—1923），意大利土木工程师、社会学家、经济学家、政治科学家、哲学家。帕累托对经济学贡献良多，其中尤以对收入分配的研究和对个人选择的分析为著，许多概念以他命名。帕累托对社会学和数学领域也有贡献。

[⑤]　中山伊知郎（中山 伊知郎，1898—1980），日本经济学家。一桥大学首任校长，对现代经济学在日本的导入有贡献。

方法论》（改造社版《经济学全集》第五卷）及安东尼·库尔诺①的《财富理论的数学原理研究》（中山译）。

因此，可以说，整个资产阶级社会科学，其逻辑，即范畴体系，亦即其最根本的意义上的方法，便是将与无产阶级社会科学对立（或矛盾，或避免接触）作为其唯一的认知目的。这正是两种社会科学的方法在基本立场上必然完全不同的原因。

关于历史唯物主义，稍后再进行概括阐述。现阶段，需要首先关注上述社会科学内部的对立，并在此基础上，明确一般科学——无论是社会科学还是自然科学，又或是哲学——的方法之最为普遍的轮廓性构造。也就是说，应首先分析科学认知总体上关于现实反映，也即认知建构的基本科学程序的轮廓。

众所周知，科学通常指组织化的经验。这不仅适用于狭义的"科学"（即具体的学科科学），也适用于综合性的"哲学"（哲学是经验的组织化的例证，这可以明显地从黑格尔《精神现象学》和《小逻辑学》中的"预备概念"等内容看出）。即使是数学，从某种意义上说，也必须是经验的组织化。尽管数学家的数理哲学立场可能各异，但仍可以主张这

---

① 其全名为安东尼·奥古斯丁·库尔诺（Antoine Augustin Cournot，1801—1877），法国哲学家和数学家。他被认为是数理经济学的创始人，该经济学在"边际革命"前半个世纪使用数学模型发展了双头垄断和供求理论。

一点（详见后文）。那么，经验究竟是什么呢？

论述经验概念的困难，体现在必须克服某种二元论这一课题上。因为，为了成为经验本身，即成为能够在人类社会中被普遍接受，或至少被个人认可、尊重并广泛通行的经验，实际上经验不能仅仅停留于纯粹经验的层面。如果经验仅停留在纯粹的经验层面，即仅仅作为个体的经验，并且其存在价值止于此，那么它只能是完全经验主义的，甚至将理所应当地成为仅仅属于唯我论意义上的经验。个体A的经验只对A本人具有可信性，即使个体B声称拥有相同的经验，经验A与经验B是否一致是无法判断的。那么，在这种情况下，任何所谓一致的经验应当都不存在。然而，事实并非如此。经验在社会中是人们最为信赖的认知起点。不仅个人对自己的独特经验保持信任，社会也信赖个人的独特经验。这样一来，经验不限于个体的感受或体会，还必须包括个体可能会经历的，以及更广泛的社会中的其他人可能已经或即将经历的内容。换言之，只要条件具备，这种经验是每个人必然能够体验到的。因此，经验本身内在地包含了一些超越经验的，或先于经验的，亦即已经不属于经验主义范畴的某种内容。

　　＊康德在此基础上提出了经验根源中的"先验"成分。而埃米尔·涂尔干的实证主义则尝试从经验内部导出这种先验成分（参见拙文《知识社会学的批判》——收录于《意识形态概论》一书中）。然而，本质上，所谓"先验"只

是为解决二元论问题而设的术语罢了。

　　然而，此处需要关注经验的组织化这一点。对于组织而言，首先需要的是经验的积累。而积累则依赖于对既有经验的保存。为了保存经验，如同记忆需要一定的整理一样，经验也需要一定的整理。因此，每一个新的经验总是只能在已经整理好的既有经验的基础上被接受，并且可以说，只能以重新整理既有经验的目的而被接受。对这种整理感到负担的迟钝而顽固的意识，会畏惧或排斥新的经验。当然，即便在主体缺乏这种准备和积极意识的情况下，主体也有可能通过外部强制的方式接收到印象。但这样的印象作为印象本身的宿命，只会停留在杂乱无章的知觉或感觉层次。真正的经验，换而言之即是遍及世界的生活实践的这一人类过程，它固然是从知觉或感官出发的，但单纯的知觉或感觉尚未具备成为经验的资格。只有当杂乱的知觉与感觉被整理后，才能被称为经验。

　　因此，虽然我们称科学是经验的组织化，但这种经验本身已经是被整理过的组织化产物。而在这种经验中所体现的组织关系，既是由已有经验所形成的组织，同时也是经验的产物与结果，并且还必须成为未来经验的指导性条件。换句话说，它是经验的预期（antizipation）与假设（voraussetzung）。在此，经验中所谓超验的或先验的要素便潜伏于其中。实际上，这些要素既非超验的，也非先验的，而完全属于经验的内部。但关键在于，这种经验拥有某种机制，能够自发地或自律地构建自身。经验之外并不存在某种先天形式或其他。事实上，知觉或感官发生的实际条件本身便是这种经验的组织（参见形态心理学中关于知觉的格式塔理论①）。因此，利用经验自身所具有的这种组织性，并将其有目的地展开，这正是所谓作为经验组织的科学。

然而，这一目的意识究竟朝什么方向发展呢？它的作用方向在于，通过对经验的整理，导出一定的规律。为了对经验进行实际的指导，规律（经验性规律）是不可或缺的必要认知形式。事实上，我们无法在没有经验性规律的情况下推进经验的任何一步。任何将规律视为不必要的观点，必然只在不以经验的实际进展为认知目的时才可能出现。例如，对于单纯的事物解释来说，规律几乎完全无用；解释只需依赖所谓的"结构关联"或"价值的关系化"即可满足。

　　＊规律以公式或定式（formula）的形式被表现出来。不存在不需要公式或不使用公式的科学。如若不将公式用于未知领域的探索，反而反复验证已知的公式，则可被称

---

① 格式塔理论是指格式塔学派（Gestalttheorie）的理论，该学派兴起于20世纪初的德国，又被称为完形心理学。格式塔是德文 Gestalt 的译音，意即"模式、形状、形式"等，意思是指"动态的整体"（dynamic wholes）。格式塔学派主张人脑的运作原理属于整体论，"整体不同于其部件的总和"。例如，我们对一朵花的感知，并非单单从对花的形状、颜色、大小等感官信息中产生，还包括我们对花过去的经验和印象，加起来才是我们对一朵花的感知。

为公式主义。可以说，所谓公式主义亦即拒绝使用公式。

　　然而，规律无疑必须具备某种共通性、普遍性（一般性）和可重复性。完全缺乏一般性的事物或情形是不可能存在的。然而，这并不排除规律向其特殊形式的展开（而不仅仅是适用），以及规律自身作为一种特殊形式而转向更普遍的形式，同时因此规律本身转变为另一种特殊形式的可能性。特别是在社会中，所谓的"历史的"规律显著地表明了这一关系。规律始终是普遍性的，否则便绝不配被称为规律。然而，为了成为一种"活"的规律，它必须始终背负着自身作为特殊性的影子，而这一影子是无法超越的。德国浪漫派作家沙米索[①]曾创造了没有影子的施莱米尔先生，而"科学方法论"家与致力于分裂社会科学与自然科学方法的人，则为自然科学创造并强加了绝对普遍的"规律"。

　　当然，所谓经验性规律，不过是作为经验组织体的科学的一种认知内容而已。然而，规律越是在根本的场合，即其在科学进步中的经验指导范围越广，它便越接近于原理。原理几乎完全显现为指导科学本身的力量。因此，原理也被视为方法本身。例如，因果律（因果规律）实际上更适合被称为因果原理或因果性；相对性原理与不确定性原理已经不再

[①] 即阿德尔贝特·冯·沙米索（Adelbert von Chamisso，1781—1838），法裔德国诗人、植物学家，知名作品有《彼得·施莱米尔的奇异故事》。小行星24711以他的名字命名。

是单纯的经验性规律（gesetz），而是能够规定各种规律本身的原理（prinzip）。

> *关于此，亨利·庞加莱也曾区分了 lois（规律）与 principe（原理）。此外，假说（臆说）这一观念（可以被理解为经验的普遍化扩展——généralisation），似乎恰恰是对这种"经验性"的经验生成所谓"超经验性"的规律或原理的过程，以某种经验论的方式加以表达。参见亨利·庞加莱《科学与假说》（*La Science et l'Hypothèse*）。

尽管原理（原则）无非是作为一种经验性法则升格为核心的指导准则，但它绝不可能仅仅是所谓的先验（apriori）。从这一意义上看，康德试图为牛顿的自然科学赋予形而上学的、先验的原理（prinzipien，anfangsgründe），这一努力可以说完全失败了。目前物理学家们公开承认，相对论和量子力学之间几乎尚未建立和谐的联系：一方面，量子力学方面对相对性原理持怀疑态度；另一方面，相对论方面对量子力学的不确定性原理乃至因果否定论持不信任态度。然而，这两大原理在近代自然科学中扮演了极为重要的指导性方法角色，甚至变革了传统物理学的基础：相对性原理以革命性的方式变革了自伽利略、牛顿以来的经典力学，不确定性原理则进一步改变了包括爱因斯坦在内的经典物理学。然而，尽管如此，这些原理完全是实验性经验及在此基础上整理为理论的产物。

　　马克思主义的历史唯物论原理（生产力与生产关系的辩证法）同样也是一种经验性的原理。毫无疑问，它正是社会中的大众，尤其是无产者通过最直接的经验认知得出的结论。然而，针对这一原理的怀疑、攻击乃至否定，通常并非作为某种对立的科学性原理而出现，而是以类似教皇权威对伽利略的方式①呈现。这是一件值得注意且颇具趣味的事实。盖因几乎所有的资产阶级社会科学，即使在极其夸大的情况下，也无法发现任何规律或公式，或者无法将规律升华为原理。因此，这些科学的方法本身也与原理毫无关系，甚至失去了作为假设存在的正当性，往往沦为"主观"的态度。

　　以上内容仅就科学方法的一般轮廓进行了论述。然而，方法还包含更多的实质性内容。最终，仍然存在某种可以称为方法的"实质"的东西。关于自然科学与社会科学，有必要根据它们的共性和特性加以讨论。

　　　＊相关内容可参见拙作《现代哲学讲义》中"社会科学中的实验与统计"一章、《社会科学中的方法》（载于《综合科学》第四期，《户坂润全集》第三卷收录）。

　　马克思在《资本论》第二版序言中将科学方法分为研究

---

① 指伽利略因为捍卫日心说而被教皇传唤到罗马接受宗教审讯。

方法（Forschungsweise）与叙述方法（Darstellungsweise），这是众所周知的。这一划分不仅适用于社会科学。如前所述，研究方法的方向是从个别的经验资料或认知材料中归纳出某种普遍关系，这一过程是在研究者的主观世界中进行的。若不将这一研究成果客体化，供社会或研究者自己使用，则这一成果便无法获得最终的具体形式和记录的客观性，更无法获得社会性的通用价值。为此，叙述方法便显得必不可少。它与研究方法正好相反，其方向是从已经抽象出的某种普遍关系出发，将其体系化地展开至个别事象。

　　研究方法毋庸赘言是高度专业技术化的，而叙述方法则具有广义上的文献性或文学性的特征。例如，实验是研究方法的一部分，而实验结果的报告则属于叙述方法。所有叙述活动，从广义上来说，必然是文学性的，至少需要借助语言、文字或辅助符号等媒介。然而，这两种方法（为方便起见，下文称之为研究样式与叙述样式）是交互性关联的。一方面，任何叙述样式都必须以预先存在的研究样式为基础；另一方面，所有发展起来的研究样式又必然以先前的叙述样式为前提。例如，任何自然科学的实验性研究都离不开自然科学历史发展的背景，而这种背景正是通过书籍、文献和教育保存下来的。譬如，通过光谱实验证明天体中存在某种元素，这一结果显然依赖于气体元素的光波吸收理论和复合光线的分光理论，而这些理论的传承则完全依赖于科学的叙述样式。因此，叙述样式之所以被称为文献性或文学性的方法，正是基于这一点。在哲学与社会科学中，叙述样式的重要性尤为显著。因此我们尤其要注意，这两种样式是交互设定的。

　　*在哲学中，叙述样式往往被混淆为研究样式，甚至直接替代研究样式。因此，某些哲学作品容易呈现出文学性乃至作文性的特质。将叙述样式原原本本地视为现实体系的代表性人物是德国观念论哲学家费希特（其《知识学》即为一例）。另一方面，自然科学由于缺乏叙述样式，经常从专业研究中得出毫无意义的人文理论。叙述样式应明确地展示和运用核心概念或范畴，而为此而产生的普遍性的范畴体系中究竟是否存在科学性则需要交给哲学的理论性研究来论证，这正是常常将许多专业科学家绊倒的门槛。

　　某些所谓的数理经济学者批评马克思主义经济学（以及正统经济学）的叙述样式过于文学化，而非数学化，因此不够科学。然而，这种数学化的处理一般来说是无意义的，而认为数学性的叙述优于文学性叙述的观点，也是一种可笑的迷信。

然而，这种研究样式（区别于叙述方法的研究方法）虽然表面上看似明确，但有人认为它实际上可能几乎完全未把握实质。例如，实验和计算被认为是研究样式，演绎和归纳也同样如此，统计和对事物的概念性分析亦然。然而，当我们比较这些方法时，却发现彼此之间几乎没有明确的联系。因此，有必要对这一点进行梳理和澄清。

首先需要区分的是研究样式与研究手段（或操作）。计算、运算和实验无疑是一种科学性的操作。因此，人们倾向于将其视为研究方法的样式。然而，这里存在样式与操作（亦即手段）之间的混同。这种混同是有理由的。例如，实验确实仅是研究手段（亦即操作），但同时，在某些研究样式中，实验也可能作为这一样式的具体内容而发挥作用。然而，研究手段（操作）只有在被纳入某一统一的研究样式体系并固定为其具体内容时，才能（或部分地）获得作为研究样式或方法的资格。在此之前，仅作为研究手段的操作不过是各处独立存在的片段化的操作（operation）。那么接下来，我们将考察研究手段（操作）。

＊拙稿"社会科学中的实验和统计"一章曾考察所谓实验方法与统计方法。然而需要修正的是，这些方法本质上不过是实验手段或统计手段，不能被视为独立的研究方法。——详见后文。

传统的所谓形式逻辑学一直被认为提供了科学的研究方法(研究样式)。然而，这一观点并不完全正确。首先，形式逻辑学仅提供了研究的工具（organon，也即研究手段或者说操作）。事实上，仅依靠这一工具无法完成研究，连亚里士多德也不能仅凭形式逻辑完成科学研究。他必须在某种统一的研究样式下运用这一工具，才能进行科学研究。即使是培根的"新用具"（新工具），在这一点上也无不同。而如果认为有科学将归纳视为研究样式，那么这种科学恐怕会远远低于当时伽利略物理学的水平。因此，所谓演绎与归纳实际上并非研究样式，而仅是研究手段。

然而，演绎和归纳不过是形式上的研究手段，仅仅拥有与形式逻辑学的内容完全相符的内容。真正对科学有实际作用的科学操作是那些实质性的研究手段。这些实质性的研究手段大致可分为四种：第一种是分析性操作，第二种是解析性操作，第三种是统计性操作，第四种是实验性操作。接下来需要探讨的是，这些具体的研究手段或科学操作具有怎样的特点，在自然科学、社会科学（以及哲学）中表现为何种特殊形态，以及它们如何与研究样式乃至叙述样式相关联。

首先来看分析性操作。所谓分析性操作，是指区分于数学的解析操作，而在概念中，通过概念进行的分析。这是通过确定关于经验现实（即所谓事实）的表象或概念，来将其分解并进一步重新结合的一种操作。在将分解的部分重新结合的意义上，这一操作反而被称为综合。实际上，分析与综合仅仅是同一操作的不同位相而已。（所有判断，即便是分析判断，也是综合判断。——康德）这一操作不仅是科学操作中最常见的，也是我们在日常的常识操作中最基本和普遍的。例如，一切带有理论性质的批评操作，或多或少都属于这一类别。因此，即使是自然科学，也离不开这一操作，否则连一个理论乃至一个实验都无法进行。举例来说，若要构建关于以太是否存在的理论，或进行相关实验，就必须首先对"以太"这一概念的历史性内容进行分析，否则只会徒劳无功。如果不能明确以太是无极微阻力、无质量的物质，还是仅仅作为某种力场的空间，那么有关以太的理论和实验就毫无意义。类似地，如果对物质概念的分析不充分，就会在关于物质是否消灭的问题上陷入形而上学的无益争论。再如，"重力"这一物理学术语，若未能从常识性的重量或抗力的观念中得到分析澄清，就难以理解为何称之为"重力"。因此，分析性操作的重要作用在于明确专业范畴与日常观念之间的媒介点，从而保证科学的可信性和严谨性，这是其最为关键的理论功能。

毫无疑问，这一分析性操作在社会科学中同样适用，而且在此领域其功能表现得更加清晰。例如，在亚当·斯密的《国富论》或李嘉图的《政治经济学及赋税原理》中，我们可以看到分析性操作的典型应用。同样，在哲学领域，亚里士多德的主要著作（如《形而上学》《物理学》《尼各马可伦理学》等）中，思考方式的展开亦可视为这种操作的经典例证。

然而，这种分析性的操作有其自身的历史。这是因为，这种概念分析的程序或手段，过去往往局限于形式逻辑的范围。然则，为了使分析具有现实性，并作为一种完善的操作，这种单纯的形式逻辑分析（仅仅是区分、对比、固定化）

是不够的，人们不得不进一步深入到更为具体的分析。在这一过程中，分析必然会带上辩证法性分析操作的特质（本质上，辩证法不仅仅是这种操作的名称，实际上，它还是科学方法本身的名称，或者更确切地说，是现实本身的根本法则；但这里是指它以操作的形式、以碎片化的方式呈现出来的情形）。因此，分析性操作最终必须是辩证法性的，这是在任何情况下都必须满足的要求。无论是关于物质概念还是以太概念，要正确地理解和使用这些概念，都需要将其置于辩证法性分析之中。这种分析对于自然科学理论的整备是不可或缺的，同时也是自然辩证法的一个环节。在马克思的《资本论》中，对商品的分析是社会科学中这一分析方法的一个极其恰当的例子。即便这种操作并未伴随如此直白的叙述方式（操作，即研究手段，与研究样式不同，更与叙述样式截然有别），但在实质上应用这种分析操作的例子却极为丰富。在马克思主义社会科学中，所有的分析毫无疑问都属于这一范畴；即使是非马克思主义的分析，也常常在不知不觉中推进到了这一分析阶段。在哲学领域，柏拉图的《智者篇》和黑格尔的《哲学科学百科全书纲要》等作品是其典型代表。

　　然而，操作与科学手段通常是研究样式中流动的片段，但它们本身并不是研究样式。同样，它们也不是叙述样式。那么，这两种样式与操作之间究竟存在怎样的关系呢？——如果仅仅将这种分析性的操作直接作为科学的研究样式或研究手段加以采用，那么这就意味着试图仅通过概念分析来解释事物之间的关系。在分析仅限于形式逻辑的情况下，这无疑会导致经院主义；而如果分析采取辩证法的形式，则可能会沦为诡辩之流（即所谓的"智者"）。因此，要使这一研究手段能够真正作为研究方法或研究样式发挥作用，至少必须同时结合其他手段（如数学解析或实验）进行使用。这一点，对其他各类研究手段或操作也同样适用。——此外，分析性操作作为一种在叙述样式中极其有效的程序，其作用显然毋庸赘言。

其次是解析性操作。它指的是数学解析中以符号与数学操作（如计算、演算及其他所有操作）代替通常语言与一般分析操作的手段。尽管其外在形式有所不同，但这种操作实际上不过是前述分析性操作的一种变形而已。——在自然科学中，特别是在所谓的精密科学领域，这种操作的重要性显而易见。在某些情况下，甚至连物理学的基本原理也必须在这种操作的约束下才能获得其形式（例如，从麦克斯韦电磁方程的对称性形式中，促成了相对论在程序上的动机成立）。反过来，某些特定的物理学原理也会产生选择特定形式的解析性操作的必要性（例如，量子力学中的矩阵方法以及波动力学中的波动方程）。即便是在不属于所谓精密科学的生物学中，Biometrie（生物测定学）、函数生物学以及孟德尔主义的组合分析等领域也依赖这一手段。在实验心理学中的应用更是无须赘述。

　　*这里所称的"解析性"，并非必然与数学上的"综合"
（synthesis）（如代数、数论或纯几何学）相对立。

　　在社会科学中，解析性操作最明显地体现在数理经济学
和经济学中的感觉测定论[1]中（关于数理经济学，可参阅前述
部分）。此外，马克思在《资本论》第二卷中提出的著名公式
"W—G—W"（商品—货币—商品）的处理方法，堪称代数学
符号及其操作的典范性案例。——斯宾诺莎在其《伦理学》
中采用欧几里得式的程序，或许可以勉强作为哲学领域这一
操作的一例。这是因为《伦理学》恰好处于上述分析性手段
与解析性手段之间的过渡阶段。

　　*关于经济学中感觉测定论的讨论，可参阅高垣虎
次郎的《经济理论的心理学基础》（改造社版《经济学全
集》第五卷）。
　　如下文所述，统计手段的一部分包含数理统计，这显
然属于数学手段。因此，由此亦可见，各种研究手段之间
并非完全没有直接交叉。

　　解析性手段虽为分析性手段的一种特殊形式，但正因其
特殊性，其适用范围自然较为有限。如果将其视为研究样式，
抛开数理经济学等的夸大其词不谈，从一开始几乎就注定这

---

① 原文为"感觉测定論"。

是绝望的尝试。这类企图往往极其空洞，最终注定毫无意义，因此无须进一步讨论。即便作为叙述样式，这一手段的适用性也受到显著限制。然而，若勉强试图将这一手段应用于叙述样式，在通常情况下，这并非完全不可行。因此，在叙述样式中成功运用这一手段，并不能在任何意义上提升或证明该科学的科学性。更有甚者，如果声称仅凭这一手段即可提供（非数学领域的）科学叙述，那实际上可能正好证明了该科学的非科学性（表现为抽象性、主题的人工局限性、认识目的的丧失等）。

接下来是统计性操作。然而，与科学研究上只能作为消极性操作的前两者相比，统计性操作和后述的实验性操作在科学研究中提供了积极的手段。之所以如此，是因为这两种操作能够主动为科学研究收集材料。

> ＊关于统计与实验的对比，可参考马尔克[1]《统计学》（收于法国学会编《科学研究法》之中）。顺带一提，《科学研究法》一书汇集了从实证主义立场出发的、对人文领域诸科学的代表性反思。

统计性操作是一种材料收集手段，适用于个别事件无法直接产生经验，只能以群体形式进行观察的情况，或即便个

---

[1] 原文"マルク"。

别事件可以总结出经验，却无法通过个别事件的观察获取所需材料的情况。材料无疑是从人类现实经验中获得的，这是所有科学研究的起点。然而，即便声称材料来源于经验，这一过程也并不简单。材料的收集需要经验的积累，而经验的积累首先依赖于观察。因此，可以说，材料收集的首要手段是观察。如果观察仅能用于研究群体性现象，例如在气体运动论中对所有分子运动的整体情况的研究，或者个别现象的观察无法满足所需要求，例如对失业人口的估算，那么统计性操作就变得必要。因此，我们可以将统计性操作归纳为大规模观察的手段。

同样是大量观察，其含义会因上述两种情况而有所不同。例如，在前一种情况下，固定体积内分子的运动，从一开始就只能作为整体的大量性现象被客观地观察到。从字面上看，这当然是所谓的"大量观察"，但它与通常所指（尤其是社会科学中使用的意义上）的"大量观察"性质完全不同。真正的大量观察是指对个别现象进行重复观察，直到达到一定的次数或数量，然后通过这种重复观察获取平均分布，最终形成的观察结果。

在这种意义上的大量观察所获得的材料通常被称为"统计"。统计性操作接下来要做的第二步，是对这些统计材料进行统计解析。如果统计材料不涉及时间关系（即不构成时间序列），那么统计解析主要呈现为分布状态。这意味着，大量且多样的同类现象会被归入适当划分的区间中，并在每个区间内找到其散布程度，从而表现出一定的分布形态，具有明确的高低分布阶梯。如果统计材料构成时间序列，即假定这些大量现象之间存在对应历史时间的系列联系，那么统计解析将对材料所呈现的时间变动进行分解，将其划分为若干基本的变动形态，并独立地提取每一种变动形态。例如，将变动分解为随机变动、长期变动、季节性变动和周期性变动（狭义上的经济周期）等。统计解析还可以将这些独立提取的基本变动形态进一步分解为更简单且相互独立的最终要素变动形态（例如傅立叶调和解析），或者探索两种及以上不同材料的变动形态之间的相互关系，揭示各种相互关联的关系。由此可见，统计性操作作为一种手段，能够为科学研究收集并提供必要的材料。

　　＊关于统计解析，可参考小仓金之助《数理统计》（改造社版《统计学》上卷）。

　　关于统计性操作在社会科学中的作用，已经不需要再重新说明。离开这种操作，社会科学的方法几乎完全无法获得其研究材料。问题在于，这种操作在自然科学中究竟发挥了多大的作用。不过，即使在自然科学中，统计性操作也随处可见。例如下面所列举的情况：孟德尔对杂交植物变种的统计性研究；麦克斯韦和玻尔兹曼的经典统计操作；因海森伯[1]的不确定性原理而导致的核外自由电子每一时刻在空间中所占位置的精确观察在原则上无法实现，由此推导出特定时间和地点中电子的存在仅为概率的现象；以及熵增加率仅具有统计上的可能性。

但问题的关键在于，这些统计性操作，或对于这些概率现象所需的统计性处理，在多大程度上作为自然科学的研究样式的内容而起到了重要作用。尽管统计性操作的第一原则是大量观察，但如前述案例所示，其在自然科学中的应用性质与社会科学中的大量观察不同（详见前文）。此外，概率现象的出现并非统计性操作的结果，恰恰相反，仅仅因为存在概率现象，才不得不采用统计性操作。

因此，统计性操作无疑是自然科学方法中不可或缺的一种手段，但与社会科学相比，其作为研究样式的一部分，所发挥的作用似乎不得不被认为在原则上较低。实际上，即使在社会科学中，统计性操作也并不能直接作为研究方式或研究方法使用，它仅仅具有收集研究材料的功能。因此，通常所谓的"统计性研究法"或"统计性方法"，按照我们之前提

---

[1] 其全名为维尔纳·卡尔·海森伯（Werner Karl Heisenberg，1901—1976），德国物理学家，量子力学创始人之一，"哥本哈根学派"代表性人物。1933年，海森伯因为"创立量子力学以及由此导致的氢的同素异形体的发现"而获得1932年的诺贝尔物理学奖。他对物理学的主要贡献是给出了量子力学的矩阵形式（矩阵力学），提出了"不确定性原理"（又称"海森伯不确定性原理"）和S矩阵理论等。他的《量子论的物理原理》是量子力学领域的一部经典著作。

到的分类，大多应被称为"统计性操作"或"研究手段"。

　　＊例如，小仓金之助的《统计性研究法》以及蜷川虎三 [1] 的《统计学研究》是值得尊敬的著作，它们将统计学视为独立于研究方法本身的一门社会科学，即假定统计学为统计性研究方法的本体。有泽广巳 [2] 在《统计学》（改造社版《经济学全集》）中则认为，统计学是社会科学的方法。

　　最后，统计性研究手段与后述的实验性研究手段一样，绝不可能成为科学的叙述样式。之所以统计性手段往往被误认为是统计性的叙述样式，这是因为人们直接将统计性手段假定为统计性方法而引发的一种误解。尽管统计本身原本只是研究的单纯材料，但由于它带有数量化的表达形式，人们容易被迷惑，从而赋予其作为方法的、不恰当的威严。这种错误的认识往往导致人们以为统计学的叙述样式即为统计性，然而这种看法完全是幼稚的。

　　＊统计数字的魅力掩盖了统计所固有的阶级性根本制

---

① 蜷川虎三（蜷川 虎三，1897—1981），日本政治家、经济学家、统计学家。第一任中小企业厅长官。曾长期担任京都府知事（1950—1978）。

② 有泽广巳（有沢 広巳，1896—1988），日本统计学家、经济学家，曾是日本首相吉田茂的私人顾问，曾聘任东京大学、法政大学名誉教授，在学术上提出了"道格拉斯－有泽定律"。

约。统计性研究方法这一概念之所以能够获得某种通俗的信任，与这一点不无关系。

最后是实验性操作。实验性操作与统计性操作相同，都是为了科学研究而收集材料的手段，且同样始于观察。然而，观察随着发展会转变为观测，随后进一步发展为测量，并最终成为最为本义上的所谓实验。实验无疑是自然科学研究方法或研究样式中最为显著且不可或缺的重要内容。我们此前已论述过，实验拥有作为对普遍科学的科学性进行保障的功能。所有科学认知均源自经验，而经验（它会进一步发展为观察、观测、测量等）本身已经包含了实验这一根本性质。因为经验本质上是人类一种能动的态度，通过这种态度，人类在确认自身与环境的关系的同时，利用过往经验的积累，去开辟未来的生活。对经验进行验证、积累和预见，这正是实验的一般性质。

因此，一切科学都具有实验性的本质。然而，这并不意味着所有科学都以同样的方式使用实验这种研究手段或操作，否则，"实验心理学"或"实验动物学"等词语将变得毫无意义，因为根本没有非实验性的科学。我们可以认为，这些术语所指代的是限于使用实验这一研究手段的心理学或其他科学。——但即使如此，也并不立即意味着这些科学使用的是实验方法。

至于实验性操作在自然科学方法中的重要性，不必多言。

关键的问题在于其在社会科学中的作用。——一般认为，在社会科学中，人们完全无法进行实验性操作。但这一观点至少可以引发一些异议。例如，西米昂[①]对实验性操作的理解就非常宽泛。他认为，只要操作具有对事物或观念进行分离、提炼、抽象化的功能，就可称为实验。在自然科学中，这种操作是物质性的，而在社会科学中，它只是观念性的。两者间的主要区别仅此而已。

> *西米昂《关于积极经济科学中的实验》（*De l'Expérimentation en science économique positive*），载于《哲学评论》（*Revue Philosophique*, 1931）。——另参阅拙著《技术的哲学》（前引）中"技术与实验"一节。

我们也有理由从根本上以更加广泛的方式理解实验这一概念，因为实验是人类经验的本质。由此可见，将实验局限于自然科学中的实验性操作的实际领域，是没有理由的。在自然科学中，实验性操作的特点通常被认为包括以下条件：能够在人类操作之外的客观世界中，人工地、相对随时地创造出一定的理想状态。然而，需要注意的是，严格精确地思考这一条件时，即便在自然科学本身，这种内容也几乎完全

---

① 即弗朗索瓦·约瑟夫·查尔斯·西米昂（François Joseph Charles Simiand，1873—1935），法国社会学家和经济学家。他是柏格森和涂尔干的学生，他提出了一种观点，即经济学是一门基于可观察的现象而不是假设的社会科学。

不可能实现。首先，关于完全独立于操作的客观世界的物理实验，依据不确定性原理，原则上是无法实现的。作为操作工具的光量子，会在实验中预先改变显示实验结果的自由电子的速度和动量，因此显示的结果并非电子原本的空间定位，而是改变后的状态。在这一点上，自然科学中的实验与社会科学中的研究活动本身对研究对象即社会的作用之间，虽然程度有所不同，但在本质上并无差异。

其次，即便所谓一定的理想状态，也如其字面所示，仅是一种理想状态，与现实中能够达到的状态之间总是存在某种距离。在绝对避免不必要或有害的外部影响方面，政府对稻米实施统制政策的试验与在海底进行重力测量的实验，两者虽然困难程度有所不同，但在条件上的本质性困难并无差异。认为实验可以相对随时地进行，是因为将实验限定于大学实验室的实验。某些特定的天文观测（并无理由否认它也是实验），如水星近日点的观测，绝不是能够随时进行的。其稀有程度甚至超过了战争或革命。如果实验必须依靠显微镜或试管，并且必须具有验证疑问或作为未来参考的目的意识，那么战争中也存在着如侦察攻击这样的社会实验性质的战术。

因此，并没有积极的理由将实验限定于自然科学中的实验性操作。当然，这并不意味着社会科学中的实验性操作与自然科学中的完全相同。只是从研究手段或方法的统一性理解来看，有必要扩大实验性操作的概念。所有社会性的、历史性的（包括过去与现在）事件，作为阶级、政党、政府、机构或个人等主体实践的结果，本质上都可以视为一种尝试。此外，这些事件也成为后续同类事件的先例。从这一点看，这些事件具有"实验"的效果。毕竟，实验正是实践的最基本形式，并最终发展成为社会中的产业与政治活动的要素。因此，即便在社会科学的方法中，也必须承认某种意义上的实验性操作的存在。

然而，自然科学中的实验性操作与社会科学中的实验性操作，都绝不直接等同于各自科学的实验性方法。这些手段只有在各自科学的统一研究样式中得到确立后，才可能成为这些研究样式的组成内容之一。

我们已经看到了，科学研究手段在自然科学与社会科学中如何具有共通性，并在此基础上如何体现其差异性。而这种共通性与差异性实际上只能源于各自科学研究样式的共通性及其差异性。采用何种研究手段及如何组合这些手段，完全取决于科学研究样式的要求。统计性操作与实验性操作是最积极的研究手段，它们的功能是为科学提供研究资料与认知材料。然而，根据马克思在《资本论》中所述（前述相关部分），科学的研究样式不仅仅是对材料进行详尽的习得与收集，更要分析这些材料的多种发展形态，并进一步揭示这些形态之间潜藏的内在联系。换言之，科学研究方法必须能够导出规律、公式与原理（参见前文关于规律的部分）。这正是研究样式高于研究手段的原因。

对于科学研究样式的分析如上所述，而将上述操作及其研究样式的成果以某种科学形式加以叙述，则构成了叙述样式与叙述方法。关于叙述样式可以探讨的内容甚多，但此处不得不省略。

最后需要强调的是（如同马克思的方法所示），研究样式与叙述样式都必须始终遵循辩证法的逻辑。一切科学方法的最终意义归根结底在于逻辑，而逻辑唯有通过辩证法才能具备鲜明的具体性与动态性。至于这种作为方法的辩证法逻辑，其实正如前述关于科学与实在关系的论述，必然对应于实在或对象本身的根本性质。也正因为如此，通过这种方法所进行的科学才能够获得并保证其真理性。因此，科学的一般方法是（唯物）辩证法。

以上所述，便是科学对实在的模写中科学认知构建的主要部分（即所谓科学的方法）。科学认知构建的另一部分是次要的（但在理论上与实践上同样重要），即科学的社会性、历史性根本制约及其意识形态性质。

实在（对象）——方法——意识形态，这三者的交互作用构成了科学的世界，也即科学所具有的科学性世界。实际上，科学的方法也只有在达到这一层次时才算真正实现了其目标。因此，在我们探讨科学性世界之前，不得不先审视"科学与社会"之间的关系。

第五章
科学与社会

————————

科学对实在的模写，从其具体性的、实质性的反面而言，便是科学在构建认识。而这一科学认知构建的第一内容，即为科学的方法。第二内容则是科学的社会性规定，也即科学在社会中的存在条件。我们或者可以将其称为科学的历史性规定，或称为科学的意识形态性，这也是有很好的理由的。因为科学，作为社会中的一种历史存在物，归根结底无非是一种或某种特定类型的意识形态。

科学的方法，如在其辩证法性质的研究方法与叙述方法中所示，其本质上属于逻辑领域。与此相反，科学的社会性规定通常被认为是与科学的逻辑性规定相对立的，至少一般的观点是如此。然而，仔细思考可以发现，既然科学的社会性规定是科学认知构建的条件，那么即使是科学的社会性规定，也不应当与其逻辑性规定相互独立。而科学的意识形态性，则实际上，无非是用以揭示科学性认知的社会性条件是如何反映到科学性认知的逻辑性构成中去的表述性话语。那么，科学的这种社会性规定也即意识形态性，又是以何种形式表现出来的呢?

　　人类的历史性社会,正如之后将要论述的那样,从历史唯物论角度来说,其现实性的根基在于生产力。生产力由劳动力、劳动手段及劳动对象所构成,而一般来说,意识形态首先受到这一生产力的最根本制约。人的物质生产活动决定了人类的思维方式,这是显而易见的道理。然而,当这一论述特别针对某一特定社会、特定时代的人类大众时,这一点便越发突出。然而,现在需要特别注意的是,生产力主要通过其技术性的侧面来对意识形态进行一般性规定。

　　　*关于"意识形态"一词的含义,我已在多个场合进行过说明(参见前文)。第一,它首先指作为社会上层建筑的观念领域。第二,它并不局限于个体的观念与意识的世界,还包括社会中某一特定人群的意识(即社会意识)。因此第三,个体的意识亦被纳入社会本身拥有的特定形式的意识之中(这便是作为意识形式的意识形态)。第四,此类意识形态与社会阶级的现实利益相对应,具有阶级性。正因如此,在两种对立的意识形态中,一方视作真理的意识,另一方则视之为虚伪,这使得意识形态通常被视为真理意识或虚伪意识,这是第五点。结合以上诸多规定,意识形态作为政治意识或思想倾向的意义便清晰可辨(关于"意识形态"一词由德·特拉西的观念学而来,以及其如何经历变迁而变成今天的含义,此处暂且省略)。

技术性规定（但并非指所谓的"技术"本身）是生产力的重要规定之一。当然，这并不意味着技术性是生产力的唯一规定。如果以技术性来涵盖生产力的所有规定，那么恐怕社会的现实根基将被归结为技术性（通常松散地称之为"技术"）。正是因为如此，各种技术史观以及技术家至上主义等技术主义由此产生。而这一结果的荒谬性可以通过以下两个事实来验证：一方面，是此类情境中所使用的"技术"概念本身的不确定性和缺乏控制性；另一方面，是基于这种概念所推导出的结论在解决实际问题时表现出的奇谈怪论和错误判断。生产力的规定并不仅仅在于技术性，反之，应是技术性必须依赖其基础的生产性规定，生产性才是第一规定。因此，必须承认技术性仅仅是生产力的一种规定。然而，即便技术性仅是其中一种规定，从意识形态（科学亦包括在内）的角度来看，它却是一等一重要的。

* 例如，施本格勒[①] 提出技术主义的历史预言：由于西欧（包括美国）文明的技术性，其正面临瓶颈与衰落，而超越技术的东方思想才是引领历史迈向新阶段的力量。而美国的技术统治主义（Technocracy），曾在传入日本的最初一个月引发极大关注，但在接下来的一个月便被完全

[①] 即奥斯瓦尔德·阿莫德·哥特弗里德·施本格勒（Oswald Arnold Gottfried Spengler，1880—1936），德国历史哲学家、文化史学家及历史政治作家。《西方的没落》是施本格勒于 1918—1922 年出版的世界史著作，影响巨大。

遗忘，其主张由生产技术专家对社会进行管理。这些历史理论和社会政策理论，面对今日充斥的现实问题，完全无法驾驭，甚至不需要再加以说明。

生产力的技术性可依据生产力的三大要素来加以分析。第一，与劳动手段相关。通常，"技术"被认为是劳动手段的体系。所谓劳动手段，包括工具、机器、工厂设施、交通设施等。如果劳动手段的体系最终不过是指这些劳动手段本身，那么，仅仅认定劳动手段的体系为技术，与认为单一的机器并不是技术的逻辑类似，这种对"技术"概念的界定无疑是错误的。然而，如果"体系"一词的含义超越了单个劳动手段的简单累加，而隐含某种额外的"附加值"（当然，必然是如此），那么问题仍然在于，这种"附加值"究竟是什么。仅仅声明技术是劳动手段的体系，无法解决这一疑问。这种"附加值"，或者"体系"所指的"X"，显然只能被解释为某种技术性的东西（并非单纯的工具或机器，而是以体系形式有机联系在一起的存在）。然而，这样一来，"劳动手段的体系"并不能用来解释技术本身，反而只能通过"技术性的东西"这一观念才能得到解释。

可见，所谓劳动手段的体系，并非技术本身，而仅是技术性的一种表现形式，即生产力中的劳动手段所体现的技术性。生产力所特有的技术性（而非技术本身）才是"劳动手段的体系"实际所要表达的内容。那么，如果要说所谓的技术或技术本身究竟是什么的话，技术并不局限于生产力或生产力的直接产物如生产关系等领域，而是一种更为广义的社会性常识概念，甚至可以被理解为对社会整体（不限于劳动手段、劳动力，甚至不限于生产力本身）的技术水平进行表述的语言。可以说，决定这一社会技术水平的关键因素和标志，首先正是这一劳动手段的体系。

因此，生产力的技术性规定（技术性）在劳动手段中表现为所谓的"劳动手段的体系"。接下来，在劳动力中，这种技术性体现为劳动技能。技能是人类劳动力所具有的一种特质。毫无疑问，这种技能只有对应于劳动手段及其体系才能存在，并在第一层面上由此决定。然而，在第二层面上，这种技能反过来又成为决定劳动手段所应具备条件的标准。机械一方面让机械操作中的劳动者的劳动力技能得到客观发展，一方面又对劳动者提出了一定的技能水准要求。然而，反过来，例如传送带系统，若没有既定的技能水准作为前提条件，它也是无法被构建的。所谓劳动效率或生产效率（efficiency）一词，似乎正是将技术性的这两种规定结合起来的表现。（当然，在资本主义的利润追求机制干预下，企业合理化中的效率概念与此有所不同。）然而，技能实际上只是社会技术水平的一种主体性和个体性的反映。归根结底，这种技能是劳动手段体系的一种主观化和人性化的反映。

* 关于技术概念的讨论，可参见拙稿《知识分子论与技术论》（收录于前述《日本意识形态论》中）以及冈邦雄的《新百科全书派》中的相关内容。此外，还可以参考相川春喜的《技术论》（唯物论全书——未完成部分），其中可能涉及该问题。

生产力的技术性在劳动对象（自然物质）中的表现也值得思考。例如，矿山的发现促进了劳动手段体系与劳动技能的发展；反过来，劳动手段体系与劳动技能的进步也技术性地提高了这些土地的生产性，使其成为技术性的劳动对象。尽管如此，在这种情况下，使劳动对象具备技术性的核心因素显然是劳动手段体系（以及与之相关的劳动技能）。因此，可以说是劳动手段体系赋予了劳动对象以技术性。由此可见，劳动对象中的技术性仅具有次要的意义。特别是在当前所讨论的技术与意识形态关系的问题中，这一点尤为显著。

如上所述，生产力的技术性首先与自然科学有着极其独特的关系。这是因为，生产力的技术性直接产生了技术性知识（包括技能与智识），而这些知识最终演化为技术学性质的知识（如农业学、工学、工艺学及医学等）。自然科学的历史发展、推进以及其研究课题的设定，恰恰受到这些技术学需求和条件的引导，这是一个根本性的事实。自不必说，自然科学也并非源于某种自发的学术理念或追求真理的理想，从而发生并发展起来的。事实上，所谓的科学理念或真理之爱，本质上是自然科学意识发展（尤其是文艺复兴时期以来显著的表现）的结果，而这种意识的生成则依赖于技术学性质的条件与需求在社会中的必然性。自然科学的发展一方面为技术学的发展提供了条件，从而推动生产力的技术性发展，提升社会的生产技术水平；另一方面，自然科学自身能够达到这样的发展水平（在不考虑无直接关系的其他因素的情况下），就是基于技术学条件与需求，因而归根结底是由于生产力自身的技术学条件与需求的推动。从这个意义上看，自然科学的发展归因于社会技术水平的提高。

    *"智识"（intelligence）提供了解决知识分子问题的基本视角。知识分子能否成为社会阶级问题或劳动运动的一部分，必须先抓住这一视角。否则，其特殊的社会角色将被忽视，而仅仅被还原为普通中间阶层的不安与动摇。

    自然科学的历史本质（这也是其作为科学存在的本质）由生产力的技术性条件与需求决定。这种现象在历史上不胜枚举，例如埃及、希腊以来的科学发展几乎都符合这一逻辑。其中显著的例子包括工业技术与牛顿物理学以及微积分学之间的关系（参见前述内容），以及农业技术与达尔文进化论之间的关系。可以说，达尔文的进化论是英国园艺技术和畜牧技术发展的结果。正如佩·瓦列斯卡伦[①]所述："对于达尔文来说，英国是研究农业用动植物的变异和淘汰的古老而典型的国家。随着英国工业的发展，资

---

① 原文为"ペー・ヴァレスカルン"。

本主义在农业领域也得以巩固。粗放的经营逐渐被集约化的形式取代，改良的耕作方法、农业机械的引入以及家畜的科学饲养方式被大力宣传。这些都为达尔文提供了丰富的实际材料。"达尔文的自然选择理论正是以英国无数种类的家鸽为研究材料，而这些材料显然是畜牧技术发展的成果。

关于技术学条件驱动自然科学本质的例子包括伽利略对望远镜的改进与天文学的进步，显微镜的发明与细胞的发现，以及精密机械制造能力的提升、高温高压高电压实验条件的可能性所带来的实验发展与理论推进。即便是在今天看来那些最"纯粹科学"的物理学基本理论（如相对论、量子理论、原子物理学等），也都是依赖于实验器材与装置的高技术水平才得以建立起科学依据的。

技术学需求驱动并促进自然科学研究的例子也不胜枚举。例如，几乎所有医学与生物学研究（如细菌学）都可以说是医学技术（技术学）的产物。另外，军事技术需求正在快速推进冶金、应用化学、食品科学、农艺化学等领域中与物理学及化学相关的理论发展（详见后文）。这在今日已然众所周知。

生产力所具有的技术性对自然科学的直接制约上文已经提到，而接下来的制约则来自生产关系。交通关系——作为生产力技术性的一部分（尤其是劳动手段体系中的一部分）——在这里首先显现为一种主要的制约因素。众所周知，达尔文乘坐"贝格尔号"进行的航海探险便是一个著名的例子。船舶、航空器及其他交通工具的发展为科学探索提供了以往无法接近的研究材料（如极地、高层大气、内陆地区等方面的探险活动）。交通手段所形成的交通关系甚至对自然科学来说本身就具有实验的意义。

战争（尽管在当代，战争作为资本主义矛盾的一种临时且强制性的解决方式被大规模地采用，但这里暂不讨论这一点）一方面根本性地破坏了自然科学（以及广义上的人类文化）的经济、社会和人力条件；但另一方面，尤其是在自然科学领域，战争却成为其强有力的促进因素之一。这一点尤其需要关注。战争准备对自然科学施加了技术学上的巨大且迫切的需求，而战争本身甚至可以看作一种规模空前、性质特殊的科学实验。诚然，这种需求和条件导致的自然科学的"发展"，是以牺牲科学的健康、普遍发展为代价的。换句话说，这种发展实际上是一种不均衡的、不完整的发展，同时也彻底践踏了与社会大众日常生活密切相关的技术学需求。然而，即便如此，我们仍然不得不承认，这种条件下自然科学局部性的，甚至是歇斯底里的"发展"这一事实。

*从这一点出发，我们可以说，为法国奠定了技术学的基础的，正是将英国的军需技术学移植到法国的炮兵军官拿破仑。这一过程催生了法国（乃至世界）数学、力学

和物理学的显著发展。——据说，在明治初期的日本，大部分西式数学家和物理学家都是海军军人。

然而，在当今社会的生产关系中，毫无疑问，世界六分之五的土地上实行的是资本主义生产体系，或者是被资本主义体系所集约化的各种前资本主义生产形式。因此，我们必须观察资本主义经济体系（政治体系及其他将在后文讨论）对自然科学施加了哪些原则性制约。实际上，前文提及的生产力的技术性、基于技术性的技术学条件与需求（包括交通关系与战争情况等），无一不在资本主义生产体系之内，或者至少在与之对立的社会主义生产体系内，才能对自然科学施加明确的规定功能。因此，生产力的技术性及其相关的技术学（连同交通关系与战争情况），在这些对立的生产体系下呈现出根本性的对立性。资本主义体系下的技术（尽管通常以此命名，但实际上需要更为准确的称谓）与社会主义体系下的技术，其社会存在的条件截然不同。不仅如此，从技术发展的视角来看，它们甚至被置于根本对立的条件之下。

在资本主义体系下，技术的发展往往受到特定的资本主义需求与条件的驱动（例如军需工业的繁荣），因此可能以牺牲其他领域为代价，导致技术的不均衡发展，这是前文已经讲述过的。然而，若不考虑这些属于"例外"的领域，资本主义条件下的技术虽然随着资本主义的发展而进步，但当资本主义的发展开始不可避免地加剧自身矛盾时，这种进步便不可避免地受到自然或有意的抑制。发明与发现的成果可能被故意弃置（例如，大型工业资本通过垄断专利权来禁止其向全社会开放使用），甚至可能提出对技术本身的限制（例如，用人力代替机械以缓解失业问题）。技术这一概念本身也开始被视为不祥之物（例如，技术文明的罪恶与灾难）。因此，技术学的条件与需求在这种情况下必然受到显著限制。

不仅如此，在以追求利润为最终目的的资本主义体制中，所谓的技术发展实际上并非生产技术的进步，而仅仅是将利润追求的技术高度合理化。技术学研究机构在很多情况下只是作为工厂的一部分而存在，其主要功能是作为产生利润的物质工具。看似是对生产力的技术学推动，在资本主义体系中实质上仅仅是为利润追求机制服务的生产技术努力。例如，改良的蚕种不可避免地以牺牲蚕的成活率为代价。这种"改良"对养蚕家（主要是农民）极为不利，但对制丝业的资本家则极为有利。原因在于，制丝业者只需按照单价支付少量合格蚕茧的费用即可。在这种情况下，可以说，在今天的资本主义社会中，技术及技术学意义上的真正"发展"已不再可能。因此，在这样的状态下，生产力的技术性、技术学的条件与需求所制约的自然科学，也不得不直接受到资本主义从负面的方向而来的规定的制约。

在社会主义生产体制下，技术、技术学和自然科学（包括医学、社会卫生学及其他实证科学）所处的条件与资本主义体制下完全不同，这是全世界不得不承认的事实。苏联统治下的工业和科学的蓬勃发展，完全可以说是缘于社会主义生产关系这一唯一原因。

　　*关于这一点，外国学者的研究或许更具有资本主义世界的公信力。例如，克劳塞[①]的《苏维埃俄罗斯的科学》（时国译）、《苏维埃俄罗斯的工业与教育》（辰巳译）以及让·雅克·特里拉特[②]的《科学与工业的关系》（*Les relations entre la Science et Industrie*）等著作均可参考。此外，《苏维埃科学的成就》（冈·大竹监译）也对苏联技术、技术学与科学之间的关系做了较为详尽的说明。

接下来是政治权力对自然科学所施加的限制。例如，在日本，有关自然科学（即国家需要的学术）的保护与鼓励制度，与其他资本主义国家相比，大体上仅仅停留在名义上的程度。资本家对"纯粹"自然科学的支持，也由于被日本短视的资本利益视为绕远路，因此成效甚微。这么一来，国家财政被军事性工作所吸收，似乎已经几乎没有余力对作为"自然科学"的自然科学发展提供实质性的援助。——然而，这种现象并非日本所特有的偶然情况，而是世界上一切资本主义国家或多或少不得不采取的共同路径。只不过在日本，

---

① 原文为"クラウサー"。
② 即让·雅克·玛丽·约瑟夫·特里拉特（Jean-Jacques Marie Joseph Trillat，1899—1987），法国物理学家，专门研究晶体学和 X 射线。

这一点表现得尤为显著（至于纳粹德国因排斥犹太人而导致大量有才华的自然科学家被驱逐的现象，则属例外，不在此列）。——另一方面，根据列宁等人的观点，苏维埃政权只有与全国电气化相结合，才能获得现实意义。在这里，政权与自然科学似乎并非完全独立的两个领域。

　　*例如岩崎创立的理化学研究所[1]，以及盐见创立的盐见研究所[2]，便是这方面的少数例子。而即使如此，至少前者在设立之初，值得注意的是，它的动机是第一次世界大战期间国家对军国产业的鼓励。

接着是社会的观念层——意识形态——与自然科学之间的关系。自然科学本身是一种意识形态，因此无须再特别说明它与社会中其他意识形态领域之间的密切联系。社会中的一般文化和思想动向，总会以某种形式直接反映在自然科学中。例如，文艺复兴时期的文学复兴与人文主义，形成了对

---

[1]　理化学研究所（日语：理化学研究所。英语：Institute of Physical and Chemical Research），简称理研（日语：理研。英语：RIKEN），是日本的国家级研究机构之一，也是亚洲最早的基础科学研究机构，创立于1917年，现为文部科学省属下的国立研究开发法人之一。其研究范围涵盖物理学、化学、工学、生物学、医科学等领域，从基础研究至应用研究均有。

[2]　盐见理化学研究所（塩見理化学研究所），是日本曾经存在过的研究机构，根据实业家盐见政次的遗嘱在1916年设立。它以洛克菲勒研究所为蓝本，设立基金会进行运营。1956年，因战后经济混乱，运营资金无法维持，研究所解散。解散后的资产全部交付给了大阪大学。研究所主要研究范围可分为物理、数学、化学三类，小仓金之助曾长期在此担任数学研究员。

自然进行自由、无拘无束探究的自然科学精神，这一点毋庸赘言。而马克思主义作为唯物辩证法，正对当今的自然科学研究赋予新的动向。在哲学上，马赫主义至今仍在支配许多"资产阶级自然科学家"的科学精神。关于这些思想通过何种机制对自然科学施加限制的情况，将在下文中探讨，但至少，这种限制的现象是不可忽视的。——作为社会科学理论限制自然科学的例子，我们常常可以举出马尔萨斯的人口理论（正统经济理论首次揭示资本主义自身所包含的自然矛盾）对达尔文自然选择理论所提供的启示。

　　*除苏联外，以马克思主义为基础的自然科学研究，最初在德国进行，最近则在法国相当兴盛。例如，可以注意到《以马克思主义之光》（*A la lumière du Marxisme*，涵盖物理数学科学、自然科学、人文科学，出版于 1935 年）等现象。在日本，这类研究尚且极为稀少。

　　以上是关于自然科学如何受到社会体制的制约，从而呈现出其被制约性的概观。毋庸赘言，只要自然科学作为社会中的一种意识形态，它就是社会和自然科学之间所必然呈现出来的根本关系。自然科学作为社会中的一种意识形态，可以说第一时间（不限于自然科学，一般科学乃至意识形态皆如此）受到社会的制约，这在任何时候都是其理所当然的基本条件。

然而，在此我们必须回顾一个根本性的前提，即科学，特别是在这里的自然科学，不仅仅是一个社会的存在物，而其本质上是对实在的反映，也就是对自然的模写。因此，自然科学的社会性规定，即作为一种意识形态受到社会制约，只不过是其在对自然的模写过程中构建科学认知的一个条件。因此，如果考虑到这一点，自然科学（一般科学皆如此）尽管仍受到社会的制约，但依然能够脱离这种干涉，与自然直接发生联系，通过专注于这种联系，从而按照其自身的内在必然性，即在独立于外部社会强制力的情况下，实现历史性的发展。前述的所谓自然科学的发展受到技术（这一词语的意义之前已经解释过）、经济、政治乃至其他领域的意识形态所制约，在此却不得不从自然科学的自身逻辑出发来解释，从而实现其历史性的发展。这就是自然科学中存在的所谓自律性。

但在这种情况下，自然科学并不限于自律性。进一步说，它反过来还可能对其他领域的意识形态，抑或政治、经济、技术等领域施加影响，转而站在制约者的立场产生作用。事实上，自然科学遵循自身的传统而发展。而这种科学的诸多成果反过来影响了社会科学、哲学、一般文化，甚至对技术、经济和政治问题也产生了影响。譬如，进化论对社会理论或哲学的影响；自然科学的实证研究态度及其成果对其他科学和文化（甚至是文学，例如自然主义文学）的制约；自然科学研究推动的技术或技术学的发展，对经济或政治条件的影响。还有其他诸多现象，均由此得以成立。

但尽管如此，这些现象如果从自然科学作为社会存在的性质来看，它们并不能表达社会与自然科学之间的最直接关系。这些现象尽管是极为显著的，但也只能表达出派生性的、间接的关系。这正是因为，自然科学作为社会性存在，其实质上是一种意识形态，也即上层建筑。

自然科学依据其理论内容的内在逻辑的必然性而发展，这并非虚妄。然而，这种自然科学理论的逻辑展开（被视为自然科学的内部规定）与来自社会的外部规定之间，究竟是何关系？正是在这里，自然科学（以及一般科学）的社会性即意识形态性的根本问题得以呈现。因为意识形态性恰是科学的社会性与其逻辑性相结合的概念。

*具体来说，意识形态并不仅仅是一个社会学的范畴，同时也是一个逻辑学的范畴。关于这一点，拙著《意识形态的逻辑学》（《户坂润全集》第二卷收录）试着对其整体做了说明，也可参考拙著《诸科学的意识形态论》（《意识形态概论》的一部分）。

正如在科学中普遍看到的那样，在自然科学中也是如此，科学的逻辑性最为直观地表现在其范畴及范畴体系之中。从研究手段到研究方法、叙述方法，甚至在实验性操作或统计性操作的运用中，这种作为方法的逻辑贯穿其中（此前已经看到这一点），而这种逻辑性的集中体现正是通过这些范畴显现出来的。自然科学的各个领域分别拥有具有方法性、逻辑性意义的根本概念（范畴）。例如，物质、空间、时间、运动、力、场、生命、功能、规律、因果性等。毋庸赘言，这些范畴指向的是自然界中的实际事物，然而，其本身却仅仅是各自的根本概念。因此，这些范畴作为概念本身的意义，必须始终具备历史性变迁的可能性。因此，只有在与一般的文化、哲学和其他科学等所使用的根本概念的关联之中，这些范畴才能获得固定的意义。基于这样的理由，这些根本概念（即范畴）正是同时拥有现实性和社会性这两重性质的载体。范畴固有的逻辑功能，使其成为自然科学（以及科学总体）的逻辑性与社会性之间的连接与中介。

以因果必然性为例。同样是"因果必然性"这个词，但由于所采用的范畴体系不同，其内容就完全不同。在机械论（即形而上学的、形式逻辑的）范畴体系中，因果必然性意味着对偶然性或可能性的绝对排除，成为机械决定论或宿命论的术语。而在辩证法逻辑中，因果必然性却是通过贯穿偶然性和可能性而得以实现的必然性。通过这一例子可以看出，范畴体系的这种对立，即形式逻辑与辩证法、机械论与辩证法之间的对立，如果将其哲学化，则最终只能归结为观念论与唯物论之间思想上的、意识形态上的对立。形式逻辑和机械论被称为形而上学，形而上学是观念论的普遍规定之一；而辩证法则必然归于唯物论，这一点由哲学史所揭示（从黑

380

格尔到马克思）。并且，这种思想上的、意识形态上的对立，如果进一步观察到它直接归属于资产阶级与无产阶级的社会阶级对立，则科学的实在模写的逻辑与认识构成的方法如何与社会的阶级对立相对应便一目了然了。

我们已经看到，由于被包含于生产关系的阶级对立之中，以技术及技术学为首的所有社会规定都依托于阶级对立。这些规定之所以能够制约自然科学，是因为自然科学的那种被社会所制约的特性，实际上应被称作它的阶级性。然而，这种阶级性现在在这里找到了它逻辑上的对应物或等价物。即在自然科学与实在的关系中，以及其看似自律的独特的历史性发展中，所表现的逻辑（真伪关系）被揭示为在社会关系（阶级对立）中的体现，这就是结论。

以上所论的问题是特意限定在自然科学中的。然而，几乎完全相同的关系也可以在社会科学中找到。当然，社会科学的意识形态性与社会性，也即其阶级性乃至党派性，与自然科学相比表现得更加显著，其意义也更加重大。然而，这并不意味着这种所谓的阶级性或党派性是社会科学（或哲学）所独有的特殊现象。"即便存在所谓的资产阶级社会科学，也不可能存在所谓的资产阶级自然科学。"这样的言论在自然科学者中甚为普遍。然而，我此前已经说明，这种看法并不成立。相反，如果有社会科学者宣称所谓的资产阶级社会科学根本不存在，那么在当前的情形下，他可能需要承担大量证明其观点的责任。无疑，自然科学与社会科学之间存在这样的差异。

　　＊党派性本应是阶级性的特殊情况。然而实际上，这
两个术语已经习惯性地用于表达稍有差别的层面。阶级性
主要指科学或理论的社会性规定，这一般被理解为反映某
种基于阶级主观性之类的主观性特质。相反，党派性则被
认为是科学或理论作为理论的自洽性、不妥协性与纯粹性
等客观性和逻辑性规定。然而，按照我们的观点，这种社
会性规定与逻辑性规定在内在上是紧密结合的，因此，前
述的区分，仅在特殊的语境中才成立。如果要说有一个重
要的区别的话，那就是党派性比阶级性更多地暗示着政治
活动。

　　社会科学是一门对于生产关系的内部拥有重大利害关系
的科学。可以说，这种利害关系不仅构成了该科学的出发点，
也为其提供了目标。然而，这种情况并不意味着社会科学作
为科学的客观性会被否定，尽管普通的资产阶级社会科学者
或肤浅的常识可能如此认为。现实的经济体系是人类利害关
系的组织化，这是一种事实。同样，科学地分析这些利害关
系是社会科学的第一阶段，这也是一种事实。认为这些利害
关系必然与科学的客观性不相容，这只是一种先入之见。通
过客观分析，这些利害关系便不再是利害关系，这显然是不
能被理解的。问题仅仅在于，当主观的个人愿望或希望妨碍

了对利害关系的客观认识时，才会出现问题。当利害关系的客观认识与主观的利害意识一致时，利害关系就直接符合理论的真伪关系。社会科学的真理正是伴随着这样的情况。

社会科学同样是对历史性的、社会性的客观存在的一种具有客观性的反映。因此，与自然科学一样，它自身也拥有作为独立科学的自律性。由此，人们推定社会科学具有超越意识形态性、客观公正性和中立性。这当然是可以被接受的，因为不公正、主观或偏颇的事物原本就不可能是科学。然而，这种客观性、公正性和中立性、超越意识形态性和阶级性的特性，实际上恰恰直接意味着阶级对立。这是因为，两种对立的科学理论，各自都声称自身是客观的、公正的、中立的，并未因阶级主观的利害关系而歪曲其对利害关系的认识。正因为社会科学的这种阶级性，今天普遍存在的无产阶级社会科学，毫无疑问，必须承受资产阶级政治权力的审查和控制，这种外在的（确实是外在的）直接干预表现得非常露骨。这种露骨的制约，在自然科学中是绝对不可能看到的。

　　＊当然，今天受到严格审查和控制的并不限于所谓的"无产阶级"社会科学。资产阶级自由主义的理论也未能幸免。这一点可以从当今德国和日本的文化现状中看出。这种现象反映了资本主义政治权力并不总是意味着直接的资产阶级政治权力。

　　自然科学与社会科学在社会性制约上的这种差异显然源于两者研究对象的差异（自然与历史性社会之间的差异）。在社会科学中，其研究对象与研究活动归结为同一存在。因此，社会科学的研究呈现一种循环状态，甚至可能螺旋式地上升，从而脱离存在的客观现实而浮现。正因如此，即使是那些被政治权力赋予科学权威的社会科学（例如法西斯主义的、日本主义的、资产阶级唯心主义的社会理论），实际上也可以完全不具备科学的资格，却仍然以类似科学的形式产生。这就解释了社会科学显著地具有意识形态性的原因——因为它享有在某种程度上煽动性地操作意识形态的特权。

　　那么，对于社会科学与自然科学的区别，可以暂且讨论到此。现在要问的是：将两者联系起来的是什么？答案是在自然与社会交会之处，即技术领域。技术领域不仅仅为这两种科学提供了共同的研究对象，还具有在两者的范畴体系之间起到中介作用的功能。如前所述，为了使所有的范畴体系能够现实地处理现实，它必须具有技术性范畴的性质，而恰好为其提供基础的正是这一技术领域。

　　然而，无论如何，观念是自由的。在社会中，某些主观的、任意的，即观念性的利害或需求可以在某种程度上自由地强制意识形态。意识形态在某种程度上也拥有被这种强制所推动的自由。因此，从技术领域任意地脱离开来，完全独立于自然科学中的范畴体系，形成超技术的、反技术的、非技术性的社会科学范畴体系——这种观念上的自由构造是事实。从作为统一体的社会角度来看，这种现象是一种内部分裂，但在不幸的社会中，这种分裂是不可避免的，甚至不太显眼。因此，这种社会科学（？）①与自然科学完全绝缘。尽管社会本身无法与自然绝缘，但关于它们的认识却可以分裂开来（如果社会与自然绝缘，社会的生产机制将在那一刻停滞）。

　　*这样从自然科学中"自由"出来的思想实际上是极不自由的思想，这一点颇为有趣。阿拉伯人没有解剖的自由，蒙古人没有耕作的自由。即使他们面前有无数的尸体和无限的土地，他们的思想也禁止他们去解剖或耕作。

　　科学的社会性规定如上所述，但现在有必要特别分析一下科学的大众性。这是因为科学作为社会中的意识形态或上层建筑，以及一种社会产物，具有社会财产（也被称为文化财产）的性质。那么，现在我们从这种社会财产的角度来看待科学。

　　在埃及和印度，科学乃至学问（通常文化的一切领域都如此）是僧侣阶级的专属。僧侣阶级，毫无疑问，属于统治阶级。在古代中国，学问也主要属于统治者——君子或士大夫。在古希腊，科学乃至哲学找到了相对大众化的所有者，

---

① 该括号及其中问号在原著中即存在。

但即便如此，它仍然毫无疑问地是基于奴隶经济的统治者自由民的所有物。在中世纪的欧洲，只有僧侣与贵族的科学。这么看来，科学（以及文化总体而言）从来都不是全人类、全社会的共同财产，而是特定的，并且是统治性的社会阶级或社会身份的占有物。

当然，科学包含了试图超越时代常识平均水平的努力，因此它并非面向任何能力的个人。科学是由少数被选中的人创造和发展的，这或许在任何时代都是理所当然的。然而，问题并不在于这些人的个人能力如何，而在于这些人到底属于什么样的社会阶级或社会身份。也就是说，科学的所有者以及因此能够利用科学（无论是为自己还是为了统治他人）的社会阶层是什么。而这个阶层始终是握有政治支配权的社会阶层。在罗马时代，奴隶主更乐见有学问的奴隶（某些奴隶被要求背诵荷马史诗，另一些奴隶被指定学习维吉尔，如同今天引用马克思或列宁那样，这些奴隶主有时会在谈话中命令这些奴隶引用荷马或维吉尔）；在中世纪，贵族雇佣宫廷诗人。同样，直接接触科学的人可能来自所有阶级，但科学的真正所有者和占有者并不是这些"科学家"本身，而是他们的主人。

科学是支配者的占有物，这一看似非文化性的社会现象，即使进入资本主义文化中，其本质也未曾有所改变。在资本主义制度下，取代少数封建君主、贵族、僧侣登上支配舞台的，是众多市民阶层；但与此同时，更为庞大的无产阶级依然并越发构成被支配者的深层结构。这正是当今科学所谓的资产阶级的阶级性的体现。只要阶级性的社会支配存在，科学就会继续是支配者的占有物［至少在科学不是"对抗科学"（Oppositionswissenschaft）的情况下］。也就是说，在这种情况下科学无法被大众化，也不具备大众性。

　　然而，提到科学的大众化和大众性，这并不必然等同于科学的通俗化，更不是科学的庸俗化。从本质上说，"通俗"（popular）一词是以支配阶级为标准，对全社会（people）进行衡量后得出的平均值。因此，在资产阶级社会中，被称为通俗的事物，其实无非是资产阶级自身的通俗性。这个支配阶级——正如前述所见——从来都不是社会大众。与此同时，"庸俗"一词，作为对"通俗"的一种情感化表达，本质上也是立足于支配阶级视角的产物。显而易见，这与所谓的大众性完全是不同的规定。

　　大众化并不是将科学或其他事物降低到被给予的多数人的平均水准，而是反其道而行，组织和提升多数人的平均水准，使他们接近科学本身。大众化的本质在于对众多个体进行组织化。唯有通过将多数人组织成为大众，科学才能真正成为大众自身所拥有并加以利用的东西。科学的大众化与大众性的唯一意义就在于此。因此，像"资产阶级科学的大众化"这样的表述，原本就是无意义的。从而我们可以得出这样的结论：唯一可能具有大众性的大众科学，只能是所谓的"无产阶级科学"。

*关于科学的大众性，拙著《意识形态的逻辑学》（前述）中有相关章节。此外，关于科学的大众性，还必须参考"启蒙"这一概念。从历史上看，"启蒙"一词的含义是封建因素吸纳资产阶级自由（例如启蒙自由思想家、启蒙君主等）；但在当今时代，其含义可以被视为封建因素或资产阶级市民因素吸纳无产阶级自由。因此，科学的大众化和启蒙在实质上几乎没有任何区别。当然，"启蒙"并不意味着支配者对被支配者的教育，就像科学的大众化并不是为了给无知的平民提供知识的通俗化（popularization）。

科学的大众性、启蒙，以及与此相区分的科学的通俗化与庸俗化问题已被提及，但最后有必要澄清常识与科学的关系。——自古以来，科学常被置于常识的对立面。例如，在古希腊，即便存在如雅典的民主制度，甚至因民主的僵化，哲学被主张为需要从贵族式的常识中脱离（柏拉图的观点）。在近代，随着资产阶级民主的兴起及其政治角色的重要化，作为政治常识的舆论成为社会中一种相当有影响力的观念性力量。然而，尽管如此，科学的专业知识依然被认为与外行的常识对立。——也就是说，无论在何种情况下，常识通常被假定为较科学知识（即专业分科知识）更低、不到位且不完全的知识。

＊关于常识的理论研究恐怕并不多见。《常识的哲学》（如托马斯·李德①等人）并未提出常识作为社会意识的问题。此类研究多是使用常识作为原理而非分析常识的哲学［例如海因里希·弗里德里希·林克②的《健全理性哲学》（1850）也是如此］。关于常识的某些分析，可参见拙著《日本意识形态论》（前述）中的相关章节。

然而，这种定义虽非全然错误，却难免因仅看到常识的消极一面而导致偏见。如果真是如此，那么作为一种（政治性的）常识的舆论，在专业政治学面前应毫无意义可言。资产阶级政治家应在作为国家事务专家的官僚面前无地自容。——如此看来，所谓常识必然拥有其独特的自主性与权威。如果有人不愿承认这一点，那或许是出于对封建贵族式科学的学术主义执念。

科学与常识并非简单地在同一平面上对立，更不是上下从属关系。两者在社会中作为意识形态的横截面有所不同。科学以研究为横截面，常识则以批判性思维为横截面。一方以结论为目标，另一方则追求见解。可以说，科学属于学院（无论是支配性的、民间的还是对抗性的科学），而常识则属

---

① 托马斯·李德以其哲学方法、感知理论及其对认识论的广泛影响而闻名。他还广泛关注伦理学、行动理论、语言和心灵哲学。他是苏格兰常识学派的创始人，在苏格兰启蒙运动中发挥了不可或缺的作用。

② 指约翰·海因里希·弗里德里希·林克（Johann Heinrich Friedrich Link，1767—1851），德国博物学家和植物学家。

于新闻媒体。

    *遗憾的是，此处无法详述新闻媒体的意义。今天，关于新闻媒体的观念是如此迟钝和机械化，甚至有人将其简单等同于资产阶级的大型出版业及其附属的写作职业。然而，新闻媒体的历史本质在于其与批判性思维和常识的关系。所谓"新闻媒体"的现象，仅是今天资产阶级社会中这一社会现象形式的表层表现。关于新闻媒体，可参见拙著《意识形态概论》和《现代哲学讲义》（前述）中的相关章节。

    当然，如同决定某个人是学者还是新闻人、是研究者还是评论家，不仅困难而且可能毫无意义一样，常识与科学的实际联系并不会因为这些区分而被抹杀。关于两者关联的具体项目，此处暂且略去，但至少可以肯定的是，仅仅将常识作为常识积累起来，无法使其提升为专业的科学知识；同样，仅仅将科学知识作为科学知识积累起来，也无法使常识得以提升。越是专业化的人，有时可能反而越缺乏常识。——因此，常识并不像通常所认为的那样，是某种平均意义上的科学知识，也并非某种因此而不完整、不充分或较低的知识。假如如此，常识本身的高低就无法被讨论，因为"平均的平均"是没有意义的，"高水平的常识"也只能成为一种矛盾。因此，常识更应被理解为，对现有知识的细致而统一的总和，并且这种总和是针对日常社会生活中最为现实、最为时事性的方面的。

因此，可以得出如下结论：为了使科学在社会中变得日常化、现实化，科学必须被常识化。对此，可能有人会说：这不是显而易见并近乎同义反复的观点吗？然而并非如此。在此所说的常识化，并非通常意义上的科学大众化，也不是启蒙，更不是通俗化。此类关联已在之前讨论过，此处的重点在于另一种不同的情境。——所谓科学的常识化，是指从批评（criticism）的立场，也即从我设想的意义上的新闻媒体立场（关于新闻人的最终意义在评论家这一点上有广泛认同），换句话说，是从常识的立场（而非单纯从科学自身的立场）来审视科学本身以及其成果。

　　＊评论无论其对象是科学还是其他，总是具备某种文学性或道德评论者的资格。这正是它与普通研究论文的不同之处。而且，这也正是文学作为不同文化领域之间的媒介者所具有的普遍功能。文学并不局限于小说、诗歌或戏剧。在此意义上，科学时事评论的意义也得到进一步明确。

通过这种意义上的常识化，科学才能首次从其自身立场以外，揭示其社会功能（科学之所以能够在社会中存在，毫无疑问是因为它具备某种不可或缺的社会功能）。科学与其他文化的关联，也只有在此时才作为问题被得以正当地提出。

离开文明批评的视角，对科学的批评是不可能的。因为没有经过这种"常识化"的过程，直接从科学自身的横截面无条件地讨论社会与文化，科学专家的哲学或世界观往往会不可避免地陷入无意义的境地。

　　*本书《科学论》本身，也只有在这一视角下才具有其意义。

科学的常识化与对科学的评论，这正是近代哲学最喜爱探讨的主题。因此，这类哲学往往自称为"批判主义"（Criticism）。然而，关于这一类（资产阶级观念论式的）科学批判必然失败的原因，我们在本书开篇部分已经讨论过。然而，如今来看，当时的科学批判中的"常识化"，即所谓常识本身，仅仅停留在"哲学化"的学术圈中，尚未具备评论性的资格。因此，例如关于科学的大众性等问题，这些批判并未能够提出任何深刻见解。换言之，那种认为可以脱离科学的社会阶级性来批评科学的科学批判，从本质上说，并非真正的"哲学的"科学批判。

现在，让我们回顾以上关于科学的社会性规定的讨论。关键在于，这些社会性规定实际上是与科学的逻辑性规定相互结合的等价物。社会性规定与逻辑性规定并非两个独立的规定，而是一种对立统一的单一规定。——因此，科学的社会性规定同样也并非独立于科学方法（科学方法代表了科学

的逻辑性规定)。科学的社会性规定与科学方法之间，亦是一种对立统一的单一规定。这一点我们已经以"科学认知构建"这一名称进行了说明。

关于科学中的这一认知构建，早在开篇我们便指出，它构成了科学中对现实的模写的实质。在此，两者同样是对立统一的一体规定。而这最后的规定构成了科学的世界，即科学的体系得以实现的科学的世界。在这一世界中，现实、科学方法、科学的意识形态性、对象等要素共同构成了科学的整体体系。换言之，作为对现实的反映的科学的全貌，存在于此。对于自然科学的世界来说，这种全貌表现为自然辩证法（或可称为自然唯物论）；对于社会科学的世界来说，则表现为历史唯物论或唯物史观（或可称为历史辩证法）。接下来，我们将探讨这一点。

第六章
科学性的世界

　　科学对实在的认识（也即模写、反映）的最终阶段及其总结果，便是科学的"世界"，即科学性的世界。这是科学各个世界图像的统一体，也是科学性的世界观的客观内容。正如实在本身是独一无二的世界，这一科学的"世界"也理应是独一无二的，因为它代表了客观真理的内容。然而，正如存在可以被区分为自然和历史性社会（其区分的实在性依据及相互关联此前已述），科学也必须被根本性地分为自然科学和社会科学（后者包括历史科学及其他领域）。关于此区分的理由，同样已在前文中提及。因此，科学性的世界也可以原则上被划分为自然科学性的世界和社会科学性的世界。前者的特征以"自然辩证法"来表述，后者的特征则以"历史唯物论"（唯物史观）来表述。

　　自然辩证法与历史唯物论之间的联系，通过唯物辩证法或辩证唯物论实现。正是在严格意义上的唯物论或辩证法的框架下，二者的统一媒介才得以出现。从这一意义上讲，自然辩证法与历史唯物论可以被视为辩证唯物论的两个分支，分别针对自然与社会展开研究。然而，问题也正是由此而生。

　　毋庸赘言，我们可以思考一种"普遍的唯物辩证法"。这一普遍的唯物辩证法被认为是我们必须用以思考和表达事物的基本方式。这显然首先表现为一种思维的法则，即以唯物辩证法作为思维法则。当这一思维法则分别应用于自然（自然科学）和社会（社会科学）时，它们分别发展为自然辩证法和历史唯物论。由此可以进一步认为，唯物辩证法可以分为三个方面：一是作为思维法则的辩证法；二是这一法则在自然与社会中的具体化（特殊化、应用或其他形式）的自然辩证法；三是社会辩证法。

　　然而，这种表述方式包含了一种根本性的错误暗示。虽然表述本身可能无关紧要，但由这种表述引发的各种推论，掺杂了严重的谬误。归根结底，要使思维成为真正的思维，它就不能仅仅是观念、表象或空想，而必须是认识。换句话说，思维必须是对实在的反映与模写。因此，普遍思维的根本法则（即所谓的"普遍的唯物辩证法"）之所以能成为思维的根本法则，正是因为它反映并对应于实在的根本法则。由此可见，普遍思维并非一开始就作为某种自身独立存在的东西，而恰恰是作为对实在的具体认识以及人类总体经验的历史产物，最终被提炼出来。这一结果固然是所有认识的基础，但这一基础本身也是所有认识的产物。因此，从这里可以清楚地看出，认为思维的普遍辩证法首先独立存在，并且随后适用于关于自然的思维和关于社会的思维，从而形成自然辩证法与历史唯物论，这样的表述显然是错误的。

实际上，应当说，自然辩证法与历史唯物论必须首先通过某种过程得以形成（尽管这里也隐含着类似的问题），而思维的普遍辩证法则是从这一过程中抽象出来才得以成立的。如果不这样理解，那么"认识亦即思维是对实在的反映"这一唯物论的认识论基础将无法正当地确立其逻辑正当性。这将不可避免地使唯物辩证法掺入某种观念论的观点。

＊如果首先假定作为普遍思维的根本法则的唯物辩证法普遍存在，并尝试将其适用于关于自然（自然科学）和关于社会（社会科学）的思维，那么为了使这种方法可行，则必然意味着让辩证法在这两门科学中仅作为一种外在强加的方法。这种"强加式方法"如果被视为自然辩证法或历史唯物论，那便是一种被批评为"德波林①主义"的方法论主义。然而，这并不意味着要轻视自然辩证法与历史唯物论作为科学的实际方法所具有的意义。任何科学的世界都无法脱离科学方法而成立。忽视科学世界中方法的关键作用完全是荒谬的。同样，如果忘记了自然辩证法

---

① 德波林（Абра́м Моисе́евич Дебо́рин Ио́ффе，1881—1963），原名"越飞"（Ио́ффе），苏联马克思主义哲学家、苏联科学院院士。生于俄罗斯帝国乌皮那，19世纪90年代参与革命活动，1903年加入俄国社会民主工党布尔什维克，1907年转向孟什维克并成为格奥尔基·瓦连京诺维奇·普列京诺夫的门徒，1908年从伯尔尼大学哲学学院毕业，后开始以马克思主义的角度出版著作，曾参与出版《黑格尔全集》第15卷，20世纪30年代受到斯大林的批判。

与历史唯物论在科学研究中作为实际方法所扮演的重要角色，也完全是荒谬的。德波林本人尽管被称为方法论主义者，却未能强调科学中的实践性的研究方法的重要性，这正是他堕入所谓"客观主义"的原因。他将科学中的辩证方法仅仅视为一种客观的方法，即单纯想象对象的发展过程并进行复制的工具（参见 N. Adoratzki, Lenin, *Aus dem philosophischen Nachlass-Einleitung*）。

自然辩证法与历史唯物论本身，其实已经是自然科学与社会科学中的思维的普遍化表达。这些法则与思维的辩证法一样，都是从具体的科学认知中所提取的产物的普遍化。因此，正如思维的辩证法（普遍的唯物辩证法）并不先于自然辩证法与历史唯物论，自然辩证法与历史唯物论也不能先于具体的自然科学或社会科学认知而存在。并非先有自然辩证法与历史唯物论，而是先有那些形成这些科学法则的具体科学认知（包括对具体自然现象和社会现象的认识）。

然而，即便如此，如果不从自然与社会的具体现象的经验中提取具体的科学法则，并使这些法则反过来指导、统率后续经验，科学的进步便无从谈起。同理，从这些具体经验和科学法则中提取出的自然辩证法与历史唯物论，作为科学的普遍根本法则，也反过来应当能够指导、统率具体的经验与科学法则的发展。这是科学认识不可或缺的一环。当今科学，尤其以自然科学为例可以明显看出，其发展尚未完全达到能够自觉意识到这一点的阶段。这种现象恐怕可以被视为自然科学的特殊现象，是其在近代（以19世纪后半期为第一阶段，以20世纪至今为第二阶段）异常迅速发展的结果。然而，这并不意味着自然辩证法这一统一的自然科学世界体系是不可行或不必要的。自然科学最终必然会自觉认识到自然辩证法的不可或缺性。事实上，无论自然科学家自身是否意识到，自然科学不仅需要自然辩证法，而且实际上，如今即使在不完整的形式下，自然辩证法也已经被运用。

　　*或许有人主张，自然辩证法并无系统性。然而，这种观点的含义是自然辩证法并不拥有固定的模式，而并非它缺乏展开和联系的机制。而后者，正是真正的系统的意义所在。正如滚雪球并没有固定的形态，但正因如此，它能够在滚动的过程中逐渐壮大自身的系统。科学中的体系总是以这种意义存在。因此，必须注意，体系与方法本质上是相同的。这是为后续讨论提供的参考。

　　基于上述理由，我们才首次获得了从普遍意义上讨论自然辩证法和历史唯物论的正当权利。正如我们总是有可能从普遍意义上（作为普遍思维的辩证法）讨论唯物辩证法一样。然而，这一点需要再次明确，我们并不是通过"具体化"（应用、适用或特殊化）普遍唯物辩证法，来推导出自然辩证法或历史唯物论并进一步加以讨论。恰恰相反，我们是以相反的方式来进行的。正如"自然辩证法"或"历史唯物论"这样的抽象概念的"具体化",在这个意义上是无意义的一样,实际上,只有通过将自然科学或社会科学的各种认识内容在自然辩证法或历史唯物论中进行体系化并加以发展,并仅在这种意义上使其具体化,我们才能够从中抽取出自然辩证法与历史唯物论。人们通过将种种科学认知加以体系化并由此发展,从而抽象出自然辩证法与历史唯物论,正是在这种意义上,自然辩证法与历史唯物论分别表达了自然科学世界与社会科学世界的特征(如此抽象出来的代表部分)。

　　＊如果说"自然辩证法的具体化"是指将自然辩证法这一既定主题或话题加以具体化,那么这一点无可非议。

　　那么,自然辩证法与历史唯物论之间的关联如何呢?毋庸置疑,这种关联归结于这样一个现实的联系,即自然史贯穿于自然与人类历史社会之间。进化论(作为博物学意义上的自然史)是自然辩证法中最表面化、最易观察,同时也是最具内涵的一个实例,而根据马克思著名的解释,历史唯物论则可以被称作关于人类社会的自然史(博物学)。当然,两者之间的根本性区别无穷无尽,而且实际上极为重要(否则,用生存竞争或自然选择来解释社会现象,对无产者的研究来说,无疑是雪上加霜),然而,两者之间的根本一致性(贯穿对立的同一性)在此时却显得尤为必要。站在辩证唯物主义的立场上，这一点始终是一个不可忽视的根本命题。

然而，某些"马克思主义者"却拒绝承认历史唯物论之外的辩证唯物主义。也即他们不承认自然辩证法（如果直接引用恩格斯的措辞，便是"自然的辩证法"）。即使勉强承认，也只是将其视为自然科学这种人类社会历史产物（意识形态）中的辩证法，或者仅仅作为与自然相关的辩证法，是一种人类认知或主观态度。至于所谓自然本身存在辩证法，或者辩证法是自然本身的根本法则，在他们看来，是将辩证法神秘化，使其成为不可知之物，而实际上辩证法不过是一种形而上学的假说罢了。

＊格奥尔格·卢卡奇①的《阶级与意识》（*Klassen und Bewusstsein*）以及卡尔·柯尔施②的《马克思主义与哲学》（*Marxismus und Philosophie*），包括所谓的三木清③哲学中可以看到这种唯物史观主义。这种观点进一步发展出以下批评，例如马克思思想深邃而恩格斯浅薄，或者马克思与

---

① 格奥尔格·卢卡奇（György Lukács，1885—1971），匈牙利马克思主义哲学家、文学史学家、文学评论家和美学家。他是西方马克思主义的创始人之一，西方马克思主义是一种脱离苏联马克思主义意识形态正统的解释传统。他发展了物化理论，并通过发展卡尔·马克思的阶级意识理论为马克思主义理论做出了贡献。

② 卡尔·柯尔施（Karl Korsch，1886—1961），德国马克思主义理论家，或译科尔施。他与格奥尔格·卢卡奇、安东尼奥·葛兰西一起，被认为是20世纪20年代为西方马克思主义奠立基础的主要人物之一。

③ 三木清（三木 清，1897—1945），京都学派哲学家、评论家。京都大学哲学系毕业。曾师从西田几多郎和海德格尔。日本投降一个月之后在狱中死去，这使得盟军高层和当时社会大受震动。其作品《人生论笔记》（人生論ノート）曾风靡一时。

恩格斯的观点相互矛盾等（顺便一提，认为马克思对自然科学漠不关心的观点是多么毫无根据，这一点已经由梁赞诺夫①在其为恩格斯《自然辩证法》所作的解题中得到证明）。——恩格斯除了"自然的辩证法"之外，还使用了诸如"辩证法与自然科学""自然研究与辩证法"等表述（参见上述梁赞诺夫的"解题"）。此外，杜林②早在恩格斯之前便撰写了名为《自然的辩证法》（*Natürliche Dialektik*）的著作。

仅在主观与客观之间承认辩证法的田边元博士与西田几多郎③博士的理论，或者属于这一类，或者最终归结于这一类。前者在此意义上承认"自然的辩证法"，但主张所谓的"自然辩证法"并不成立。

不仅如此，这类观点最常被自然科学家自身所持有，这一点值得注意。无论是否承认自然辩证法，无论是否使用自然辩证法，自然辩证法对于自然科学研究到底能带来多大的不同？许多自然科学家主张，自然辩证法本质上是有害的，

---

① 达维德·鲍里索维奇·梁赞诺夫（Давид Борисович Рязанов，1870—1938），苏联革命家、马克思主义理论家。他也主导了对马克思和恩格斯著作的首次大规模编辑与出版工作。1931 年，梁赞诺夫受到叶梅利扬·雅罗斯拉夫斯基的攻击，并在大清洗当中遇难。

② 即卡尔·欧根·杜林（Karl Eugen Dühring，1833—1921），一位主张反犹主义、实证主义和社会主义的德国哲学家和经济学家，他也是马克思主义的强烈批评者。

③ 西田几多郎（西田 幾多郎，1870—1945），日本哲学家，京都大学文学院教授，是京都学派的开创者。他同时也是一位俳句诗人。

即便假设它并非有害，至少也是无用之物。这种自然科学家的常识性观点，毫无疑问成了自然辩证法否定论者的一大支柱。——然而，我并不打算在这里给这些自然科学专业人士做职业启蒙，因为这实际上绝非易事。同时，由于我没有足够的篇幅详细阐述辩证唯物主义的基本理论，因此也不打算说服那些以歪曲辩证唯物主义为基础的自然辩证法否定论者。相反，我认为自己有权要求他们解释：为什么自然辩证法就不应该成立呢？因为我想问：他们究竟打算如何命名一种统一的自然科学性的世界观？如果说现在有需要我承担解释责任的内容，那便是关于自然辩证法与历史唯物论之间的关联。

自然辩证法是表达自然科学性的世界的理论，而这个科学性的世界本身是对实在的一种最终模写。因此，自然辩证法是自然本身科学化的最终复制阶段。因此，自然辩证法首先必须指明并表达自然本身的根本性、普遍性规定。这首先意味着自然最根本的普遍规律（可以广义地称为其运动规律）。既然自然辩证法是自然最终阶段的普遍复制，那么自然本身必须将这一辩证法作为其根本性、普遍性的规定，也即是规律。如果从这一点来看，自然辩证法绝不属于历史性社会，而是属于先于历史性社会的自然本身。

如果自然本身并不具备辩证法，而辩证法却成为自然科学世界的根本特征，那么自然科学就会沦为一种完全不再以自然本身为研究对象的科学。自然科学又凭什么证明自己所描述和定义的东西并不是自然本身呢？

尽管如此，由自然辩证法所表征的这个自然科学性的世界，仍是科学方法与科学的社会性规定（在更深层次上是其意识形态性）的人类历史性产物。因此，自然辩证法不仅仅是自然本身的普遍根本法则，还必须是关于自然的认识，即自然科学的基本原则。换句话说，在这种情况下，自然辩证法既表明了自然科学的普遍方法（从而也表明了其体系），同时也表明了作为一种体系的自然科学成为一种意识形态（即社会结构中上层存在）的原因。因此，从这一点出发，可以说自然辩证法不仅是自然本身的辩证法，也是自然科学的辩证法。——而这两种规定（关于自然本身的规定与关于自然科学的规定）在同一个自然辩证法中统一，这正是自然辩证法能够表征自然科学世界的根本原因，而自然科学世界是自然这一现实世界的最终表现形式。

如前所述，自然科学的方法（一般意义上的科学方法）首先是由自然现象本身规定的，但同时也在第二层意义上被自然科学的社会性规定和意识形态性所规定。因此，作为"自然科学的辩证法"的自然辩证法，其作为方法的规定部分，也必然包含了被意识形态限定的性质。这意味着，自然辩证法不可避免地始终具有历史性社会性存在，即属于社会的显著方面。因此，这种自然辩证法从根本上来说不能脱离历史唯物论的内容，二者之间内在地存在着联系。这里揭示了自然辩证法与历史唯物论之间的第一个关联点，即自然辩证法本身包括与历史唯物论一致的某些方面。自然科学是一种意识形态，因此在这一层意义上，它的辩证法也直接归属于历史唯物论的范畴。

然而，这并不是全部。自然与社会的自然史性质的关联，其根本在于劳动的作用。自然的发展之所以能够上升到人类社会的层次，即猿与人的区别根源在于劳动（尤其是生产及生产工具的制造）。如前文所述，劳动工具的体系本质上是技术性体系。因此，自然与社会之间的自然史性关联，正是通过这一技术性体系（姑且称之为"技术"，尽管前文已指出这一术语并不完全准确）而得以实现的。同样，自然被社会所吸纳，也正是通过技术手段完成的。自然通过存在于社会中的技术逐步被掌控和利用。因此，自然与社会的所谓"社会性关联"也是通过技术实现的。——作为自然科学的辩证法的自然辩证法所包含的社会性规定性和意识形态性，实际上离不开技术。

> ＊参见恩格斯《劳动在从猿到人的转变中的作用》，收录于《自然辩证法》（岩波文库版）或《马克思主义与自然科学》（奥托·扬森编）。——为了避免陷入技术主义的误区，这里需要指出，这一过程并不完全等同于所谓"技术的作用"。

也就是说，自然科学与技术学本质上具有同一性。显然，两者离开技术都无法存在。然而，这种"技术性"，即劳动手段的体系，恰恰是社会科学的研究对象，因此也必然属于历史唯物论的范畴。所以，作为自然科学的辩证法的自然辩证法，通过技术这一媒介，与历史唯物论的某些部分形成一致性，这正是自然辩证法的一个重要侧面。——这构成了自然辩证法与历史唯物论之间的第二个关联。

由此引申出一个新的问题：自然本身也必须被赋予一个新的规定。这是因为，技术作为历史唯物论和自然辩证法（自然科学的辩证法）的共同领域，本质上是掌握和改造自然的领域。因此，有必要考虑通过技术被掌握的自然。显然，这仍然是自然本身，但在被技术掌握之后，它已不再是单纯的自然，而是社会的物质基础，同时也属于社会的存在领域（如发电站、种植林、道路、桥梁、堤坝、港口建设等）。显然，这部分是自然本身与社会的交会领域。

因此，所谓的自然本身的辩证法，在这一部分上与历史唯物论并无实质性的区别。也就是说，历史唯物论的一部分属于自然辩证法的范畴，而自然本身的辩证法的一部分也属于历史唯物论。这就是两者之间的第三个关联（从这一第三关联可以推导出，自然本身的辩证法的一部分——但绝非全部，这一点不能忽视——通过与历史唯物论的一部分相重合，其实质也不再与自然科学或技术学的辩证法有区别。——这便是自然本身的辩证法与自然科学的辩证法之间的关联）。

自然与社会之间拥有一个贯穿始终的自然史性质的关联。因此，自然辩证法与历史唯物论之间的关联在一般意义上是必然的。其具体内容，正如以上所述。

　　*在作为自然科学性的世界的自然辩证法问题上，由
于侧重因素不同——更侧重于反映的因素（realiter），还
是更注重构成的因素（idealiter），自然辩证法与历史唯
物论之间的权重会有所不同。在前一种情况下，自然辩证
法毫无疑问是历史唯物论的基础。然而，在后一种情况下，
自然辩证法的当下性和现实性内容却反而受到历史唯物论
的引导。马克思首先完成历史唯物论的构建，这一事实需
要从后者的这种契机来解释。然而，我们不应忘记，科学
认识的发展本质上总是从对近在眼前的对象的观察出发，
追溯到对象本身的真实面貌。

接下来，我将简要阐述自然辩证法的内容。

　　*关于自然辩证法的主要参考文献包括恩格斯的《自
然辩证法》和《反杜林论》，以及列宁的《唯物主义与经
验批判主义》（均有岩波文库版本的译本）。除了作为一
般唯物辩证法教程的一部分的内容之外，独立探讨自然辩
证法的文本相较于历史唯物论的文本极为稀少，几乎可以
说近乎没有。较为系统的参考书有高尔恩施坦的《辩证自
然科学概论》以及冈、吉田、石原合著的《自然辩证法》
（收录于《唯物论全书》中）。此外，还可以参考马克西

莫夫①的《列宁与自然科学》（桝本译）以及德波林的《辩证法与自然科学》（笹川译）。

恩格斯的自然辩证法，尽管与黑格尔的自然哲学存在根本对立，但绝非与后者毫无关联。而黑格尔的自然哲学则与谢林和康德有直接的关系。因此，对自然辩证法的历史考察如果脱离近代自然哲学史，就难以完整。——然而，康德的自然哲学（除去他的天体演化学说，尽管康德本人并未将其纳入真正的自然哲学之中）意味着确立牛顿物理学（或力学）的形而上学原则。换言之，康德的自然哲学问题在于，如何能够在牛顿的力学范畴基础上寻找先验的原理。这并非关于自然本身的历史过程（以广义的意义涵盖运动）的探讨，而是完全独立于自然的、通过理性主义思辨构建根本概念的尝试。这一点在谢林的哲学中亦未有改变。在谢林的理论中，自然的极性（polarität）及其所导致的潜能（potenz）的提升构成了贯穿自然的一种运动（其中存在某种形式的辩证法）。然而，这种理论大部分仅仅建立在极具浪漫派风格的（源自费希特的）幻想基础之上。更何况，即使是这样，在谢林的哲学中，自然也并未被描述为其自身历史过程的一部分。黑格尔的情况同样如此。在他的自然哲学中，自然的辩证法体系并非依据自然自身的运动展开，而是依循概念自身运动的

---

① 原文"マクシーモフ"，应当是苏联理论家。

次序进行分阶段的排列。

    ＊参见康德《自然哲学原理》（户坂润译）。参见《谢林全集》（慕尼黑纪念版）中的相关论文。

在自然哲学中发现历史性过程这一辩证法的根本性质的，实际上是康德的天体演化学说。而另一方面，提出有机界历史进化过程这一观念的则是布丰等人。——然而，无论是哪一方，当时都尚未拥有足够的、能够将这一思想提升为"自然辩证法"这一观念的自然科学现实依据。为了使自然辩证法的观念能够在自然的历史性发展的思想下产生，人们不得不等待，直到19世纪后半叶自然科学开始显著发展的时期（恩格斯关于自然辩证法的最初笔记《辩证法与自然科学》始于1873年）。

我现在并不打算在此系统性地叙述自然辩证法。试图在此刻突然将尚未充分系统化的东西进行系统化，无疑是一种相当冒险的行为（在这一点上，与历史唯物论的情况有所不同）。我的目标仅仅是选取自然辩证法中若干具有特征性的要点，以便初步形成一个大致的视野。而这一叙述的出发点，则是自然自身的历史性进程。——然而，自然究竟是什么？

关于自然，自古以来，自然哲学家乃至哲学家有着各种各样的考察。从广义上讲，可以将其称为物质。自然，即客观存在——独立于主观而存在的存在——在哲学意义上即为物质，这一直是唯物论的基本命题。然而，我们首先需要注意到，自然这一根本的第一规定本身就是辩证法性质的。柏拉图的质料（即哲学意义上的物质）通常被认为是"无"（或者是场所、空间）。这确实意味着，它在某种意义上必须是"无"，而非单纯的"有"（"存在"）。然而，正如近来的哲学史研究者们所指出的，这种"无"并非单纯的虚无，而是指一种充满丰盈、无法通过"有"的明确形式加以完全限定的东西。因此，这种来自非"有"的"无"不仅不是无，而是压倒性的"有"。由此可见，作为哲学范畴的物质——存在（即有）——是所谓的"有"与所谓的"无"之间矛盾所构成的古典综合概念。

　　*关于哲学意义上的物质概念的发展与特征，可参阅拙文《关于"物质"的哲学性概念》（载于《唯物论研究》第 26 期，收录于《户坂润全集》第三卷）。

　　物质的哲学范畴，随着认识的历史发展，逐渐具体化或特殊化为物理学的范畴。然而，在讨论作为物理学范畴的物质之前，有必要注意物质（自然）的以下根本规定。即物质以运动为其根本特性。没有运动的物质，不可能被称为物质。——然而，运动作为辩证法的典型案例，自芝诺[①]以来便为人所知。因为运动本身就是物质在某一特定位置上的存在与非存在、有与无之间的绝对矛盾的现实统一与扬弃。物质作为有与无的辩证统一，但在此时被认为是处于某一场所中的物质，于是，物质本身在其场所中处于有与无的统一，即运动之中。然而，这仅仅是将运动局限于某种物体的机械的、空间性的运动，而事实上，运动具有更广泛的含义。因为物质自身的变化、发展、转化，正是物质固有的运动的意义所在。这就是一定状态下的有与无之间的辩证法，可以用黑格尔的"生成"（werden）范畴加以表达。

＊需要注意的是，这里并未直接援用黑格尔的辩证法。因为黑格尔的有—无—生成的辩证法中，包含了黑格尔辩证法所特有的困难。

关于物体的空间性运动，我们稍后再讨论。在此之前，需要处理的是这种运动（变化、发展、转化）的物质进一步的规定。物质存在于空间中，并在时间中运动。然而，空间这个范畴本身也具有对立者的矛盾性统一。空间在某种意

[①] 埃利亚的芝诺(Zeno of Elea, 约前490—约前430)，古希腊哲学家，出生于埃利亚。他以提出了四个关于运动不可能的悖论而知名。他创造这些悖论是为了支持他老师巴门尼德的理论。他认为世界上运动变化着的万物是不真实的，唯一真实的东西是巴门尼德所谓的"唯一不动的存在"，所以"存在"是一而不是多，是静不是动。

上是不存在的，因为我们无法抓住空间。它可以被任何物体自由地占据，即durchdringen（渗透）。然而，这是否意味着空间完全是无呢？显然不是，事物的形状正是空间的表现。空间如同光一般：光本身并不发亮，但光照射到的物体却能发亮。时间也有类似性质。时间通常被认为是流动的，但事实上，时间是静止的，其上的物体才得以流动。时间虽然与永恒相对立，但时间本身也必须被认为是永恒的静止。时间必须是无始无终、永远不闭合的线，但因为是永恒的静止，所以又必须是闭合的，诸如此类。——而这样的空间与时间，尽管彼此对立，且永远相互矛盾，但在空间性的运动中，却现实性地实现了统一。

　　然而，以上所述仅限于所谓自然辩证法的哲学性部分，旨在指出自然中的哲学诸范畴的辩证法特性。这种关系在自然科学的范畴中则以更具体的形式呈现出来。不过，范畴即根本概念作为现实的反映物这一点，此处不再赘述。

　　＊辩证法的规定常被列举为质变转化为量变及其逆过程、对立物的统一、否定之否定、对立物的相互渗透等。在此无法逐一按照这些规定来探讨范畴。由于对自然科学性的世界统一中的辩证法而言，对立物的统一最为重要，本文暂以此为代表进行讨论。

具体化并特殊化为物理学范畴的物质即为物体。通常，物体被视为实体。根据原子论，物体是由微粒组成的。然而，依据德布罗意和薛定谔所创立的波动力学，物质被认为是一种由物质波以特殊方式组合而成的现象。早在关于光的研究中，粒子性（光子，源自牛顿）与波动性（惠更斯）就已被视为对立特性。直到近代，随着电磁波及一般辐射的研究的发展，光逐渐以波动性解释为主。然而，随着普朗克发现能量以量子形式存在（表现为一种微粒性单位），光粒子的存在也被阿尔伯特·爱因斯坦进一步证实。因此，光与物质作为一般能量的表现形式，开始被赋予统一的规定性。由此，光的波动性特质也得以被归结到物质。于是，物质既是粒子也是波动——这一在历史上互为矛盾且互不兼容的特性，最终在辩证统一中得以实现。这一过程从普遍意义上看，证明了断续性与连续性的辩证统一。数学领域中，乔治·康托尔[①]的集合论从断续性出发，推导出了连续性（及无限或超限概念）。在今日，这两种规定的对立以直观主义和形式主义的形式呈现：直观主义（布劳维[②]）主张依赖连续的直观，而形式主义

[①] 乔治·康托尔（Georg Cantor，1845—1918），出生于俄国的德国数学家（波罗的海德国人）。他创立了现代集合论，建立了实数系以至整个微积分理论体系的基础，还提出了势和良序概念的定义；康托尔确定了在两个集合中的成员，其间一对一关系的重要性，定义了无限且有序的集合，并证明了实数比自然数更多。康托尔对这个定理所使用的证明方法，事实上暗示了"无限的无穷"的存在。他定义了基数和序数及其算术。

[②] 指勒伊岑·埃赫贝特斯·扬·布劳维（Luitzen Egbertus Jan Brouwer，1881—1966），荷兰数学家和哲学家。他是数学直觉主义学派的代表人物，也在拓扑学、集合论、测度论和复分析领域有很多贡献。

（大卫·希尔伯特[1]）则诉诸公理体系的机制，主张机械论。直观主义的神秘主义与形式主义的机械论之间的矛盾对立，只有通过辩证法才能最终被扬弃。然而，当代数理哲学尚未发展到足以实证这一观点的阶段。

　　＊关于这一点，可参考《现代原子理论》（*Heisenberg-Schrödinger-Dirac*，1934）。

　　另一方面，有人曾惊呼物质已被空间消解从而消亡。根据相对论，物质、重力、电磁力及其他的势能，都可以归结为宇宙空间的各种弯曲和拉伸。然而，实际上，这种空间（物理性的乃至力学性的空间）与单纯的几何学空间不同，实际上它本身具有物质的内容。以太这一物质概念最早就是在这一点上被消解的。力场就是这一空间的含义，而这一"场"本身也是物质的新概念。因此，物质通过场的概念与空间实现了统一。同时，相对论中空间规定和时间规定之间的内在联系——对立统一——是非常著名的。

　　＊关于空间概念的分析，参见我在《哲学》（岩波讲座）中的文章《空间论》（《户坂润全集》第三卷所收）。——

---

[1]　大卫·希尔伯特（David Hilbert，1862—1943），德国数学家，是19世纪末和20世纪前期非常有影响力的数学家之一，被誉为"现代数学之父"。他提出了希尔伯特空间的理论，该理论是泛函分析的基础之一。他充满热忱地支持康托的集合论与超限数的研究。

然而，必须注意到，最近量子力学的发展在自然科学中产生了关于空间描述的怀疑。例如，参见尼尔斯·玻尔[①]的《原子理论与自然描述》（1931）。——但我认为，这只是意味着物理学中传统的空间概念必须做出改变。

物或者物体是一个个体。而在此情况下，终极的个体在广义上就是原子[②]（电子、中子、正电子等）。原子曾经意味着无法再被分割的东西，的确，这在某种程度上是个体（不可分割之物——individuum）在物理学中的意义。然而，生物在不同的意义上，拥有个体的特性。生物的个体从物理学上来看，可以被无限分割。细胞可以进一步分割成细胞核、染色体、细胞膜等。然而，尽管如此，它仍然是生物学上不可分的个体，即有机体。在有机体中，被认为不可分的东西，不再是单纯的物质或物体，而是通过高度发展的物质合成所形成的生命。

关于生命的概念，机械论与生气论（Vitalism）的对立，或非整体论与整体论的对立，都是有名的。这一矛盾的克服，完全依赖于唯物辩证法对生命现象的作用。在这里，神秘主

① 即尼尔斯·亨里克·达维德·玻尔（Niels Henrik David Bohr，1885—1962），丹麦物理学家，1922年因"他对原子结构以及从原子发射出的辐射的研究"而荣获诺贝尔物理学奖。玻尔发展出原子的玻尔模型。这一模型利用量子化的概念来合理地解释了氢原子的光谱。他还提出量子力学中的互补原理。20世纪20年代至30年代间量子力学及相关课题研究者的活动中心，哥本哈根大学的理论物理研究所（现名尼尔斯·玻尔研究所），也是由玻尔在1921年创办的。

② 同上。

义与机械论的扬弃统一，仍然只能通过自然辩证法来实现。生命本身就是辩证的，因此，新陈代谢、疾病治疗、出生与死亡等现象，在常识上都在告知我们这一点。

　　*关于这一点，参见我在《生物学》（岩波讲座）中的文章《生物学论》（《户坂润全集》第三卷所收）。——此外，关于自然辩证法在这一领域以及其他领域的问题，参见我在《意识形态概论》和《现代哲学讲义》中的相关章节。

　　然而，我们必须回忆起物质的第一规定是运动。也就是说，物质会发生变化、发展和转化。这正是物质本身的辩证法、自然本身的辩证法的首要意义所在。宇宙，从天体到地球，以及地球上的各种物质和生物（甚至包括人类社会）都是一个时间性过程。宇宙、物质、自然，都将这种历史性运动作为其根本法则。自然的历史性运动正是自然辩证法最根本且最具代表性的实例。

　　在此，时间具有特殊的意义。哲学家对时间有着各种不同的看法：心理时间、人类历史（历史学）时间、神学时间，以及物理学时间。然而，其中最根本的是最后的物理学时间，其他时间观念实际上都源于此。正是这种宇宙性时间，为一切存在（不仅是自然，还包括人类社会的历史）赋予了秩序。这可以说是自然辩证法的核心所在。——通过自然科学发现的自然法则，无一不是在这种宇宙性时间中进行的。因为自然的根本法则正是自然在其变化、发展、转化的运动中表现的自然辩证法。

然而，用以表达这种宇宙性时间中的根本关系的根本法则（这正是自然辩证法的主要场域）包含两个问题：一个是因果性，另一个是宇宙进化理论。——必须指出的是，因果性是历史性存在不可或缺的内部结构。历史过程与仅仅并置的秩序的区别在于，它是过程、变化，并且在这种意义上，前后之间存在一定的连续性关系。宇宙时间是连续的。在这种过程、变化和连续的基础上，一切的现状维持、静止以及割裂才成为可能，而这些之所以可能，全然依赖于宇宙性时间所串联起来的历史连续性。因此，这种前后连续的（不连续性也只有在其基础上才得以成立）关系，通常被称为因果性。——但如果对因果性加入机械论性质的理解，则它就变为决定论或宿命论。按照这一观点，一切个体事物都被机械的必然性绝对固定地完全规定。这种因果性，即因果必然性的观念，作为形而上学的概念，已经被海森伯的量子力学中不确定性原理证明是无法成立的。因果性不过是唯物辩证法所阐明的一般必然性（它无非是贯穿偶然性和可能性的，在本质上只是一个现实性的要素）的一个物理学实例。因此，从这一点来看，自然科学中的因果性观念必然会导向唯物辩证法的理解。

＊参见 维尔纳·海森伯《量子论的物理原理》（1930）。
从这一点来看，那些企图诋毁唯物论的所谓偶然论者的错误显而易见。——然而，"我实在告诉你，今日你将与我同在天国"[1]。

关于宇宙进化，本书可以简要提及两个方面：一是天体的进化理论（例如康德–拉普拉斯的星云假说及其后的宇宙理论——这一理论在现代从多方面取得了长足进步，成为物理学研究的重要源泉之一）。二是生物的进化理论（这一理论与地球自身的进化研究相并行——涉及生物学、古生物学及地质学）。尽管这一主题极为重要，但由于篇幅限制，此处不得不略去细节。然而，我们不应忽视地球上动物的进化最终来到人类社会形成的阶段（埃斯皮纳斯[2]将其称为"动物社会"），这是自然本身的辩证法的领域。而栽培植物与饲养动物，则是技术上被人类掌控的自然本身，它们实证了自然辩证法的有效性。——自然辩证法（自然科学性的世界）与历史唯物论（社会科学性的世界）之间的统一性关联正体现在此。

以上讨论的自然科学基本概念贯穿了自然科学的历史性发展。我们所考察的各种范畴的辩证法，只有在科学发展的历史过程中，才能作为整体体现出统一性。因此，建立各

[1]　引自《圣经·新约》中的《路加福音》。
[2]　指阿尔弗雷德·维克多·埃斯皮纳斯（Alfred Victor Espinas，1844—1922），法国思想家，以对尼采产生影响而闻名。他是孔德和斯宾塞的学生。虽然最初是实证主义的追随者，但他后来成了一名坚定的现实主义者。

门自然科学之间的统一联系，也并非难事。这正是自然辩证法在一个自然科学性世界中所被最终要求的事。然而，这一问题可划入此前提到的科学分类问题及其他相关探讨来统一处理。

  *不过，值得注意的是数学在自然科学性的世界中所占的科学地位。现代数学（包括综合数学、数值分析和几何学）的显著特点在于，它试图构建一种有意识地独立于经验和实在的体系。然而，不论数学家的主观意图如何，各种数学客观上被应用于物理学的事实又说明了什么？（例如度量几何和分析方法用于物理学理论，群论在量子力学中的应用，张量演算用于相对论，以及矩阵方法在量子力学中的应用等。）数学的本质必须从其计算和测量的基本特性来理解。唯有如此，才能实现对数学整体的历史性（辩证法的）理解。计算方面发展为算术、代数和微积分，而测量方面发展为各种几何学。在这一过程中，实在与数学之间的基本联系显现，自然科学与数学之间的基本关联也因此而得以确立。至于其他更高级或更抽象的数学形式，无非是其历史发展中的派生物。因此，从历史的角度来看，数学可以被视为自然科学的一种。至少，将数学视为一种先验的纯形式科学，并将其绝对地从自然科学中隔离开来的观念，已失去了其合理性。

　　自然辩证法就论述至此，接下来我们将转而论述社会科学性的世界的特征——历史唯物主义。

　　*以下内容大致基于我的文章《唯物论与马克思主义社会学》（收录于岩波讲座《教育》中的《现代唯物论讲话》中的"社会科学论"一章），对其进行了修订。——历史唯物主义的依据有很多，不胜枚举。而涉及这一内容的教程也非常多。因为作为历史唯物主义的社会科学性的世界，如今已经在某种意义上构成了一个体系，并且在不断发展。

　　为了方便起见，接下来将历史唯物主义也即唯物史观分为定论（体系）和方法两部分来阐述。首先是关于历史唯物主义的定论。

　　历史唯物主义的问题从人类存在这一事实开始。人类在其时代所特定的物质生活条件下，展开行动和生活。这里，人类生活的过程可以简单地说是以"吃"和"生"作为其物质基础。换句话说，人类的生活过程是生产生活资料和新个体的过程，简言之，就是这样的物质生产构成了其基础。然而，将人类生活与其他动物生活区分开来的，不是人类具备生产个体的能力，而是人类能够卓越地生产生活资料，即通过劳动来生产生活资料，而又通过（由劳动生产出来的）劳动手段乃至工具的生产，再来生产生活资料，这一特征正是其区别所在。然而，这种人类劳动所进行的物质生产，尽管对每个个体而言，最初是作为既定的，即独立于他个人意志自由的客体存在的，是在各种自然和历史条件所规定下，才最终以一定的社会性和具体形态出现的。

＊这一劳动手段的体系，正如前所述，是"技术性的事物"，也即构成技术性的领域。

人类通过劳动进行的物质性生产——虽然它已经脱离了个人意义，成为一种社会性的活动——但其中除了劳动手段，还必须有劳动对象。劳动手段与劳动对象共同构成了生产的手段。而运用这些生产手段的，是人类的劳动能力。当我们不是抽象地，而是在一定的、特定社会发展阶段中，以具体内容来看待劳动能力、劳动手段和劳动对象时，这些共同构成了生产力（马克思所谓的"抽象的人类劳动"所具有的"劳动能力"，也是在一定社会条件下，具体化为具有内容的生产力的一部分）。

然而，无论是劳动手段还是劳动对象，对生产的个人而言，都是自然与历史所给予的条件。劳动手段的进一步发展，或者劳动对象的进一步产出与发现，都受到这些既定条件的制约。不仅如此，虽然生产手段的发展在其每一部分上，可能依赖于个人的有意识的努力，但在整体上，对每个个人来说，它已经成为一种无法凭个人意志左右的客观存在。生产手段从"普遍意义上的个人"这一假设来看，似乎是由个人自由发展而来的，但对于真实的每一个个体，它的演进是独立于个人意志自由的。生产手段作为一种超越个体的、社会的、客观的，并具有历史发展的存在，应当被如此表述。正是基于此，生产力不仅在其材料上具有物理学（例如机器、工具、工厂）或生物学（例如人类劳动能力）上的物质性，而且在其刚才提到的客观性意义上，也必须是物质性的。因此，生产力必然是一个唯物论的概念。

这种物质的生产力的既定条件，造就了社会中的一定的生产方式。而这种生产方式又形成了与之相对应的、一定的物质生产关系。这种生产关系构成了所谓经济关系的本质，并成为社会关系的基础结构或下部构造。在这里，社会的物质基础得以展现。——经济学由此而建立。

社会中的生产关系伴随着财产的所有关系。当这种所有关系在社会中被意识化，并作为个体之间需要相互承认的一种公共关系时，它就转化为法律制度。当然，从法律条文的表面形式来看，法律并不总是直接规定所有关系，但从法律制度的本质来看，它不过是为了合法化既定的所有关系而形成的一个体系（法律学的领域）。——然而，从表面上看，法律制度并不总是直接显现出经济性的所有关系，这种现象出现的原因在于，法律并不直接表达这些关系，而是通过政治制度这一关系进行传达。然而，政治制度实际上正是为了维持并强化既定的生产关系和所有关系而存在的，是人类行为的一种实践形式。通常意义上的政治，是指个体或群体通过某种依赖于物理性的威压手段，支配其他个体或群体，以维持其所处的既定社会秩序。而这种被认为是社会秩序的事物，实际上就是社会中的所有关系。生产这一人类的实践活动作为物质体系固定下来后便成为所有关系，政治这种高度复杂的人类实践活动固定下来后便成为社会秩序。由于生产是社会中的生产，这一事实决定了它必然以所谓政治的形式表现出来。法律则是这种政治制度的观念性依据。——政治学由此而建立。

法律制度乃至政治制度是作为社会物质基础或下部构造的经济关系，即物质生产关系的必然结论。然而，尽管如此，法律制度和政治制度并不等同于经济关系本身。它们是由经济关系本身所规定的，只有在这种关系的基础上，才能取得一定的形态。因此，它们可以被看作对经济关系的覆盖，或者说是被社会的下部构造所制约的上层建筑。

法律与政治作为社会的上层建筑，与下部构造区分开来的关键在于，下部构造所对应的人类实践（即生产）及其固定化为物质体系的生产关系，在上层建筑中被特别地意识化。无疑，任何形式的人类实践，无论是生产还是劳动，都离不开意识；但当这些本就具有意识性的实践进一步被意识化到更高层次，形成更为复杂的其他类型的实践时，就会演变为政治实践以及立法和司法的实践。因此，关键之处在于，政治与法律不仅是意识的产物，更是某些特定事物被特别意识化的结果。当某些事物被意识化时，这意味着一种尚未被意识到的事物被纳入意识领域。这一过程本质上是未被意识到的物质性事物向意识性事物的转化，即物质性事物进入意识世界。因此，作为上层建筑的法律与政治相较于物质性的下部构造，具有意识与观念的特性。

然而，这种意识并非抽象意义上的普遍意识，而是受到各自社会特定的物质性下部构造制约的特定意识，换句话说，是特定的意识形态或观念形态（这些观念形态作为社会的上层建筑，通常被称为意识形态，即"ideology"。这姑且可看作文化科学的领域）。

意识形态不限于政治与法律，还包括社会中所有形式的意识和观念形态。只有当这些意识和观念作为意识形态被理解时，才能统一地揭示其相互关联性。因此，除了政治制度与法律，我们还应该区别出其他类别的意识形态，如道德、宗教、科学、哲学、艺术等。这些被称为"文化"的领域同样作为上层建筑的一部分，最终是由社会的下部构造，即物质性的生产关系所决定的。因此，文化不应仅作为文化本身来理解，而应作为文化形态来理解，这正是其作为意识形态的本质。事实上，各类文化不仅直接由生产体系所决定，还常常通过政治或法律，或者通过一定的政治思想或法律精神作为媒介，被间接决定。而归根结底，这些文化形态仍由生产关系所决定。这便是文化科学、精神科学以及哲学研究的领域。

如果我们讨论社会中不属于法律、政治，也不属于所谓文化范畴的人类心理（狭义上的意识），那么这同样属于意识形态的一部分。这便是心理学的研究领域，包括民族心理学、群体心理学和个体心理学等。

以上所述即是历史唯物论对社会层次性结构的基本描述。这种结构可以视为社会的"静力学"构造。如果将其用一句话总结，那就是：社会的物质性下部构造决定并规制社会的精神性上层建筑。换言之，并非人类的意识决定社会的客观存在，而是社会的客观存在决定人类的意识。这一观念体现了唯物史观定论中唯物论的要素。

然而，社会始终是历史性的社会，是一种不断通过组织重构来进行生命活动的存在。因此，其"静力学"构造必须被重新纳入与之相应的动力学视角中去审视。迄今为止，以静力学方式描述的社会构造，其实并非一种单纯的静止关系（即所谓的构造），而必须要理解为，这一静止构造自身处在不断被重新组织和改造的过程中，这一过程自身就是其构造。当我们说社会的下部构造决定上层建筑时，这并不是指后者位于前者之上，这种解读将流于无意义的同义反复。而是说，当社会整体在历史中运动时，这一运动首先从下部构造开始，而后引发上层建筑的运动，从而使得整体运动得以在统一中被分析和理解。因此，作为辩证唯物论一部分的历史唯物论的定论，不仅仅将社会视为具有一种物质性本质，更需要将这一物质性的社会视为具有历史发展的辩证法本质。历史唯物论的定论中的唯物论要素，必然要与辩证法要素相结合。由此出发，我们无法仅仅停留于唯物史观的定论（体系），而必须将唯物史观的方法融入其中。

历史唯物论作为方法，一方面是辩证法性质的方法，另一方面是唯物论性质的方法。现在将这两个规定适用于历史唯物论中的基本观念——决定与规定的概念——进行检讨。

作为辩证法性质的方法的历史唯物论，彻底排斥将存在、社会视为固定的、静止的事物的看法。所有的存在都以辩证的、历史的方式不断地运动、变化。因此，在此意义上，无条件固定的、超历史的永恒本质是不存在的；因此，也不存在那种所谓的本质关系的永恒结构。辩证法恰恰是这种机械性见解的彻底对立面。（人们或许可以暂且通过考察马克思主义的方法在这一点上与现象学方法——尤其是E.胡塞尔的现象学方法——的对立关系而获得更深入的理解）。因此，社会的下部构造决定和规定社会的上层建筑这一点，与上述意义上的"本质性"结构完全不同。

然而，运动和变化在某种意义上必须规定某种不变化的东西，否则就无法被称为运动或变化。如果不这样，对事物的历史性与辩证性的观点最终只能沦为历史主义或相对主义的观点。然而，这种不变的东西，却并非那种无条件永恒的所谓——现象学意义上的——本质，而是与变化的事物保持统一，与之保持辩证统一的、不失去联系的"不变者"。也就是说，这种本质必须贯穿于变化事物的各种现象形态之中。——按照唯物史观的辩证法方法，决定与规定的概念是历史性的决定与历史性的规定的概念。因此，它实际上必须是因果关系。（关于因果性的讨论，请参见前文。）

社会的下部构造不仅仅是位于下部的事物，是上层建筑的规定者，它还必须是上层建筑的历史性原因，因此，上层建筑在相同的意义上，必须是下部构造的历史性结果。社会中这种动态的因果关系的截面，即是社会的静态结构。这就是该方法的辩证法要素所对应的内容。

接下来，沿着该方法的唯物论要素，探讨规定与决定的概念。人们常说，社会确实既有精神部分也有物质部分，但仅认为物质部分决定和规定精神部分是片面的，同时，精神部分也决定和规定物质部分，这也是事实。如果是这样，社会这两个部分的决定与规定关系，就必须是一种交互关系（wechselwirkung）或者相互关系（korrelation）。确实，这在历史性社会的现象中是事实。然而，社会科学的问题在于，如何对这些现象进行统一的分析，也就是说，如何从其本质来解释这些现象。因此，为了找到这种本质，我们必须找到区分这些现象的现象形态，即规定和决定这些现象的形态的本质。而通过这种方式找到的本质，正是社会的物质性下部构造——生产关系。如果仅从部分上看待历史性社会的存在，无论何处，物质性事物与精神性事物都会处于交互决定的关系中。然而，为了整体性地、统一性地、形态性地理解这些现象，这种认知并不起作用。在个别现象中或许存在交互决定，但在统一的现象形态中，最终只会留下单方面的——唯物论的——决定关系。否则，我们既无法展开社会的历史过程，也无法追溯其源头；社会的历史性认知与社会中的政治实践也将成为不可能。这就是为什么说，意识形态最终由社会的下部构造决定和规定。这正是历史唯物论方法中唯物论要素所对应的内容。

在进行了以上的准备之后，我们便可以稍微深入探讨历史唯物论的核心。

根据历史唯物论，社会是一种历史性的发展产物，社会是会发生变化的。当然，社会的变化并非简单的突变，但也并非单纯的渐进性转变。从量的角度看，渐进的推移通过一定量的积累，导致质的变化，即质的对立，也即质的飞跃。社会以辩证法的方式发展，这种发展通过分裂中的统一迈向新的阶段。这种发展依靠矛盾以及矛盾中的统一，以矛盾的、辩证的统一为动力而运动。社会的历史以矛盾为其动力。

然而，作为历史动力的这种矛盾，并不像黑格尔所设想的那样存在于概念之中，也不存在于我们的意识或自觉之中。它恰恰潜藏于社会中作为历史性原因的物质性下部构造之中，更具体地说，潜藏于生产关系的内部。因为，物质性生产关系本质上是由物质性生产力所形成的一种特定形态的关系。而当处于一定发展阶段的生产力以与之相应的特定生产关系得以客观化和具体化时，即使生产力自身在之后自然地继续增长，生产关系也往往保持固定不变。这种曾经与生产力相适应并为之服务的生产关系形式，反而会转化为阻碍生产力发展的枷锁。于是，物质性生产力与这种特定的生产关系之间便产生了矛盾。因此这种特定的生产关系内部开始孕育出否定性的契机，即在其内部生长出可能的新的生产关系。这便是生产关系内在的物质性矛盾。社会及社会存在的一切历史性发展，归根结底，无非是内在于物质性生产关系的这一矛盾的扬弃与重新分裂的辩证过程。而对这一过程的描述，正是历史唯物论作为社会科学内容的实质所在。

或许有人会问：最终的物质性生产力是如何成长的呢？它若不依赖于人类的知识与技术，又怎能得以发展？如此看来，它也必然具有一定的观念性特征，为何却必须被视为特别的物质性呢？对此问题，我们已经做出过解答：作为社会中的生产力，它不可能像纯粹的自然力那样有着完全不带观念性的侧面，这一点是显而易见的。然而问题的核心在于，如何通过这种生产力的客观性——物质性、自然性——的成长与生产关系之间的矛盾，来解释社会历史发展的整体性。社会并非树木或石块，但若不从物质性这一要素出发加以说明，就无法使其具有系统性。

毫无疑问，人类社会的历史发展是存在的自然史高度发展的产物。因此，人类历史从这一意义上来说，实际上拥有作为其基础的自然史（博物学），并且社会的历史本身以自然史为其时间上的前提条件。一般所称的达尔文主义，即进化论，正是在这一基础与前历史性的时间点上，与历史唯物论有所交会。然而，历史唯物论的真正问题始于对人类社会生活原始条件及其发展的研究。在这一领域中，人类学、考古学、人种学、民俗学等相关条件——这在很大程度上需要依赖于对当代原始民族的研究——都必须由历史唯物论的基本方法加以贯穿。

　　*例如，弗里德里希·恩格斯的《家庭、私有制和国家的起源》便是这一研究的经典范例之一。

　　然而，历史唯物论最显著的特点在于，它能够以生产关系为基准，对社会的发展进行最为统一和客观的分阶段划分。根据马克思的观点，社会主要可以划分为以下四个生产方式的发展阶段：亚细亚的、古代的（奴隶制度的）、封建的，以及近代资本主义的（市民社会的）阶段。（当然，也可以将前两个阶段合并为一个阶段，从而将其划分为三个阶段。）——这便是历史科学叙述的基本分区。

　　这种世界历史的阶段划分，直到马克思的时代才首次被有意识地提出，这在原则上具有深远意义。因为如果没有处于近代资本主义生产关系之中，就无法意识到按照这种划分进行历史叙述的意义。历史唯物论最初便是从（近代）资本主义的生产关系中产生的一种独特的意识形态。然而，这种历史叙述的划分并非出于主观的灵机一动，而是从一开始就作为对社会进行某种马克思主义分析的必然结果而得出的。

在唯物史观中，历史叙述与社会分析相辅相成，互为表里。历史叙述必须从历史的过去出发，而社会分析则必须从历史的现状开始。这正是历史唯物论的叙述方法只能在当前的近代资本主义制度下被发现的原因。

本质上，所有事物皆如此，社会的有组织的结构——逻辑秩序——是社会历史秩序的反映。当下社会的结构性要素（通过分析被分离并综合起来的那些要素）无一不是社会在其历史发展过程中所经历的各个阶段的痕迹。这些阶段经过历史过程的打磨，最终发展到最具体化的状态，并通过历史叙述被追溯。因此，为了进行理论性的历史叙述，我们必须分析当前的社会——这一历史最具体化的时间点，事实上也只能如此。因此，对人类社会历史的叙述，或者更准确地说，对历史的分析，必须以当前社会阶段的理论分析为起点，而当前社会即为资本主义社会。

那么，到目前为止的社会，即作为最后的，因此也是最发达阶段的（近代）资本主义社会，其与其他社会的不同特征在于，这一社会是一个庞大的商品积聚的世界。在这里，总体而言，所有事物作为商品，或与商品相联系，获得最终的社会意义。一切社会存在的社会性人际关系都以商品世界为特征，并在商品的结构中集中体现其自身的结构。资本主义社会、资产阶级社会以商品世界的抽象作为其独特特征（即使在这一社会中有许多不是商品的事物，这也丝毫不妨碍将其作为商品社会的总体性特征）。这是历史在其发展过程中具体化为资产阶级社会的结果，而这又必然促使历史对自身进行抽象化和自我分析。我们若要开始分析社会，即资产阶级社会，——由于分析总是抽象化的，因此，别无选择，只能以"商品"这一抽象物作为我们进行分析（抽象化）的起点。通过这种方式，我们的分析才能够反映社会历史在当前阶段所表现的自我抽象（商品的提取以及随之而来的所有其他事物），从而实现对当前社会阶段的具体关联的客观认识。一般来说，唯有通过这种方式，我们才能利用分析这一抽象化工具，使认识具体化。

在资产阶级社会中，商品以自身的结构集中体现了社会自身的结构。商品包含了一切资产阶级社会关系，包括其人际关系（商品的拜物教性）。

具体而言，商品无论在哪个时代，既有使用价值也有交换价值，但在资产阶级社会中，商品并不是以使用或消费为目的而生产的，而是单纯以交换为目的生产的，这成为一般情况，因此商品的价值完全归结为交换价值。性质各异的使用价值本身无法相互比较，但成为交换价值后，可以通过共同的尺度进行比较。商品的价值由与既定发展阶段的生产关系相对应的平均人类劳动所需的劳动量（即多少小时）决定。价值的生产者是人类劳动。正是基于这一价值，商品的交换才得以可能。而为了实现所有商品交换的共同手段，具备特殊物质属性和社会功能的特定商品——黄金（即货币）——被发现了。

人类在任何时代都拥有劳动力并使之工作。然而，在资本主义社会中，其特征在于，社会的大多数成员从出生起便失去了对劳动工具和劳动对象的一切所有权。然而，为了生存，即为了使其劳动力发挥作用，他们必须至少暂时拥有并使用劳动工具和劳动对象。然而，在资本主义社会中，这些仅拥有劳动力的所有者——工人——使用劳动工具和劳动对象的行为，实际上意味着他们自己被少数劳动工具和劳动对象的私有者所使用。这种雇佣关系是一种交换过程，在这一过程中，无产阶级的大多数成员为了生存，将自己的劳动力出售给少数私有财产的所有者，并以工资的形式作为其价格来获得报酬。由于这是一种将活的劳动力视为商品的商品交换，这种情况下的雇佣关系便采取自由契约的形式。

以时价从工人那里购买劳动力的私有者，可以自由地通过最有效的方式使用这种劳动力，从而生产出价值高于支付的工资的商品。由此生产出的商品的价值因此大于所使用劳动的价值（这种多出来的价值被称为剩余价值）。换言之，私有者通过以高于工资的价格出售商品，从而轻松获得利润（当然，这种意义上的利润的一部分必须立即被用作超出剩余价值的再生产的资本）。然而，这种利润显然不会归属于劳动力的出售者；他们已经按照市场价格这一公平的标准，在双方同意的情况下，获得了工资。然而，尽管如此，剩余价值仍是由劳动力的所有者通过其劳动所创造的这一事实并未改变。然而，这部分剩余价值却归于那些并未劳动，而仅仅通过购买和管理劳动力而付出劳力的劳动工具和劳动对象的私有者。因此，这种关系是一种掠夺（usurpation）。这一过程无论私有者出于善意还是恶意，实际上都是一种"榨取"（squeeze out）。

这种掠夺的根本机制中包含着使自身不断强化的特性。剩余价值能够无限地再生产剩余价值，利润能够产生利润。由此，资本在私有财产所有者的手中得以积累，资本以加速度集中到资本家的手中。因此，社会财富被资本家独占。与此相对，社会财富必然越来越远离劳动者（如果没有剩余价值理论，就无法理解当今金钱和财富的高度集中现象）。在资产阶级社会中，资本家的财富相对独立于其个人能力，变得日益稳定，而劳动者的贫困则与其个人能力无关，反而日益成为一种恒常状态。这样，当财富与贫困的对立成为一种恒常现象时，资本家和劳动者的名称不再是个人身份的称谓，而是两个阶级的名称，即资产阶级和无产阶级。

资产阶级社会本质上是建立在资产阶级与无产阶级之间的阶级对立的基础之上的社会。在生产的过程中，它依赖于"榨取系统"（squeezing system）；在经济上通过使劳动者贫困化；在政治上通过对劳动者的压制，使前者对后者进行支配。这种资产阶级对无产阶级的支配，随着剩余价值再生产过程的持续而不断被强化。在资产阶级社会中，国家成为资产阶级阶级统治的最高工具。

*关于资本主义社会现阶段的各种矛盾及其引发的新社会制度的脱胎问题，虽然是社会科学领域中最生动的内容，但由于本篇的立场仅限于对历史唯物论的总体规定，笔者不得不对此加以省略。关于相关内容，可参见前文中一般性部分以及拙作《唯物论与马克思主义社会学》第29页及以下。

如上所述，是对历史唯物论（社会科学性的世界）具体内容中极为基本部分的抽象概观。同时，这也阐明了社会科学的位置，相信读者不会忽视这一点。——关于它与自然辩证法的联系，之前已经有所论述。将这两个科学领域进行比较时，显而易见的一点是，历史唯物论相比自然辩证法，显著地发展成为一种更具组织性的形式。然而，一旦进入资产阶级社会科学的领域，就不得不注意到，这一科学领域不仅缺乏统一性，甚至被各种立场和主张的无政府状态所主宰。

自然辩证法与历史唯物论的总体性统一，将提供一个唯一的科学性的"世界"。这一统一构成了辩证唯物主义世界观的具体内容。

****

　　我们已经沿着实在—方法—科学性的世界（对象界）的关系，考察了科学整体。而科学的世界，即科学的对象界，正是反映实在的最高阶段。——在此，科学的真理才首次被推至前台。

　　以上便是科学自身的脉络，同时也可以视作科学论系统的概要。

译者后记

当我终于完成《道德的观念》这本书的翻译工作时，心中感慨万千。回顾这段漫长而又充满挑战的历程，有太多的故事与感悟想要与读者分享。

一、与日语的邂逅与学习之路

大学时期，那是一段充满无限可能与探索的时光，而我与日语的奇妙缘分也正是在这个阶段悄然开启。

那时，日本动漫如烂漫的烟火点缀了我的课余生活。那些精美的画面、扣人心弦的剧情，以及富有魅力的角色，让我深陷其中无法自拔。还有日本文学作品，其细腻的情感表达、深刻的人生思考，以及独特的叙事风格，也深深地吸引着我。正是出于对日本动漫和文学作品的热爱，我毫不犹豫地选修了日语课程，满心期待着能够更深入地了解这个充满魅力的国度的语言与文化。

然而，当我真正踏上日语学习之路时，才发现这并非一条平坦的大道。日语独特的发音一开始就给了我一个下马威。

平假名的圆润柔和、片假名的干脆利落，再加上汉字的复杂多变，让我感到十分困惑。每一个发音都需要我反复练习，才能准确地掌握。而且，日语的发音还有很多特殊的规则，比如拗音、促音等，这些都需要花费大量的时间和精力去记忆和理解。

复杂的语法体系更是让我头疼不已。平假名、片假名、汉字的混合使用，就像是一个错综复杂的迷宫，让我时常迷失其中。动词的各种变形更是让人眼花缭乱，有五段动词、一段动词、サ变动词、力变动词等等，每一种动词都有不同的变形规则，需要逐一记忆和掌握。另外，敬语的复杂规则也让我倍感压力。尊敬语、谦逊语、郑重语等不同的敬语形式，在不同的场合下有不同的使用方法，稍有差错就可能会造成误解。这些障碍就像一道道难以跨越的高山，横亘在我的面前，让我感到无比的沮丧和迷茫。

但是，"兴趣是最好的老师"。我对日本动漫和文学作品的热爱成为我克服困难的强大动力。我沉浸在日本的影视作品、文学作品及音乐中，努力去感受日语的魅力。我会反复观看自己喜欢的日本动漫，模仿里面角色的发音，感受日语的语调变化。我也会听日本的音乐，跟着歌词一起哼唱，锻炼自己的听力和发音。对于日本文学作品，我更是爱不释手，常常逐字逐句地阅读，体会其中的语言之美。

通过不断地模仿发音、背诵单词和语法，我的日语水平逐渐提高。我会制定详细的学习计划，每天坚持背诵一定数量的单词和语法点。我还会利用各种学习工具，比如日语学习软件、在线课程等，来辅助自己的学习。在这个过程中，我也逐渐提升了自己的日语学习能力。

比如，在日语中的汉字学习方面，我就找到了一套适合自己的方法。虽然日语中的汉字与中文有相似之处，但很多时候意思却大不相同。比如，"手纸"在日语中是"信件"的意思，而不是中文里的"卫生纸"；"勉强"在日语中是"学习"的意思，而不是中文里的"勉强"。这就需要我仔细区分，不能想当然地按照中文的意思去理解。每当遇到这样的情况，我都会认真地查阅字典，了解每个汉字在日语中的具体含义，并且做好笔记，以便日后复习。

在日语的语法结构，特别是在句子的语序方面，我也有一些心得。中文通常是主谓宾的结构，而日语则是主宾谓。这种差异让我在理解和翻译日语句子的时候经常感到困惑。为了适应日语的表达习惯，我不得不断地调整自己的思维方式。我会通过大量的阅读和翻译练习，来熟悉日语的语法结构和语序。每当遇到一个复杂的句子，我都会仔细分析其结构，找出主语、宾语和谓语，然后按照日语的语序进行翻译。

此外，为了提高自己的日语水平，我积极参加各种日语培训班和交流活动。在培训班里，我系统地学习了日语的语法、词汇和听说读写的技巧。老师们专业的讲解和耐心的指导，让我对日语有了更深入的理解。在课堂上，我会积极地参与互动，与同学们一起练习口语和听力。通过与同学们的交流和合作，我不仅提高了自己的日语水平，还结交了很多志同道合的朋友。

在这些同学中，有一个叫吴桂芳的同学给我留下了深刻的印象。她对日语的热爱和执着深深地感染了我。吴桂芳在学习日语方面非常努力，她总是认真地完成老师布置的作业，积极地参加各种活动。她的日语发音非常标准，语法也掌握得很扎实。在与她的交流中，我学到了很多学习日语的方法和技巧。她会推荐一些很好的日语学习资源给我，比如好看的日本电影、好听的日语歌曲等。我们还会一起讨论日语中的难点问题，互相帮助，共同进步。

在交流活动中，我结识了许多日本朋友。与他们的交流让我的口语表达能力得到了很大的提升。我们会一起聊天、玩游戏、参加各种活动。在这个过程中，我不仅锻炼了自己的口语能力，还了解了日本的文化和风俗习惯。日本朋友们的热情和友好也让我感受到了跨文化交流的魅力。通过与他们的交流，我更加坚定了自己学习日语的信心和决心。

随着学习的深入，我开始阅读一些日本的文学作品和学术著作。日本的文学作品中蕴含着丰富的情感和思想，通过阅读这些作品，我能够感受到日本人民的生活态度、价值观念和审美情趣。学术著作则让我了解到日本在各个领域的研究成果和发展动态，从而拓宽了我的知识面和视野。

正是在这个过程中，我接触到了户坂润的《道德的观念》

这本书。当我翻开这本书的时候,我被户坂润深刻的思想和独特的语言风格所吸引。然而,阅读这本书也给我带来了巨大的挑战,因为书中涉及很多哲学和伦理学的专业术语,需要我具备较高的日语水平和专业知识才能理解。但是,我并没有被困难吓倒,而是决定挑战自己,将这本书翻译成中文,让更多的人能够了解户坂润的思想。

二、翻译《道德的观念》的挑战

这本书的内容如一座深邃而复杂的知识宝库,广泛涉及哲学、社会学及伦理学等多个领域。每一个领域都像是一片广袤无垠的海洋,充满了无尽的奥秘。哲学的思辨如同璀璨的星辰,高悬在思想的天空,引领着人们对世界的本质、存在的意义以及人类的价值进行深刻的思索。伦理学则像是一座道德的灯塔,为人们的行为和选择指引着方向,探讨着善恶、正义与责任。社会学则像是一面镜子,反映出人类社会的种种现象和问题,揭示着人与人之间的关系以及社会的运行机制。而《道德的观念》这本书将这些领域巧妙地融合在一起,形成了一个复杂而又紧密相连的知识网络。

户坂润的语言风格更是独特非凡,充满了思辨性和逻辑性。他的文字犹如一把锋利的剑,精准地剖析着各种复杂的问题,层层深入,抽丝剥茧。他对每一个观点的阐述都经过了严密的逻辑推理,环环相扣,让人不得不佩服他的思维深度和严谨性。他的语言简洁而有力,没有丝毫的拖沓和冗余,又能准确地传达出深刻的思想内涵。

当我怀揣着满腔热情决定翻译《道德的观念》这本书时，我确实没有充分意识到等待着我的将是一项多么艰巨而充满挑战的任务。

首先，理解原文就是一个巨大的挑战。书中充满了大量的专业术语和抽象的概念，如同一个个难以攻克的堡垒。这些专业术语往往具有特定的学科背景和含义，需要我查阅大量的资料才能理解其确切含义。例如，书中提到的"道德的自律性"这个概念，对于我这个非专业人士来说，理解起来着实困难。道德的自律性究竟意味着什么？它与他律性有何区别？在不同的哲学及伦理学体系中，这个概念又有着怎样的不同解释？

其次，"伦理的相对性"也是一个让我颇费脑筋的概念。伦理真的是相对的吗？如果是，那么相对性的边界在哪里？在不同的文化和社会背景下，伦理的相对性又有哪些具体的表现？

最后，理解这些专业术语和抽象概念只是第一步，将它们准确地翻译成中文又是另一道难题。由于中日两种语言的差异，很多时候无法直接进行翻译，需要我进行灵活的处理。日语与中文虽然有一些相似之处，但在语法结构、词语含义和表达方式上存在着很大的不同。比如，日语中的一些表述在中文中可能没有对应的词语，这就需要我根据上下文的意思意译。在翻译过程中，我常常陷入纠结和困惑之中，不知道该如何选择最合适的表述才能既准确传达原文的意思，又符合中文的表达习惯。

同时，我还要注意保持原文的风格和语气，不让翻译后的文本失去原有的韵味。户坂润的语言简洁而有力，充满了思辨性和逻辑性。我要努力在中文翻译中体现出这种风格和语气，让读者能够感受到原文的魅力。

此外，由于这本书可参考的中文译作较少，我每天只能翻译几百字甚至几十字。有时候，为了翻译一个句子，我需要花费几个小时的时间去思考和琢磨。每一个单词、每一个标点符号都像是一座难以跨越的山峰，让我费尽心思。在这个过程中，我常常感到非常沮丧和焦虑，甚至一度怀疑自己是否有能力完成这项任务。

三、克服翻译困难的过程

面对翻译《道德的观念》这本书所带来的重重困难，我从未有过放弃的念头。从一开始，我就深知翻译绝非易事，这是一项需要极大耐心和顽强毅力的工作。只有不断努力，才有可能完成这项艰巨的任务。

为了提高翻译的准确性，我可谓是绞尽脑汁，采用了多种翻译方法。首先，仔细阅读原文成为我翻译工作的第一步。我会逐字逐句地研读原文，用心去体会每个单词的含义以及句子的结构。在这个过程中，我仿佛是一位侦探，试图从字里行间挖掘出作者的真正意图。通过反复阅读，我逐渐熟悉了户坂润的语言风格和思维方式，为后续的翻译工作打下了坚实的基础。

在理解了每个单词和句子的意思后，我便根据上下文的语境进行翻译。这一步至关重要，因为上下文往往能够为单词和句子的翻译提供重要的线索。我努力保持原文的风格和语气，力求让翻译后的文本既忠实于原文，又符合中文的表达习惯。例如，户坂润在原文中使用了一些简洁而有力的表达方式，我会在翻译时尽量保留这种风格，用同样简洁明了的中文来传达作者的思想。

然而，在翻译的过程中，难免会遇到不确定的地方。每当这时，我会毫不犹豫地查阅相关的资料。我会翻阅各种哲学、社会学及伦理学的书籍，寻找与原文专业术语和概念相对应的中文解释。我阅读了康德的《道德行而上学奠基》、亚里士多德的《尼各马可伦理学》等经典著作，试图从这些伟大思想家的智慧中找到理解"道德的自律性"的线索。同时，我也会利用互联网资源，搜索相关的学术论文和研究成果，以加深自己对这些概念的理解。此外，请教专业人士也是我解决疑难问题的重要途径。我会向我的导师、哲学教授和伦理学学者请教他们对某些复杂概念的看法和理解。他们的专业知识和丰富经验为我提供了宝贵的指导，让我在翻译的过程中少走了许多弯路。

最后，对翻译后的文本进行反复的校对和修改是确保翻译准确性和流畅性的关键步骤。我会逐行逐句地检查翻译后的文本，查找语法错误、用词不当和表达不清晰的地方。我会反复斟酌每个词语的选择，调整句子的结构和语序，力求让翻译后的文本更加通顺自然。同时，我也会请我的同学和朋友帮忙校对，听取他们的意见和建议。他们从不同的角度出发，往往能够发现我忽略的问题，为我的翻译工作提供新的思路和方法。

为了加快翻译的进度，我制定了详细的翻译计划。我深知时间的宝贵，不能任由翻译工作无限制地拖延下去。每天，我都会安排一定的时间进行翻译，并且严格按照计划执行。我会为自己设定具体的翻译任务量，例如每天翻译一定的页数或字数。这样一来，我就有了明确的目标和动力，能够更加高效地完成翻译工作。

然而，生活中难免会遇到特殊情况，导致无法完成当天的任务。这时，我不会轻易放弃，而是会在第二天加倍努力，确保不影响整体翻译进度。我会调整自己的时间安排，挤出更多的时间来进行翻译。我也会反思自己为什么没有完成当天的任务，找出问题所在，并采取相应的措施加以改进。

同时，我也会利用一些翻译软件和工具，提高翻译的效率。虽然这些软件和工具不能完全替代人工翻译，但它们可以为我提供一些参考和帮助。例如，翻译软件可以快速地给出单词和句子的翻译结果，让我在翻译过程中节省时间。在线词典和语料库也可以为我提供丰富的词汇和表达方式，拓宽我的翻译思路。

在翻译的过程中，我还得到了很多人的帮助和支持。我的导师给予了我无微不至的关怀和指导。他不仅在学术上为我提供了专业的建议和意见，还在精神上给予了我极大的鼓励。每当我遇到困难和挫折时，他总是耐心地倾听我的诉苦，并为我提供切实可行的解决方案。我的同学也给了我很多宝贵的帮助。我们会一起讨论翻译中的难点问题，分享彼此的翻译经验和技巧。他们的不同观点和思路常常能够激发我的灵感，让我对原文的理解更加深刻。

一些专业人士也为我解答了很多疑难问题。他们的专业知识和丰富经验让我受益匪浅。他们会从不同的学科角度出发，为我分析原文中的概念和观点，帮助我更好地理解作者的意图。他们的耐心解答和指导让我在翻译的过程中少走了很多弯路，节省了大量的时间和精力。

此外，我的家人、同学和同事也一直鼓励我，让我在遇到困难的时候能够坚持下去。他们的支持和理解是我前进的动力。每当我感到疲惫和沮丧时，他们的鼓励和关爱就会让我重新振作起来，继续投入翻译工作中。他们相信我有能力完成这项任务，这种信任让我感到无比温暖和欣慰。

回顾这段翻译之旅，虽然充满了困难和挑战，但我也收获了许多宝贵的经验和成长。通过不断地努力和坚持，我提高了自己的翻译水平和专业素养。我学会了如何在面对困难时保持冷静和乐观，如何寻找解决问题的方法和途径。我也深刻体会到了团队合作和他人支持的重要性。在未来的日子里，我将继续努力，不断提升自己的翻译能力，为传播优秀的文化作品贡献自己的一份力量。

四、对辅助本书翻译校对的感谢

在翻译《道德的观念》这本书的漫长历程中，的确有众多的人给予了我无私的帮助与支持，他们就如同璀璨的星辰，照亮了我前行的道路。在此，我要向他们致以最衷心的感谢。

首先，我要深深感谢我的同事张立平。在整个翻译过程中，她犹如一盏明灯，始终给予我悉心的指导和无尽的关心。从翻译工作的初始阶段，她就凭借其深厚的学术造诣和丰富的经验，为我提供了许多极为宝贵的建议和意见。当我面对书中那些复杂的哲学概念和晦涩的语句感到迷茫时，她总是耐心地为我剖析，引导我深入理解原文的内涵。她不仅从语言表达的角度给予我指导，还从学术深度上为我拓展视野，让我能够更准确地把握作者的思想脉络。

而且，她还不辞辛劳地帮我解决了一个又一个疑难问题。有时候，一个专业术语的准确翻译可能会让我纠结许久，她便会运用她渊博的知识储备，为我提供多种可能的翻译方案，并分析其优劣。在整个翻译过程中，她的关心也如春风拂面，让我在面对困难和压力时，始终感受到温暖与力量。可以毫不夸张地说，没有她的帮助和支持，我根本不可能完成这本书的翻译工作。

其次，我要衷心感谢我的同学和朋友们。在我翻译本书的这段充满挑战的日子里，他们陪伴在我身边，给予我源源不断的鼓励和支持。每当我在翻译中遇到困难，感到沮丧，甚至想要放弃的时候，他们总是用温暖的话语和坚定的眼神鼓励我坚持下去。他们告诉我，困难只是暂时的，只要我坚持不懈，就一定能够克服它。他们的鼓励就像一束束阳光，驱散了我心中的阴霾，让我重新燃起了斗志。

他们还积极帮我校对翻译后的文本。他们凭借着各自的语言敏感度和不同的视角，为我提出了许多宝贵的修改意见。有的同学会指出一些语法错误，让翻译后的文本更加准确；有的朋友则会从表达的流畅性方面提出建议，使文本读起来更加自然。他们的努力让翻译后的文本不断完善，更加准确和流畅。他们的付出和奉献让我深深感动，也让我更加珍惜这珍贵的友谊。

总之，在翻译《道德的观念》这本书的过程中，我是无比幸运的，因为有这么多优秀的人在我身边，给予我帮助和支持。我将永远铭记他们的情谊，并在未来的日子里，以更加努力的姿态去回报他们的关爱。

五、翻译的收获与感悟

翻译《道德的观念》这本书，于我而言，无疑是一次意义非凡且影响深远的经历。在这个过程中，我收获的不仅仅是语言能力的提升，更是一次心灵的洗礼和思想的升华。

首先，通过翻译这本书，我极大地提高了自己的日语水平和翻译能力。在面对户坂润这本充满深度和挑战的著作时，日语不再仅仅是一种语言工具，还是我打开知识宝库的钥匙。书中丰富的词汇、复杂的语法结构，以及独特的表达方式，都促使我不断地钻研和学习。我学会了如何在不同的语境中选择最合适的词汇和表达方式，如何保持原文的风格和语气，以及如何处理翻译中的各种难题。

不仅如此，这本书还让我对哲学领域有了更深入的了解。《道德的观念》涉及众多深刻的哲学问题，如道德的本质、道德的自律性、伦理的相对性等。我逐渐走进了哲学的世界，领略了其中的博大精深。我开始思考人类的道德行为背后的动机和原因，思考不同文化和社会背景下的道德观念的差异性和共性。这些思考不仅让我对道德和人生有了更深刻的认识，也让我更加珍惜和尊重不同的文化和价值观。

这本书让我思考了很多关于道德和人生的问题。道德，作为人类社会的基石，一直以来都是人们关注和探讨的焦点。在翻译《道德的观念》的过程中，我不断地被书中的观点所触动，从而引发了自己对道德的深入思考。例如，书中提到的道德的自律性，让我思考我们的行为究竟是出于内心的道德准则还是外部的压力和约束。我们在日常生活中，是否能够真正做到自我约束，遵循自己的道德良知？伦理的相对性也让我反思不同文化和社会背景下的道德观念的差异。我们应该如何在尊重不同文化和价值观的同时，坚守自己的道德底线？这些问题让我对自己的行为和选择有了更深刻的反思，也让我更加明确了自己的价值观和人生观。

同时，我也深刻地体会到了翻译的重要性和意义。翻译是不同文化之间交流的桥梁，它能够打破语言的障碍，让不同国家和民族的人相互了解、相互学习。通过翻译，我们可以了解不同国家和民族的文化和思想，促进文化的交流与融合。在全球化的今天，翻译的作用显得尤为重要。随着各国之间的交流与合作日益频繁，翻译成为促进不同文化之间相互理解和合作的关键。作为一名翻译者，我深感自己肩负着重大的责任和使命。我们不仅要准确地传达原文的意思，还要尽可能地保持原文的风格和韵味，让读者能够感受到不同文化的魅力。我们要成为文化的传播者和交流的使者，为促进不同文化之间的和谐共处和共同发展贡献自己的力量。

在未来的日子里，我将继续努力学习和提高自己的翻译水平。翻译是一门永无止境的艺术，需要我们不断地学习和实践。我相信，只有不断地努力学习和提高自己，才能更好地完成翻译工作，为促进不同文化之间的交流与合作贡献自己的一份力量。

我相信，无论是在翻译领域还是在其他领域，只要我们有梦想、有追求，并为之付出努力，就一定能够创造出属于自己的精彩人生。